계열 합격 끝판왕
의생명계열

계열 합격 끝판왕

의생명계열

저자 박상철 백광일 김형준 이범석 최희원
김홍겸 김재형 장희재   기획 정동완

 # 머릿말

시중에 진로·진학 관련 책이 많이 있다. A 저자의 'OOO 끝판왕', B 저자의 '△△끝판왕' 등 많은 진학 관련 책이 판매되고 있다. 매우 훌륭한 책들이며 입시준비 및 진학하는 데 실질적으로 많은 도움을 주고 있다.

그런데 학생과 학부모는 책의 비용보다 훨씬 비싼 사설 기관에 의지하며 컨설팅을 받는 게 현실이다. 사설 기관은 생활기록부 컨설팅, 학생부 컨설팅 등 다양한 말로 대면 혹은 인터넷을 이용한 비대면 형태로 진행한다. 주로 학생부종합전형에 대한 서류 평가 내용이다. 해당 컨설팅을 받은 뒤에 고액의 비용을 사용자가 지불한다.

저자인 나는 궁금했다.
'좋은 책이 많은 데, 왜 학생과 학부모는 비싼 비용을 지불하면서 사설 기관에 갈까?'

저 생각이 지금 '계열 끝판왕' 시리즈를 만들게 된 동력이 되었다. 저자인 나는 3가지 이유를 생각했다.

1. 학생부종합전형을 정확히 모르기 때문에 다른 곳에 위탁한다.
2. 학생부종합전형을 알지만, 너무 정보가 산재 되어있어서 보기 힘들어서 위탁한다.
3. 시판되는 책이 모집 요강 요약 및 단순 입시 사례집 식의 내용이며, 실제 내가 참고할 것이 없어서 위탁한다.

나는 '계열 끝판왕' 시리즈를 통해서 위에 3가지 이유를 없애고 싶었다.
알기 쉽게 설명하고, 꼭 필요한 정보를 적재적소에 배치하여 읽기 쉽게 하며, 단순 안내가 아니라 실제 내용을 제시해야겠다는 다짐을 하였다.

'계열 끝판왕' 시리즈는 학생의 희망하는 계열별로 선택하여 전체 내용을 진행한다.
학생 자신이 선택한 계열과 실제 자신의 성향이 맞는지 확인하는 방법을 잘 소개하고 계열에 대한 안내를 자세히 하고 있다. 이를 통해 자신의 계열을 한 번 더 확인할 수 있다.

그리고 학생부종합전형에 대한 자세한 내용을 알기 쉽게 정리하였다. 이후 진로진학 도우미를 곁에 둔 것처럼 고등학교 생활의 시작부터 마무리까지 친절한 설명으로 하나하나 알려주는 학생부 로드맵을 만들었다.

2015개정교육과정을 시작으로 고교학점제가 현실화함에 따라 매우 중요해진 것이 교과선택 영역이다. 이를 공감하여 교과선택을 한 단원으로 분리하여 계열 및 학과에 적합한 교과란 무엇인지를 설명하였다.

학생부종합전형에서 평가요소 중 학업역량 및 전공적합성(진로역량)의 비중이 대부분 대학에서는 높다. 이를 잘 드러내는 방법으로 탐구보고서가 적합하다. 따라서 탐구보고서를 어떻게 시작하고 완성까지 하는지 안내하였다.

앞선 내용을 다 해왔다면 학생의 생활기록부가 알차게 채워졌을 것이다. 그런데 과연 어떤 생활기록부가 잘 쓰여진 것인지, 나의 생활기록부는 좋은 것인지 고민이 많다. 학교 현장의 교사도 어떻게 하면 학생의 모습을 잘 드러낼지 고민이 많다. 이를 해결하기 위해 합격 학생부 세부능력 및 특기사항 단원을 만들었다. 또한 해당 학생부를 통해 작성한 자기소개서도 제시하였다. 해당 자기소개서를 분석 및 평가를 제공하면서 어떤 자기소개서가 의미 있는 것인지를 나타내었다. 이를 통해 자기소개서는 어떻게 작성해야 하며, 해당 자기소개서를 참고하여, 나는 어떻게 작성 또는 학교 활동을 해야 할지도 제시하였다.

대학별 고사에서 많이 시행하는 것이 면접이다. 면접은 학생부를 기반한 서류면접평가가 대부분이다. 시중의 면접 책 또는 면접 컨설팅에서는 면접 요강 및 단순 사례만을 안내한다. 면접이 있으려면 학생부가 있어야 해당 면접의 흐름이 이해된다. 이에 따라 계열별 면접 포인트와 앞 단원에 제시한 학생부를 이용하여 면접 문항 추출 그리고 해당 문항이 만들어진 이유를 제시하였다.

기존의 책과는 다르게 여러 계열을 묶어 놓은 책이 아니며, One Point Lesson으로 계열에 정확히 밀접한 내용으로 총 6단원을 구성했다. 구체적인 활동과 사례, 교과 선택, 탐구보고서, 생활기록부, 면접을 일대일로 컨설팅받는 것처럼 만들었다.

'계열 끝판왕'은 책을 읽었다고 해서 점수가 올라가거나 역량이 올라가는 책이 아니다. 어떤 활동을 해보길 권장하며 안내하는 책이다. 많은 학생과 학부모 그리고 교사까지 해당 책을 읽어서 실제 책에 있는 내용을 시도해보길 바란다. 시도에서 시작한 누적된 경험이, 새로운 도전이 만들고 더 나은 발전이 견인 할 것이다.

끝으로 해당 시리즈를 출판할 수 있게 협력해주고 오래 기다려준 '꿈구두' 관계자에게도 이 자리를 빌려 깊은 감사 말씀을 드린다.

저자일동

추천하는 글

우리에게 교과서라는 말이 있다. 이는 학교에서 교과 과정에 따라 주된 교재로 사용하기 위하여 편찬한 책 혹은 해당 분야에서 모범이 될 만한 사실을 비유적으로 이르는 말이다. 그리고 어릴 적 몰입하던 무협지에는 적을 물리치기 위한 무림고수들의 권법이나 병법, 무술 등을 오롯이 담은 비책들이 반드시 등장한다.

그 비책을 얻기 위해 정말 최선을 다한다. 교과서 혹은 비책이 있으면 그야말로 무소불위.

그렇다. 이번 노작은 언제나 그랬듯이 학생부종합전형 나아가 모든 입시를 대비하는 교과서요 비책이다. 특히 이번 책에서는 선택과목에 대한 내용이 눈에 띈다.

요즘 학부모와 학생의 최대관심사가 과목의 선택 아니던가. 계열별 학과별로 아주 쉽고 요긴하게 잘 설명해주었다. 아무쪼록 수험생 모두가 저자들의 교육과정과 교과서(비책)를 잘 따라서 소기의 성과를 거두기를 바란다.

이만기 ⬤ (유웨이교육평가연구소장 겸 부사장)

'끝판왕' 시리즈가 화제다. '끝판왕 시리즈'는 선생님과 학생 그리고 학부모들이 함께 보는 책으로 끝판왕 시리즈는 중학교 입학에서부터 학생들이 자기주도적인 학습설계를 하기 위해 꼭 봐야아 할 가이드 북이다.

계열 선택, 학생부 로드맵, 교과선택, 과제탐구, 학생부 세부능력 및 특기사항, 자소서, 면접 등을 한 번에 담았다. 또한 인문, 사회, 자연, 공학, 교육, 의생명 등 6개 영역으로 구성된 분야별 콘텐츠들은 학생들의 진로탐색과 구체적인 실행을 위한 안내서로써 훌륭한 키오스크 역할을 하고 있다. 학생들과 학생들을 지도할 선생님들이 꼭 가져야 할 Must-Have 아이템이다.

조훈 ⬤ (서정대 교수, 사)한국진로진학정보원 사무국장)

중고등학생에게 현실적인 목표가 무엇이냐고 질문을 하면 거의 원하는 대학, 학과에 합격하는 것이라고 합니다. 인생의 목표는 '행복하게 사는 것인데 자신이 하고 싶은 것을 하면서 경제적으로도 풍요롭게 사는 것'이라고 합니다. 먼저 위 문답과 함께 이 책을 살펴보면서 느낀 것은 미래에 행복하게 사는 사람이 더욱 많아지는 사회를 만들어야 한다는 교육의 목표와 근본에 매우 실용적으로 접근했다는 것입니다. 최근 교육과정을 보면 모든 학생은 독립된 인격체로 자기 적성과 흥미를 가지고 있고 차별화된 달란트가 내재하여 이를 고려한 자기주도적인 진로선택과 설계 과정을 매우 강조하고 있습니다. 스스로 자신이 가장 행복하게 잘할 수 있는 분야를 선택하여 결정할 수 있게 도와주는 다양한 탐구 수업 등 교육과정이 편성되어 있습니다. 그리고 이러한 교육과정을 위해서는 제대로 된 자료와 정보의 제공이 필수입니다. 이 책은 학생들이 미래의 삶의 방향을 정하는 대학입시 학과 선택에 도움을 줄 수 있는 자료와 정보는 물론이고 방안까지 현 교육과정에 맞춰 제공해주고 있습니다. 학교 현장에서 다방면의 진학 및 입시지도를 한 현직 선생님들이 학생들의 행복한 미래를 위해 그동안 쌓은 노하우를 아낌없이 제공했기에 학생, 선생님, 학부모님 모두 유익한 보탬이 되었으면 합니다.

김영호 ◉ (DBpia 학술논문 이사)

과거에는 학벌이 미래의 삶을 보장 했지만 현 시대는 학벌이 더 이상 그것을 약속해 주지 않습니다. 학벌보다는 학생이 원하는 진로를 잘 선택하는 것이 중요해진 시대입니다.
엄청 치열한 경쟁사회인 한국에서 내 아이가 첫 관문인 입시를 실패하게 되면 불행한 인생을 살아가지 않을까. 이런 생각들이 부모들의 불안감을 만들게 됩니다. 지금 고생하면 평생 행복할 것이라는 막연한 희망을 주면서 학생이 원하지도 않은 입시전쟁 속으로 떠밀게 됩니다. 부모와 학생들의 공감대 형성 부족이 이런 현상을 만들어가고 있다고 생각합니다. 학생이 원하는 진정한 진로가 무엇이며 그 진로를 위해 역량 강화를 할 과목은 어떤 것인지, 어떤 것을 준비해야 하는지 이 책을 통해 부모와 학생이 공감대를 형성하여 행복한 미래를 만들어 가길 바랍니다.

이창훈 ◉ (테크빌교육 티처몰 대표)

변화의 흐름을 읽지 못하면 실패하기 십상이다. 단순히 기본교과만 잘 해서 좋은 대학에 합격하는 시대는 지났다. 특히 학생부종합전형의 비중이 절대적인 현 상황에서 이를 제대로 활용하기 위해서는 학생 스스로가 어떠한 꿈을 가지고 있는지 잘 보여줘야 한다. 이 책은 계열 선택부터 학생부 로드맵, 자소서, 면접 매뉴얼 등을 한번에 담은 가히 <진로, 진학, 학습 분야 끝판왕 시리즈>라 불릴만하다. 입시를 목전에 둔 학생과 학부모뿐만 아니라 이 상황이 곧 도래할 예비 수험생들에게도 어떻게 세밀한 전략을 세워 준비해야 하는지 제대로 짚어주고 있다.

김무현 ◉ 한국학원대학교 학장, (주)해오름커뮤니케이션즈 대표

기다리던 진로·진학 공략집!
학생.학부모.교사 누구라도 쉽게 따라 할 수 있어야 진짜 진로·진학 안내서입니다.
매 페이지 차근차근 실천할 수 있는 정보가 한눈에 펼쳐집니다.
계열에 맞는 학교생활 실천 이 책과 함께 계획해 보시길 강력히 추천드려요.

남현정 ◉ (흥진고등학교 3학년 부장)

이 책은 학생 희망 계열 맞춤형 교과목 선택과 독서를 친절하게 안내하고 있으며, 계열별 과
제집착력과 문제해결력을 돋보이게 하는 과제연구를 스스로 할 수 있도록 친절하게 안내
하고 있다. 이를 통해 전공적합성을 잘 드러내는 학생부 작성이 가능하도록하여 '나'를 가장
돋보이게 하는 고교생활 가이드이다.

조성훈 ◉ (에듀클라우드닷컴 대표)

최근 공개된 대학별 학생부종합전형 입시결과는 지원자학생들의 소속고교 교과이수 로드
맵 설계에 따른 맞춤형 진로진학 학업역량에 더욱 큰 비중을 둔 평가로 볼 수 있습니다. 특
히 블라인드 평가로 인하여 더욱 중요해진 학업성취도에 비례하는 교과지식활용 중심의 세
특예시와 풍부한 면접준비방법은 전국의 수험생들과 학부모님들에게 도움이 되리라 생각
됩니다.

전용준 ◉ (두각학원 입시전략연구소장)

2015 개정 교육과정에 따른 과목선택의 중요성을 인식시키고 자신의 미래 진로와 전공에
관한 탐색에 도움을 주어 미래 진로 설정을 체계화시키며 진로진학의 로드맵을 제시해주는
최적의 기본서가 될 것이다.

안종배 ◉ (국제미래학회 회장)

학교생활기록부 전체를 관통한다. 학과에 대한 이해부터 대입 준비를 위한 과정을 아우르
는 광범위한 내용을 바탕으로 학생부 작성에 최적화 된 이론서를 보는 느낌이다.

오정택 ◉ (초대 서울중학교 진로진학상담교사협의회 회장)

사회가 빠르게 변화하고 있음에도 불구하고 고등학교 교육과정에서 추구하는 교육의 본질은 크게 바뀌지 않습니다. 고등학교에서의 생활은 무엇보다 자기 자신에 대한 이해를 바탕으로 자기 주도적으로 인생의 목표와 방향을 정하고 최선의 전략을 선택하여 부단한 노력과 실천의 과정을 토대로 목표를 성취하는 시기라고 생각합니다. 이러한 과정과 행동이 반복되면서 학생들은 성장을 이룰 수 있고 변화와 발전이 나타나 대학에 합격하는 결과로 이어지지 않을까 생각해봅니다. 이러한 학생들의 노력과 실천의 과정에 '계열별 끝판왕'이라는 책은 고등학교 생활의 전반을 이끌어주고 안내해주는 나침반의 역할을 충분히 할 수 있는 지침서라고 여겨집니다. 공교육과 사교육 분야의 전문가들이 만들어낸 이 놀라운 지침서를 바탕으로 고등학교에서의 첫 출발을 멋지게 펼쳐나가기를 진심으로 응원합니다.

윤진욱 ● (투비유니콘 대표)

고교학점제 도입, 자소서폐지 등 교육제도와 입시의 변화가 더욱 복잡하고 혼란스러운 이때 시기적절하게 좋은 책이 나온 것을 기쁘게 생각합니다. 계열별 학과들 정리부터 학생부, 면접 준비 방법까지 실제 예시들이 가득한 이 책이 진로와 진학에 고민 중인 학부모와 학생들에게 추천합니다.

고봉익 ● (TMD 교육그룹 대표)

Contents

부록 ···

1. 의생명계열 추가 관련학과

2. 의생명계열 추가 교과선택 학과

3. 교과 선택해보기

4. 의생명계열 탐구를 위한 학술지 목록

5. 탐구계획서, 보고서 양식

6. 의생명계열 탐구보고서 예시

맞춤형
계열선택

맞춤형 계열선택

가. 계열선택의 중요성

지금 책을 읽고 있는 여러분들의 장래희망은 무엇인가? 경찰, 의사, 교사, 공학자, 프로그래머 등등 자신 나름대로의 꿈을 갖고 있을 것이다. 물론 아직 자신의 꿈을 정하지 못한 학생들도 있겠지만 아마 적어도 '어느 쪽에 관심을 갖고 있을 것이다.'와 같은 생각은 하고 있을 것이다. 만약 아직 이런 생각이 없어도 괜찮다. 앞으로 여러 가지 체험들을 하면서 자신이 어느 분야에 관심이 있는지 차츰차츰 알아가면 될 것이라고 생각이 된다.

사실 자신의 앞날을 결정하는 것이란 쉽지 않은 일이다. 그것이 자신의 인생과 중대하다고 생각하면 그것은 더더욱 부담이 가는 선택이 된다. 하지만 언젠가는 그런 선택을 해야 할 때가 오고 만다. 학생의 입장에서 생각해보면 중학교에서 고등학교로 진학할 때 한 번, 그리고 고등학교에서 선택과목을 선정하는 순간이 이러한 선택과 연결이 될 것이라고 생각한다.

학교에서 학생들을 대상으로 상담을 하다보면 이 두 순간 학생들은 많은 고민을 한다. 중학교 학생들의 경우 고등학교를 선정함에 있어서 **일반계 고등학교를 가야하는지, 특성화 고등학교를 가야하는지 아니면 특수목적고등학교를 갈 것인지** 많이 고민을 한다. 어떠한 고등학교를 선택하느냐에 따라서 자신의 앞날이 결정되기 때문이다. 일반계 고등학교를 가면 대학 입시를 위해 고등학교 3년을 보낼 것이고 특성화 고등학교를 가면 취업과 대입을 목표로 고등학교 생활을 하게 될 것이다. 마지막으로 특수목적고등학교에 진학한 학생들은 자신이 원하는 세부적인 과목(언어 혹은 수학 및 과학)을 더 배우게 될 것이다. 중학교 3학년의 선택으로 인해서 고등학교 생활 및 대학교 혹은 취업으로의 진로가 달라지게 되는 것이다.

일반계
고등학교

특성화
고등학교

특수목적
고등학교

　　앞서 말한 선택을 통해 고등학교로 진학을 해도 고등학교에서는 또 다른 혹은 더 커다란 선택이 우리를 기다리고 있다. 학교의 상황마다 다르겠지만 대부분의 학교에서 1학년 말, 2학년 말에 국어, 영어, 수학과 같은 주지과목을 비롯하여 사회, 과학 등의 분야에서 과목을 선택한다. 일반계 고등학교를 중심으로 하여 고등학교 과목의 이수는 대개 1학년 시기에 공통과목을 이수하고 2학년, 3학년 시기에 선택과목을 이수하는 형태를 취한다. 현재도 이렇게 학생들이 선택을 할 수 있게 되지만 2023-2024년의 2년 동안의 시범 시행과정을 거쳐서 2025년에 본격적으로 도입되는 고교학점제에서는 이러한 성향이 더욱 더 크게 나타난다.[1] 즉 학생이 어떠한 계열을 선택하느냐에 따라서 학생들이 수강하는 과목이 달라질 것이며 이는 앞으로 자신들의 학교 생활을 좌우하게 될 것이다. 특히나 '문·이과

---

1) 정부의 방침에 따라 그 시행 시기가 달라질 수 있다.

통합교육과정'을 표방하며 현재 시행되고 있는 2015개정교육과정이나 '융합협 인재'의 양성을 목표로 하고 있는 2022개정교육과정만 보더라도 예전에 우리가 흔히 들어왔던 문과 혹은 이과 식의 구별은 더 이상 존재하지 않으며 존재할 필요가 없어지게 된다. 그렇기에 학생들은 자신의 진로성향을 정확하게 파악하고 앞으로 인문, 사회, 자연, 공학, 교육 등과 같은 계열에서 어떠한 쪽으로 자신의 진로방향을 세울 것인가를 고민해 보아야 한다.

·· 일반계 고등학교의 과목편성(예시) ··

기초

교과(군)	공통과목	일반선택과목	진로선택과목
국어	국어	화법과 작문, 독서, 언어와 매체, 문학	실용 국어, 심화 국어, 고전 읽기
수학	수학	수학 I, 수학 II, 미적분, 확률과 통계	실용 수학, 기하, 경제 수학, 수학과제 탐구
영어	영어	영어 회화, 영어 I, 영어 독해와 작문, 영어 II	실용 영어, 영어권 문화, 진로 영어, 영미 문학 읽기
한국사	한국사		

탐구

교과(군)	공통과목	일반선택과목	진로선택과목
사회	통합사회	한국지리, 세계지리, 세계사, 동아시아사, 경제, 정치와 법, 사회·문화, 생활과 윤리, 윤리와 사상	여행지리, 사회문제 탐구, 고전과 윤리
과학	통합과학 과학탐구 실험	물리학 I, 화학 I, 생명과학 I, 지구과학 I	물리학 II, 화학 II, 생명과학 II, 지구과학 II, 과학사, 생활과 과학, 융합과학

체육·예술

교과(군)	공통과목	일반선택과목	진로선택과목
체육		체육, 운동과 건강	음악, 미술, 연극
예술		음악, 미술, 연극	음악 연주, 음악 감상과 비평 미술 창작, 미술 감상과 비평

생활교양

교과(군)	공통과목	일반선택과목	진로선택과목
기술·가정	국어	기술·가정, 정보	농업 생명 과학, 공학 일반, 창의 경영, 해양 문화와 기술, 가정과학, 지식 재산 일반
제2외국어 /한문	중국어 I 일본어 I	독일어 I, 일본어 I 러시아어 I, 아랍어 I 베트남어 I, 프랑스어 I 스페인어 I, 중국어 I, 한문 I	독일어 II, 일본어 II 러시아어 II, 아랍어 II 베트남어 II, 프랑스어 II 스페인어 II, 중국어 II, 한문 II
교양		철학, 논리학, 심리학, 교육학, 종교학, 진로와 직업, 보건, 환경, 실용 경제, 논술	

교과영역	교과	과목	기준단위	운영단위 공통	일반	진로	전문	1학년 1학기	1학년 2학기	2학년 1학기	2학년 2학기	3학년 1학기	3학년 2학기	영역합계	필수이수단위
기초	국어	국어	8	8				4	4					24	10
		문학	5		4					4					
		독서	5		4						4				
		언어와 매체/화법과 작문 [택1]	5		4							4			
		심화국어	5			4							4		
	수학	수학	8	8				4	4					24	10
		수학 I	5		4					4					
		수학 II	5		4						4				
		확률과 통계	5		4							4			
		수학과제 탐구	5			4							4		
	영어	영어	8	8				4	4					24	10
		영어 I	5		4					4					
		영어 II	5		4						4				
		영어 독해와 작문	5		4							4			
		영어 회화	5		4								4		
	한국사	한국사	6	6				3	3					6	6
	기초교과선택	고전 읽기/기하/영어권 문화/ 인공지능 수학 [택1]	5			4				2	2			10	-
		현대문학 감상/미적분/ 심화 영어 I [택1]	5			6						3	3		
탐구	사회	통합사회	8	8				4	4					8	10
	과학	통합과학	8	6				3	3					8	12
		과학탐구실험	2	2				1	1					8	12

교과영역	교과	과목		기준단위	운영단위				1학년		2학년		3학년		영역합계	필수이수단위
					공통	일반	진로	전문	1학기	2학기	1학기	2학기	1학기	2학기		
탐구	탐구교과선택	한국지리/세계사/정치와 법/경제/윤리와 사상/물리학Ⅰ/화학Ⅰ/생명과학Ⅰ/지구과학Ⅰ	[택3]	5		6					3	3			36	-
				5		6					3	3				
				5		6					3	3				
		세계지리/동아시아사/사회·문화/생활과 윤리/여행지리/사회문제 탐구/물리학Ⅱ/화학Ⅱ/생명과학Ⅱ/지구과학Ⅱ/생활과 과학	[택3]	5		6							3	3		
				5		6							3	3		
				5		6							3	3		
체육·예술	체육	체육		5		4			2	2					12	10
		스포츠 생활		5			4				2	2				
		운동과 건강		5		4							2	2		
	예술	음악		5		4			2	2					12	10
		미술		5		4					2	2				
		음악 연주↔미술 창작		5			4						2	2		
생활·교양	기술·가정/제2외국어/한문/교양	기술·가정		5		6			3	3					16	16
		중국어Ⅰ/일본어Ⅰ	[택1]	5		6					3	3				
		정보/공중 보건↔간호의 기초/전기·전자 기초↔전기 회로	[택1]	5		4							2	2		

제시된 두 가지 표는 일반계 고등학교에서 공통과목, 일반선택과목, 진로선택과목을 어떻게 개설하는지에 대한 예시이다. 고등학교에 진학하게 되면 공통과목을 이수한 후에 각 계열에 맞게 과목을 선택하여 수강해야 한다. 공통과목은 말그대로 문·이과 등의 계열 구분이 없이 모든 고등학생이 배워야 하는 필수적인 내용을 담은 것으로서 기초 소양을 함양하고 기초학력을 보장할 수 있는 과목이다. 이에 비해 선택과목은 학생들의 진로 희망에 따라서 선택할 수 있는 과목이다.

아래의 표에서 볼 수 있듯이 선택과목은 크게 일반선택과목과 진로선택과목으로 나뉜다. 일반 선택과목의 경우 고등학교 단계에서 필요한 교과별 학문의 기본적인 이해를 바탕으로 한 과목이고 진로선택과목의 경우 교과융합학습, 진로 안내학습, 교과별 심화학습 및 실생활 체험학습 등이 가능한 과목 및 자신의 진로에 도움이 되는 심화된 학습을 할 수 있는 과목을 이야기한다. 자신의 진로와 적성에 맞는 과목을 선택하는 것이 중요해졌으며, 자신이 희망하는 계열에 필요한 역량을 기를 수 있는 과목을 선택해야 한다.

··• 고등학교 선택과목의 체계 •··

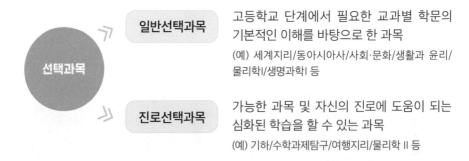

선택과목

일반선택과목
고등학교 단계에서 필요한 교과별 학문의 기본적인 이해를 바탕으로 한 과목
(예) 세계지리/동아시아사/사회·문화/생활과 윤리/물리학I/생명과학I 등

진로선택과목
가능한 과목 및 자신의 진로에 도움이 되는 심화된 학습을 할 수 있는 과목
(예) 기하/수학과제탐구/여행지리/물리학 II 등

학생들은 자신의 진로희망에 따라 계열을 선택하는 것이 매우 중요하다. 진로 희망에 따라서 계열선택이 달라지고 이로 인해서 향후 고등학교 과목과 생활이 결정되기 때문이다.

나. 계열의 분류

계열을 분류하는 것은 사람들마다 매우 다른 기준을 지니고 있다. 또한 대학마다 단과대학의 구성 및 학과의 구성 자체가 달라서 일관된 기준으로 계열을 나누기는 쉽지 않다. 하지만 일반적으로 사용되는 자료 및 수험생이 활용할 수 있는 자료를 중심으로 하여 각 대학의 계열을 다음 표에 제시된 바와 같이 크게 7가지로 나눌 수 있다.

··· 일반적인 대학 계열의 분류 ···

물론, 위에서 제시한 대학 계열의 분류에 있어서 반론이 있을 수 있다. 하지만 앞서 언급했듯이 분류의 경우 절대적인 것은 아니며 다만 수험생이 교육과 관련된 여러 자료를 활용할 때 활용하기 편하게 분류해 놓은 것이다.

각 계열에 맞는 학과를 분류해야 하는데 전국의 대학교가 200개가 넘고 전문대학까지 포함하면 330여개 정도 되는 대학이 있어서 이를 분류하기란 쉬운 일이 아니다. 또한 대학마다 활용하는 단과대학 및 학과의 명칭 역시 다르다. 따라서 이를 위해서는 통일된 기준이나 적절한 예시가 필요하다. 이에 대해 우리나라에서 거의 모든 학과가 있는 서울대학교의 단과대학 편성 및 학과편성을 예시로 살펴보자.

서울대학교 홈페이지(www.snu.ac.kr)을 참고하여 분류한 계열별 단과대학 및 학과 리스트는 다음과 같다(단, 학과의 특이성으로 인해 연합전공 및 연계전공은 분류에서 배제하였다).

인문계열

단과대학 인문대학
설치학과 국어국문학과 중어중문학과 영어영문학과 불어불문학과
독어독문학과 노어노문학과 서어서문학과 아시아언어문명학부
언어학과 국사학과 동양사학과 서양사학과 철학과 종교학과 미학과
고고미술사학과

사회계열

단과대학 사회과학대학
설치학과 정치외교학부(정치학전공) 정치외교학부(외교학전공) 경제학부
사회학과 인류학과 심리학과 지리학과 사회복지학과 언론정보학과

단과대학 경영대학
설치학과 경영학과

단과대학 생활과학대학
설치학과 소비자아동학부(소비자학전공) 소비자아동학부(아동가족학전공)
식품영양학과 의류학과

자연계열

단과대학	자연과학대학
설치학과	수리과학부 통계학과 물리천문학부(물리학전공) 물리천문학부(천문학전공) 화학부 생명과학부 지구환경과학부
단과대학	농업생명과학대학
설치학과	식물생산과학부 산림과학부 응용생물화학부

공학계열

단과대학	공과대학
설치학과	건설환경공학부 기계공학부 항공우주공학과 재료공학부 전기·정보공학부 컴퓨터공학부 화학생물공학부 건축학과 산업공학과 에너지자원공학과 원자핵공학과 조선해양공학과
단과대학	농업생명과학대학
설치학과	식품·동물생명공학부 바이오시스템·소재학부 조경·지역시스템공학부

의생명계열

단과대학	의과대학	단과대학	간호대학
설치학과	의예과 의학과	설치학과	간호학과
단과대학	약학대학	단과대학	수의과대학
설치학과	약학과 제약학과	설치학과	수의예과 수의학과

교육계열

단과대학	사범대학
설치학과	교육학과 국어교육과 영어교육과 불어교육과 독어교육과 사회교육과 역사교육과 지리교육과 윤리교육과 수학교육과 물리교육과 화학교육과 생물교육과 지구과학교육과 체육교육과 **※ 초등교육과 및 특수교육과 추가**

단과대학   미술대학
설치학과   동양화과 서양화과 조소과 디자인학부(공예) 디자인학부(디자인)
단과대학   음악대학
설치학과   성악과 작곡과(작곡전공, 이론전공) 기악과 (피아노전공, 현악전공,
          관악전공) 국악과

　위에서 제시한 계열별 단과대학 분류에 맞추어 자신이 현재 지망하고 있는 계열은 어느 쪽인지 그리고 어떠한 학과에 진학하고 싶은지 아래의 표에 간단히 서술해보도록 하자.

자신의 희망계열
자신의 희망학과

　그럼 계열분류를 통해서 자신에게 어떤 계열이 맞는지 알아보도록 하자.

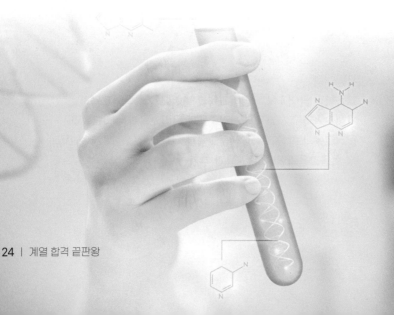

다. 계열분류 검사

자신이 어떤 계열을 원하는지 확실하지 않을 때는 관련 검사를 통해서 본인의 성향을 파악할 수 있다. 물론 간단한 심리검사를 하는 것이 편리할 수도 있지만, 시간이 조금 걸리더라도 자신의 미래를 위해서 검증된 심리검사를 하는 것이 미래의 진로를 결정하는 데에 있어 더욱 좋을 것이다. 이를 위해 국가에서 심리검사를 개발하고 활용할 수 있도록 했다. 커리어넷이나 워크넷 등에 접속하면 쉽게 이 검사들을 활용할 수 있다.(QR 코드를 사용해도 좋다)

커리어넷 진로상담검사(www.career.go.kr)

진로상담검사 QR코드
로그인 후 이용가능

직업적성검사  직업과 관련된 다양한 능력 중에서 어떠한 능력을 어느 정도 가지고 있는가를 알아보는 진단검사다. 이 검사는 제한된 직업만을 그 결과로 제시하는 것이 아니라 다양한 직업군에서 요구하는 능력 및 적합성을 알려준다. 이 결과를 바탕으로 하여 진로탐색의 폭을 넓힐 수 있다.

직업흥미검사(K), (H) 학생이 어떠한 분야에 관심과 흥미가 있는지를 알아보고 이 관심과 흥미에 따른 적합한 직업 및 유사직업을 확인하는 검사다.

직업가치관검사 능력 발휘, 자율성, 보수, 자기계발, 안정성, 사회적 인정 등의 직업과 관련된 가치관 중에서 학생이 어떤 것을 우선순위에 두는지 검사한 후 어떤 직업과 어울리는지를 확인하는 검사다.

진로성숙도검사 학생이 진로 탐색, 진로 선택, 진로 결정에 대한 태도, 능력, 행동이 어느 정도 준비되어 있고 이 역할들의 이해 정도를 알아보는 검사다.

출처: 커리어넷 홈페이지/진로끝판왕 53쪽

유의사항

커리어넷에서 실시하는 검사는 매번 다르게 나올 수 있다. 따라서 고등학교 1학년 때부터 지속적으로 검사를 수행해보고 그 변화의 추이를 관찰하는 것이 중요하다. 만약 자신이 일정한 진로성향을 보인다면 그 분야로 진출하는 것이 당연하겠지만 1학년에서 검사한 결과가 2학년 혹은 3학년에서 검사했을 때와 다르게 나타난다면 이것이 왜 이렇게 나오는지 그리고 현재 자신이 진짜 원하는 것이 무엇인지 등을 생각하고 자신의 생각을 바탕으로 하여 주변의 담임교사 및 진로상담교사에게 상담을 받는 것을 추천한다.

1) 커리어넷을 활용한 진로 심리검사 결과 엿보기

가) 커리어넷의 적성검사 결과를 아래의 그래프에 적어보고 추천 직업을 함께 적어보자.

능력	0	10	20	30	40	50	60	70	80	90	100
신체·운동능력											
손재능											
공간지각력											
음악능력											
창의력											
언어능력											
수리·논리력											
자기성찰능력											
대인관계능력											
자연친화력											
예술시각능력											

상위 3개 능력 🔍
추천 직업 🔍

검사 결과를 바탕으로 하여 계열마다 필요한 능력을 정리하면 다음과 같다. 물론 이 분류가 절대적인 것은 아니니 계열을 선택하면서 참고자료로 활용하길 바란다.

계열	필요능력
인문계열	창의력, 언어능력, 자기성찰능력
사회계열	창의력, 언어능력, 수리·논리력, 대인관계능력
자연계열	공간지각력, 창의력, 수리·논리력, 자연친화력
공학계열	공간지각력, 창의력, 대인관계능력
의생명계열	창의력, 언어능력, 수리·논리력, 대인관계능력
교육계열	창의력, 언어능력, 수리·논리력, 대인관계능력, 자연친화력
예체능계열	신체·운동능력, 손재능, 음악능력, 창의력, 예술시각능력

출처 : 진로끝판왕 54쪽

나) 흥미유형 결과를 아래의 표에 표시하고, 그 결과에 따른 추천 직업을 적어보자.

흥미유형	점수	상위 2개 영역	추천 직업
탐구형(I)			
예술형(A)			
사회형(S)			
기업형(E)			
관습형(C)			

다) 직업가치관 검사의 결과를 적어보고 그에 적합한 추천직업을 적어보자.

흥미유형	점수	상위 2개 영역	추천 직업
능력발휘			
자율성			
보수			
안정성			
사회적 안정			
사회봉사			
자기계발			
창의성			

라) 자신의 특성 및 그에 적합한 관련 직업을 정리해 보자.

구분	상위 2개 영역	추천 직업
흥미		
적성		
가치관		
신체적 조건		

마) 결과를 종합적으로 판단하여 자신의 직업을 선택해보자.

나의 선택 직업	이 직업을 선택한 이유

출처 : 진로끝판왕 54 ~ 55쪽

2) 다중지능 활동지를 통해서 보는 나의 계열

가) 다음의 활동지에 평소 자신이 잘한다고 생각하는 것에 체크해보자.

체크!

인간 친화적 지능
- 다른 사람의 마음, 감정, 느낌을 잘 이해하는 능력
- 다른 사람과 효과적이며 조화롭게 일할 수 있는 능력
- 타인의 현재 상태가 어떠한지 추론할 수 있는 능력
- 타인의 감정에 적절하게 대처하는 능력

자기 성찰 지능
- 자신의 감정에 대한 통제력을 가지고 적절하게 조절 및 계발하는 능력
- 자신의 감정과 행동을 잘 조절함으로써 미래를 효율적으로 준비하는 능력
- 자신이나 타인의 문제해결 능력

자연 친화 지능
- 주변 환경, 동·식물 및 인간을 포함한 종들의 인식 및 분류하는 능력
- 동·식물 등의 행동 특성에 관심이 많고 이들이 가지는 문제에 적절히 대처할 수 있는 능력

공간 지능
- 원근, 방향, 길이 등 공간에 대한 인식능력과 이를 전환하고 조성할 수 있는 능력
- 기본적인 물리적 자극 없이도 물리적인 것을 재창조할 수 있는 능력

음악 지능
- 노래 부르기에 필요한 멜로디와 박자를 인식할 수 있는 능력
- 악기 연주능력과 악보 인식능력
- 작곡의 원리를 이해하고 작곡하는 능력
- 곡의 장르와 내용을 파악하는 능력

신체 운동 지능
- 힘, 리듬, 속도 등 필요한 요소를 적절히 활용하여 효과적으로 신체를 사용할 수 있는 능력
- 도구를 적절히 활용할 수 있는 능력
- 손작업과 표현적 활동을 할 수 있는 능력

≫

논리 수학 지능	숫자를 인식하고 부호화하는 능력	
	다양한 요소들을 분류, 범주화하고 유추할 수 있는 논리적 사고력	
	가설을 논리적으로 풀어내는 능력	

언어 지능	언어의 여러 상징체계를 빠르게 배우는 능력	
	문법과 어휘 인식능력, 쓰인 글의 논리적 맥락을 이해하는 능력	
	언어에 대한 민감성	

나) 위의 표를 통하여 자신의 강점 지능과 약점 지능을 알아보자.

순위	1순위	2순위
강점지능		
약점지능		

출처 : 진로끝판왕 54 ~ 55쪽

다) 각 계열별 필요지능

위에서 제시한 지능 중에서 각 계열에 어떤 지능이 필요한지 알아보도록 하자.

계열	지능
인문계열	인간친화적지능, 자기성찰지능, 언어지능
사회계열	인간친화적지능, 논리수학지능
자연계열	자연친화지능, 공간지능, 논리수학지능
공학계열	자연친화지능, 공간지능, 논리수학지능
의생명계열	인간친화적지능, 논리수학지능, 자기성찰지능
교육계열	인간친화적지능, 공간지능
예체능계열	자기성찰지능, 음악지능

라. 의생명계열의 특성

　의생명계열은 자연계열 학생들에게 현재 가장 많은 인기가 있는 계열로써 의대, 약대, 보건계열(간호학과 등)이 속해 있다. 다른 계열보다 진로가 확실하고 명확하며 졸업을 한 후에는 전문직에서 종사할 수 있다는 장점이 있다. 평균수명이 계속해서 늘어나고 있는 만큼 이 과정에서 사람들에게는 여러 가지 질병들이 나타나게 될 것이며 관련된 분야의 인력은 계속 늘어나게 될 것이다. 의생명계열에는 크게 의치한 분야, 보건관련 분야, 의학연관 분야(의료공학, 재활치료 등)으로 나눌 수 있다. 하지만 의생명계열의 특성상 분야를 구별하지 않고 의생명계열 하나로 살펴보도록 하자.

1) 의생명계열 특성

　의생명계열은 사람의 생명을 직접적으로 다루거나 이와 관련된 일을 하기 때문에 다른 계열보다도 높은 수준의 책임감이 요구된다. 일부 학과에 의해서 6년 동안 긴 교육과정을 운영하는 곳이 있으며 보건이나 의학연관 분야와 같은 경우는 공학이나 IT 관련 능력이 필요한 분야도 있다. 물론 졸업하면 관련된 분야에서 일하게 되어 진로가 확실하다는 장점이 있지만, 자신의 전공을 기반으로 하여 다른 일에 종사할 수도 있다.

2) 의생명계열 진로

의생명계열의 경우 대부분 자신이 전공한 것과 관련된 직업을 선택하게 된다. 즉, 학과의 이름과 직업이 일치하는 경우가 대단히 많다. 예를 들어 의예과는 의사, 치의예과는 치과의사, 간호학과는 간호사 등이다. 의치한 분야의 경우 대부분 대형병원이나 중형병원에서 일하거나 스스로 개원을 하여 자신의 병원을 운영할 수도 있다. 간호학과를 포함한 보건관련 분야 역시 대부분 병원에서 일한다. 하지만 자신이 전공한 분야를 살려 정부 공공기관 취업, 관련 사업체 운영 등을 통해서 다른 진로를 선택할 수도 있다.

3) 의생명계열 관련 능력

의생명계열의 경우 다른 어떤 분야보다 책임감이 많이 요구되는 분야이다. 사람들의 목숨을 직접적으로 다루고 하나의 행동이 생명과 직접적으로 연결되는 경우가 많기 때문이다. 또한 상황을 보고 빠르고 정확하게 판단하는 능력 역시 필요하다. 의사든 약사든 간호사든 현재 환자의 상태 혹은 이야기를 듣고 나서 이에 맞는 처방이나 처치를 해야 하기 때문에 적절한 상황판단 능력, 비판적 사고능력, 과감한 판단력 등이 요구된다.

4) 의생명계열 관련 학과 및 유사학과

의학과	의예과 의학과 기초의과학부 대체의학전공
치의학과	치의예과 치의학과 기초의치과학전공
한의학과	한의예과 한의학부
간호학과	간호학과 간호과학전공
약학과	약학과 한약학과 제약학과 산업약학과
보건학과	보건학과 보건관리학과 보건과학과
재활학과	대체요법전공 언어치료학과 작업치료학과
의료공학과	의용공학과 동서의료공학과 의학공학부

출처 : 고1, 2학년 담임교사를 위한 진로진학지도 가이드북 대구시교육청

자신이 어떤 계열인지를 아는 것은 앞으로의 수업 선택, 동아리 과정, 봉사활동 등 학교 생활 전반에 영향을 미친다. 이렇듯 자신이 지닌 성향과 능력, 관심사가 어떤 계열과 맞는지를 살펴보는 것은 매우 중요한 일이라고 할 수 있다. 앞선 장에서 여러 가지 진로 검사를 통해서 그리고 계열과 관련된 설명을 통해서 자신에게 어떤 계열이 맞는지를 알아보는 시간을 가졌다. 이를 통해 자신이 인문, 사회, 자연, 공학, 교육, 의생명 계열, 예체능 중 하나에 관심이 있다는 것을 알게 될 것이다. 이것은 여러분의 고등학교 생활에 직면하는 여러 가지 선택에서 많은 영향을 미칠 것이다.

이제부터는 이 로드맵을 세련되게 하는 것이 필요한 시간이다. 자신이 어떤 계열인지를 알게 되었으면 실행에 옮겨야 할 시간이다. 자신이 선택한 계열에 맞게 교과목을 선택하고 관련된 동아리 활동을 하며 봉사활동과 진로탐색활동 역시 이와 연계되면 아주 좋을 것이다. 이러한 모든 것이 균형을 이룰 때에 비로소 자신이 원하는 대학에 진학을 시도해 볼 수 있는 기회가 생기는 것이다. 소위 '학종'이라고 불리는 학생부 종합전형에서 요구하는 자기주도성, 전공적합성 등을 이제 학교 활동을 통해서 보여주어야 한다.

학교에서 하는 모든 활동은 학교생활기록부라는 곳에 기재가 된다. 담임선생님들을 비롯하여 각 수업을 담당하신 교과선생님, 동아리 선생님 등이 여러분의 활동을 보고 학교생활기록부에 관찰한 내용을 기록하신다. 바로 이 학교생활기록부가 대학 진학에 있어서 가장 중요한 부분이다.

다음 장에서는 이 학교생활기록부와 관련된 이야기를 하고자 한다. 학교생활기록부는 엄연히 선생님들이 기록을 하는 부분이기는 하지만 이 기록의 대상을 바로 학생들의 학업과 관련된 활동과 비교과 활동(자율활동, 동아리활동, 봉사활동, 진로활동 등)이다. 즉 학생부를 기록하는 것은 선생님들이지만 이러한 기록의 원천에는 학생들의 활동이 담겨 있다는 것이다. 따라서 자신의 학교생활기록부가 자신의 대학 진학에 도움이 되기 위해서는 이 학생부에 적혀야 할 것이 무엇인지를 알고 시작을 하는 것이 좋다. 즉 일종의 세련된 로드맵이 필요하다는 것이다.

다음 장에서는 계열별로 여러분이 고등학교 생활을 하는 동안 학교생활기록부가 자신에게 유리하게 적용되기 위해서는 어떤 요소들이 학교생활기록부에 기재가 되어야 하는지 알아볼 것이다. 이를 위해서 학교생활기록부가 어떻게 구성되어 있는지를 살펴본 후에 자신의 계열에 맞게 학교생활기록부를 활용하기 위해서는 어떠한 활동이나 교과목을 선택하면 자신이 희망하는 대학에서 유리하게 작용할 수 있을지를 이야기한다. 또한 어떤 비교과 영역을 채워두어야 같은 성적이라도 조금 더 좋은 학교에 갈 수 있는지에 대한 전략과 같은 것을 제시한다. 즉 다음 장은 자신의 학교생활기록부를 브랜딩하기 위해서는 어떠한 분야에 노력을 해야 할지를 조사한다. 아무쪼록 앞장의 내용이 여러분들의 진로를 결정하는 데에 있어서 큰 도움이 되었으면 한다.

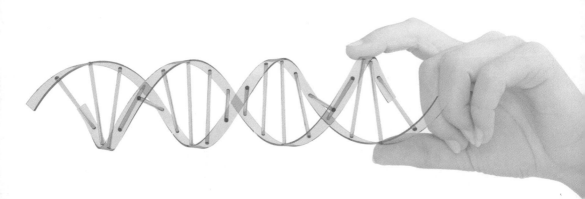

2

합격 학생부
로드맵

합격 학생부 로드맵

가. 학생부종합전형에 대하여

1) 그림으로 보는 학생부종합전형

  수시모집에서 학생부교과전형과 함께 가장 높은 비율로 학생을 선발하는 전형
은 바로 '학생부종합전형'이다. 학생들의 3년간 누적 기록이 담긴 학교생활기록부
내용을 바탕으로 성장 및 발전 과정을 평가하며, 대학별로 저마다 고유의 평가 기
준을 갖추고 있다. 모든 대학을 분석하여 개별적으로 접근하는 것이 최선이겠지
만, 이를 준비하는 교사, 학생, 학부모 입장에서 고민해본다면 아마도 전체 흐름
을 이해하는 것이 최우선이다.

학생부종합전형 공통 평가요소 및 평가항목

 학업역량 대학 교육을 충실히 이수하는 데 필요한 수학 능력

1. 학업성취도
고교 교육과정에서 이수한 교과의 성취수준이나 학업 발전의 정도

2. 학업태도
학업을 수행하고 학습해 나가려는 의지와 노력

3. 탐구력
지적 호기심을 바탕으로 사물과 현상에 대해 탐구하고, 문제를 해결하려는 노력

 진로역량 자신의 진로와 전공(계열)에 관한 탐색 노력과 준비 정도

1. 전공(계열) 관련 교과 이수 노력
고교 교육과정에서 전공(계열)에 필요한 과목을 선택하여 이수한 정도

2. 전공(계열) 관련 교과 성취도
고교 교육과정에서 전공(계열)에 필요한 과목을 수강하고 취득한 학업성취 수준

3. 진로 탐색 활동과 경험
자신의 진로를 탐색하는 과정에서 이루어진 활동이나 경험 및 노력 정도

 공동체역량 공동체의 일원으로서 갖춰야 할 바람직한 사고와 행동

1. 협업과 소통능력
공동체의 목표를 달성하기 위해 협력하며, 구성원들과 합리적인 의사소통을 할 수 있는 능력

2. 나눔과 배려
상대방을 존중하고 이해하여 원만한 관계를 형성하며, 타인을 위하여 기꺼이 나누어 주고자 하는 태도와 행동

3. 성실성과 규칙준수
책임감을 바탕으로 자신의 의무를 다하고, 공동체의 기본 윤리와 원칙을 준수하는 태도

4. 리더십
공동체의 목표 달성을 위해 구성원들의 상호 작용을 이끌어가는 능력

출처: NEW 학생부종합전형 공통 평가요소 및 평가항목, 건국대·경희대·연세대·중앙대·한국외대

위 그림은 2022년 2월에 발표된 「NEW 학생부종합전형 공통 평가요소 및 평가항목(건국대·경희대·연세대·중앙대·한국외대)」 자료 중 일부다. 특정 대학에서 공통으로 활용하는 내용을 토대로 학생부종합전형 전체를 해석하는 것은 무리일지도 모른다. 하지만 평가자 입장에서 학생부종합전형을 바라보는 관점을 대변하고 있다. 따라서 해당 내용을 정확히 해석하고 이해한다면 학교생활기록부를 준비하는 데 많은 도움을 받을 것이다.

여기서 학생부종합전형 평가의 핵심 줄기는 '학업역량', '진로역량', '공동체역량'의 3가지다. 2018년 2월에 발표된 「학생부종합전형 공통 평가요소 및 평가항목(건국대·경희대·서울여대·연세대·중앙대·한국외대)」 자료에서는 '학업역량', '전공적합성', '인성', '발전가능성'의 4가지 평가요소를 활용하였다. 하지만 학생부 항목 및 내용 축소, 자기소개서 및 교사 추천서 폐지 등의 변화로 대학에 제공되는 정보가 줄었고, 고교학점제 도입이라는 학교 현장의 변화를 반영하고자 새로운 평가 요소가 도입되었다.

2) 평가 요소 알아보기 ('학업역량', '진로역량', '공동체역량'을 중심으로)

가) 학업역량

학업역량은 '대학 교육을 충실히 이수하는 데 필요한 수학 능력'을 말한다. 대부분 교과 등급은 학업역량이라고 생각하기 쉽지만 단순한 등급 수치만으로 학생을 평가하는 것은 위험성을 갖고 있다. 그래서 교과의 성취도뿐만 아니라 세부 능력 및 특기사항(수업 과정에서의 탐구활동, 수행평가), 교내대회(수상경력), 동아리활동, 독서활동, 봉사활동 등을 함께 확인한다.

(※ 수상경력, 자율동아리, 봉사활동(개인), 독서활동상황 등은 2024학년도 대입부터 미반영)

학업역량의 세부 평가항목은 '학업성취도', '학업태도', '탐구력'으로 구분된다. 앞의 그림에서 학업성취도(고교 교육과정에서 이수한 교과의 성취수준이나 학업 발전의 정도), 학업태도(학업을 수행하고 학습해 나가려는 의지와 노력), 탐구력 (지적 호기심을 바탕으로 사물과 현상에 대해 탐구하고, 문제를 해결하려는 노력) 의 정의를 살펴보았다.

이제 항목별 세부 평가 내용을 알아보자.

학업성취도	학업태도	탐구력
·종합적 학업능력 ·추세적 발전 정도 ·희망 전공과의 연계	·자발적 학습 의지 ·자기 주도적 노력 ·적극적인 태도와 열정	·지식 확장을 위한 노력 ·구체적인 성과 ·열의와 지적 관심

'학업성취도' 항목에서는 '종합적 학업능력', '추세적 발전 정도', '희망 전공과의 연계'를 평가한다. 3년간의 종합적 학업성취도를 확인하고, 학년이나 학기에 따른 성적의 변화를 체크하며, 희망 전공 분야 관련 과목에 대한 개별적인 평가를 바탕으로 학업역량을 파악한다.

'학업태도' 항목에서는 '자발적 학습 의지', '자기 주도적 노력', '적극적인 태도와 열정'을 평가한다. 교과 수업에 능동적인 태도와 열정으로 참여하는지 확인하고, 새로운 정보와 지식을 얻기 위해 자기주도성을 바탕으로 노력하는지 체크하며, 명확한 목적의식을 바탕으로 배우고자 하는 의지를 바탕으로 학업역량을 파악한다.

'탐구력' 항목에서는 '지식 확장을 위한 노력', '구체적인 성과', '열의와 지적 관심'을 평가한다. 수업 중 궁금증을 풀어보거나 역량을 기르기 위해 학교 프로그램으로 관심을 확장해나갔는지 확인하고, 탐구 과정을 통해 구체적인 산출물을 만들었는지 체크하며, 활동 과정에서의 학문적 열정이나 지적 관심을 바탕으로 학업역량을 파악한다.

나) **진로역량**

진로역량은 '자신의 진로와 전공(계열)에 관한 탐색 노력과 준비 정도'를 말한다. 이전에 '전공적합성'이라는 표현을 썼을 때는 전공과 직접적인 관련이 높은 활동에만 비중을 두는 다소 좁은 경향성이 문제점으로 드러났다. 그래서 전공 대신 진로로 개념을 확장함으로써 대학의 전공 맞춤형 활동을 강조하기보다 학생의 장래 희망과 관련된 다양한 활동과 경험에 더욱 초점을 두고 있음을 알 수 있다.

진로역량의 세부 평가항목은 '전공(계열) 관련 교과 이수 노력', '전공(계열) 관련 교과 성취도', '진로 탐색 활동과 경험'으로 구분된다. 앞의 그림에서 전공(계열) 관련 교과 이수 노력(고교 교육과정에서 전공(계열)에 필요한 과목을 선택하여 이수한 정도), 전공(계열) 관련 교과 성취도(고교 교육과정에서 전공(계열)에 필요한 과목을 수강하고 취득한 학업 성취 수준), 진로 탐색 활동과 경험(자신의 진로를 탐색하는 과정에서 이루어진 활동이나 경험 및 노력 정도)의 정의를 살펴보았다.

이제 항목별 세부 평가 내용을 알아보자.

전공(계열) 관련 교과 이수 노력	전공(계열) 관련 교과 성취도	진로 탐색 활동과 경험
· 과목 선택의 적절성과 이수 과목 수 · 위계에 따른 선택과목 (일반/진로) 이수 여부 · 관련 과목 이수를 위한 추가 노력	· 전공(계열) 관련 과목 성취수준 · 전공(계열) 관련 동일 교과 내 선택과목 (일반/진로) 성취수준	· 관심 분야나 흥미와 관련한 활동과 경험 · 전공(계열) 관련 탐색 활동과 경험

'전공(계열) 관련 교과 이수 노력' 항목에서는 '과목 선택의 적절성과 이수 과목 수', '위계에 따른 선택과목(일반/진로) 이수 여부', '관련 과목 이수를 위한 추가 노력'을 평가한다. 지원 전공(계열) 관련 과목 수와 이수 단위를 확인하고, 진로·적성에 따라 관련 진로선택과목을 이수했는지 체크하며, 학교에서 미개설된 과목을 수강하는 자기주도적 탐색 과정(공동교육과정, 소인수 수업, 온라인 보충 이수 학습 활용 등)을 바탕으로 진로역량을 파악한다.

'전공(계열) 관련 교과 성취도' 항목에서는 '전공(계열) 관련 과목 성취수준', '전공(계열) 관련 동일 교과 내 선택과목 (일반/진로) 성취수준'을 평가한다. 전공(계열) 관련 교과 이수 과목의 교과 성취를 확인하고, 동일 교과 내 일반선택과목의 석차등급과 진로선택과목의 성취도를 비교한 종합적인 교과 성취수준을 바탕으로 진로역량을 파악한다.

'진로 탐색 활동과 경험' 항목에서는 '관심 분야나 흥미와 관련한 활동과 경험', '전공(계열) 관련 탐색 활동과 경험'을 평가한다. 학교 교육에서 활동과 경험을 통한 성장과 성취를 확인하고, 교과 활동이나 창의적 체험활동에서 전공(계열)에 대한 관심을 가지고 탐색한 경험을 바탕으로 진로역량을 파악한다.

다) 공동체역량

공동체역량은 '공동체의 일원으로서 갖춰야 할 바람직한 사고와 행동'을 말한다. 예전에는 '인성'과 '발전가능성'이라는 측면으로 나누어 평가했었다. 하지만 개인적 차원의 의미가 많이 부각 되는 '인성' 항목과 학업역량 및 전공적합성과 중복되는 측면이 많았던 '발전가능성' 항목을 없애고, 공동체 차원으로 평가의 범위를 확장하고자 '공동체역량'으로 명칭을 통합하여 변경했다.

공동체역량의 세부 평가항목은 '협업과 소통능력', '나눔과 배려', '성실성과 규칙준수', '리더십'으로 구분된다. 앞의 그림에서 협업과 소통능력(공동체의 목표를 달성하기 위해 협력하며, 구성원들과 합리적인 의사소통을 할 수 있는 능력), 나눔과 배려(상대방을 존중하고 이해하여 원만한 관계를 형성하며, 타인을 위하여 기꺼이 나누어 주고자 하는 태도와 행동), 성실성과 규칙준수(책임감을 바탕으로 자신의 의무를 다하고, 공동체의 기본윤리와 원칙을 준수하는 태도), 리더십(공동체의 목표 달성을 위해 구성원들의 상호작용을 이끌어가는 능력)의 정의를 살펴보았다.

이제 항목별 세부 평가 내용을 알아보자.

협업과 소통 능력	나눔과 배려	성실성과 규칙준수	리더십
· 서로 돕고 함께 행동하는 모습 · 공동 과제 수행 및 완성 경험 · 공감과 수용	· 나눔의 실천과 생활화 · 양보와 배려 · 상대방에 대한 이해와 존중	· 책임감과 성실 · 공동체가 정한 규칙준수	· 계획과 실행의 주도성 · 인정과 신뢰

'협업과 소통능력' 항목에서는 '서로 돕고 함께 행동하는 모습', '공동 과제 수행 및 완성 경험', '공감과 수용'을 평가한다. 수업 및 활동 과정에서 주도성을 갖고 적극적으로 참여하는지 확인하고, 새롭거나 자신의 역량을 발휘하여 성과 및 산출물을 만들어내는지 체크하며, 기존의 경험을 바탕으로 사고의 확장이 나타나는지를 바탕으로 공동체역량을 파악한다.

'나눔과 배려' 항목에서는 '나눔의 실천과 생활화', '양보와 배려', '상대방에 대한 이해와 존중'을 평가한다. 다양한 공동체 활동 경험에서 나눔을 실천하고 자발적으로 참여했는지 확인하고, 공동체가 함께 성장할 수 있도록 이타적인 노력을 보였는지 체크하며, 상대방에 대한 존중과 배려를 바탕으로 공동체역량을 파악한다.

'성실성과 규칙준수' 항목에서는 '책임감과 성실', '공동체가 정한 규칙준수'를 평가한다. 교내 활동에서 자신이 맡은 역할에 최선을 다하려고 노력한 경험이 있는지 확인하고, 자신이 속한 공동체가 정한 규칙과 규정을 준수하고 있는지를 바탕으로 공동체역량을 파악한다.

'리더십' 항목에서는 '계획과 실행의 주도성', '인정과 신뢰'를 평가한다. 공동체의 목표를 달성하기 위해 계획하고 실행을 주도한 경험이 있는지 확인하고, 구성원들의 인정과 신뢰를 바탕으로 참여를 이끌어 조율한 경험이 있는지를 바탕으로 공동체역량을 파악한다.

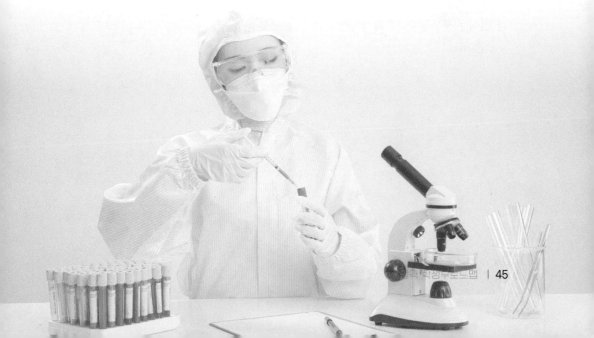

나. 학교생활기록부의 이해

1) 학교생활기록부란?

학교생활기록부는 학생부종합전형 평가에서 핵심 자료이다. 교사의 입장에서 관찰 및 평가한 학생들의 3년간 모습이 고스란히 담겨 있기 때문이다. 더욱이 학생의 변화와 성장 및 발전 과정이 자세하게 나타나기에 평가자의 입장에서 학생의 모습을 충분히 그려볼 수 있는 근거가 되기도 한다. 최근 교사 추천서 제도가 폐지되고, 자기소개서를 제출하는 대학 숫자가 줄어든 만큼 학교생활기록부가 지니는 무게가 더해져 가고 있다.

2) 학교생활기록부 나눠보기

학교생활기록부에는 한 학생에 대한 정보가 A부터 Z까지 모두 담겨 있다. '인적·학적 사항'부터 '출결상황', '수상경력', '자격증 및 인증 취득상황', '창의적체험활동', '교과학습발달상황', '독서활동상황', '행동특성 및 종합의견' 순서로 구성되어 있다. 여기서 창의적체험활동은 흔히 '자동봉진'이라 불리는 '자율활동', '동아리활동', '진로활동', '봉사활동'으로 나뉘며, 교과학습발달상황은 학기별 '교과 성적', '세부능력 및 특기사항', '개인별 세부능력 및 특기사항'으로 나뉘어 기록된다.

지금부터 '2022학년도 학교생활기록부 기재요령(교육부)'에 제시된 내용을 바탕으로 항목별 구성을 살펴보자.

가) 인적·학적 사항

학생의 기초 정보와 학적 변동에 대한 정보가 기록된다.

학생정보	성명 : 성별 : 주민등록번호 : 주소 :
학적사항	년 월 일 ○○중학교 제3학년 졸업 년 월 일 □□중학교 제1학년 입학
특기사항	

나) 출결상황

연간 수업일수, 결석·지각·조퇴·결과, 개근 및 결석 사유 등이 기록된다.

학년	수업일수	결석일수			지각			조퇴			결과			특기사항
		질병	미인정	기타	질병	미인정	기타	질병	미인정	기타	질병	미인정	기타	
1														

다) 수상경력

고등학교별로 매년 초에 작성하는 '학교 교육계획서'에 기반한 교내대회의 수상 내용만 기록되며, 교외 대회는 어떠한 것도 기록되지 않는다.

학년 (학기)	수상명	등급(위)	수상연월일	수여기관	참가대상(참가인원)
1					
2					

라) ▶ 자격증 및 인증 취득상황

국가기술자격증, 국가자격증, 국가 공인을 받은 민간자격증 및 학교 교육계획에 따라 이수한 국가직무능력표준 이수 상황이 기재된다.

구분	명칭 또는 종류	번호 또는 내용	취득연월일	발급기관
자격증				

국가직무능력표준 이수상황

학년	학기	세분류	능력단위 (능력단위코드)	이수시간	원점수	성취도	비고

마) ▶ 창의적체험활동

* 자율활동: 교내에서 진행되는 각종 행사와 활동이 기록된다.

* 동아리활동: 정규 동아리와 자율 동아리 활동 내용이 기록되며, 자율 동아리는
　　　　　　동아리명과 소개 글을 30자 이내로 작성한다.

* 진로활동: 진로 수업 시간 중 활동, 교내 및 개인이 진행하는 진로 관련 활동이
　　　　　기록된다.

* 봉사활동: 봉사활동의 일자, 장소, 내용, 시간 등이 기록된다.

학년	창의적 체험활동상황		
	영역	시간	특기사항
	자율활동		
	동아리활동		(자율동아리)
	진로활동		희망분야　　　※ 상급학교 미제공

학년	봉사활동 실적				
	일자 또는 기간	장소 또는 주관기관명	활동 내용	시간	누계시간

바) 교과학습발달상황

* 공통 과목, 일반 선택 과목: 단위수, 원점수, 과목평균, 표준편차, 성취도, 수강자수, 석차등급이 기록된다.
* 진로 선택 과목: 단위수, 원점수, 과목평균, 성취도, 수강자수, 성취도별 분포비율이 기록된다.
* 체육·예술: 교과별 성적, 성취도가 기록된다.
* 과목별 세부능력 및 특기사항: 수업 중 학습 과정, 태도, 활동, 학업능력 등이 기록된다.
* 개인별 세부능력 및 특기사항: 영재교육, 발명 교육, 수업량 유연화에 따른 학교 자율적 교육활동 등이 기록된다.

학기	교과	과목	단위수	원점수/과목평균 (표준편차)	성취도 (수강자수)	석차등급	비고
이수단위 합계							
과목			세부능력 및 특기사항				

진로 선택 과목

학기	교과	과목	단위수	원점수/과목평균 (표준편차)	성취도 (수강자수)	석차등급 분포비율	비고
이수단위 합계							
과목			세부능력 및 특기사항				

체육·예술

학기	교과	과목	단위수	성취도	비고
이수단위 합계					
과목		세부능력 및 특기사항			

사) 독서활동상황

'도서명(저자명)'으로만 기록되며 특기사항은 입력할 수 없다.

학년	과목 또는 영역	독서 활동 상황

아) 행동특성 및 종합의견

교사의 관찰에 의한 학생의 행동, 학습, 인성 등의 내용을 변화와 성장에 초점을 맞춰 기재된다. 대학에 제출하는 교사 추천서가 폐지되었기 때문에 1, 2학년 담임교사의 기록은 추천서 역할을 한다.

학년	행동특성 및 종합의견

3) 비교과 영역별 주요 내용 및 특징

수상 경력
- 학기별 1개의 대회를 통해 자신의 장점과 역량이 명확하게 드러나도록 한다.
- 대회에 참가하게 된 동기와 준비 과정에서의 의미 있는 경험에 중점을 둔다.

핵심 Tip
+ 지원 학과 관련 학업역량 및 진로역량을 보여주는 수상을 할 수 있도록 수상을 위한 준비, 과정, 결과를 자기소개서나 면접에서 반드시 어필하라.

자율 활동
- 스스로 활동을 계획하고 적극성을 갖고서 실천으로 옮기는 모습을 보인다.
- 자신의 역할이 분명하게 드러나고, 자기주도성을 바탕으로 성장과 발전하는 모습이 나타난다.

핵심 Tip
+ '학교'보다는 '개인'의 성취와 역할을 드러내자.
+ 임원이 아니라면 '리더십'보다는 '내 역할'이 분명하게 드러나도록 하자. 위한 준비, 과정, 결과를 자기소개서나 면접에서 반드시 어필하라.

동아리 활동
- 동아리를 선택한 이유와 자신의 역할이 분명하게 나타난다.
- 동아리 내에서의 활동 경험과 노력을 바탕으로 변화의 모습을 드러낸다.

핵심 Tip
+ 교과와 관련된 동아리를 통해 학업역량을 보여라.
+ 전공 동아리가 아니라면 자신의 역할, 기여도, 산출물을 구체적으로 보여라.

봉사 활동
- 분명한 목표 의식을 갖고서 지속적으로 꾸준히 참여한다.
- 봉사의 동기가 분명하며 진정성을 갖고 활동에 임한다.

핵심 Tip
+ 봉사 시간보다는 참여 동기, 진정성, 지속성이 중요하다.
+ 코로나 이후, 교내 봉사에 충실한 모습이 좋은 평가로 연결될 수 있다.

진로 활동

- 자기주도성의 바탕 위에 자신의 꿈을 찾아가기 위한 노력 과정이 드러난다.
- 활동을 통해 느끼고 깨달으며 변화되는 모습이 구체적으로 나타난다.

핵심 Tip

+ 3년간 일관된 진로가 아니라면 반드시 진로 변경 사유를 설명하라.

+ 진로 행사 중의 적극성, 행사 이후의 연계·발전·심화 학습이 중요하다.

독서 활동 상황

- 교과 관련 탐구활동과 연계하여 심화 학습으로 연결 지을 수 있는 책을 읽는다.
- 독서를 기반으로 한 다양한 활동을 통해 내적 성장의 기회를 갖는다.

핵심 Tip

+ 독서로 시작해서 독서로 끝난다. (수업, 활동, 발표, 토론, 보고서, 실험 등)

+ 다방면에 관심(인문학, 융합, 철학, 사회과학, 자연과학, 예술, 윤리 등)

다. 의생명계열 합격 로드맵

1) 들어가는 글

의생명계열은 '의학, 한의학, 수의학, 치의학, 약학, 간호학, 보건학 등을 연구하고, 관련 교육을 통해 전문 인력을 양성'하는 분야다. 관련 학과는 의학과, 수의학과, 치의학과, 한의학과, 약학과, 한약학과, 간호학과, 임상병리학과, 방사선학과, 치기공학과, 치위생학과, 물리치료학과, 작업치료학과, 언어치료학과, 응급구조학과, 보건행정학과 등이 있다. 대입에서는 '학과별로 모집하는 전형'과 '의료보건학부로 선발하여 대학 생활(주로 1학년 말) 중에 세부 전공을 선택'하는 전형이 있다.

2) 합격 학생부의 특징

가) 자율활동

- 학기 초, 학급 내에서 친구의 적응을 돕고 대화와 관심을 바탕으로 마음이 열릴 수 있도록 노력한다. 한 학급을 함께 살아가는 구성원으로서의 책임감이 돋보인다.

- 학생회나 학급의 임원을 맡아 공동체의 변화와 발전에 기여하고자 하는 마음을 통해 리더십과 책임감을 동시에 보여줄 수 있다. 학급 구성원을 하나로 모아 이끄는 과정에서 희생정신과 봉사심이 나타난다.

- 학교 주요 행사에서 실무진으로 활동하고, 전체 계획을 숙지한 후 체계적으로 운영될 수 있도록 하는데 기여한다. 안전에 대한 경각심을 갖고서 행사의 원활한 진행을 돕는다.

- 학년부 또는 학급 개별 프로그램을 통해 단위학교의 개별 특색을 드러내는 동시에 학생의 역량과 성취를 함께 보여줄 수 있다. 특정 교과의 우수성을 어필하거나 예술 또는 융합적 측면을 통해 창의적인 인재로서의 모습도 드러낸다.

나) 동아리활동

- 진로가 비슷한 구성원들이 모여 동아리 내의 소모임을 만들고, 전공 분야와 관련된 학술 자료를 탐색하여 보고서를 작성하고 발표 활동으로 연결하는 적극성이 돋보인다.
- 생명 현상에 관심을 갖고 지도교사와 함께 해부 실험 영상을 시청하며 해부 실험을 간접 체험한다. 사전 조사, 영상 시청 후 문헌을 연구하며 해부에 대한 이해를 높인다.
- 의료·보건 동아리에서 심폐소생술, 응급처치 실습을 진행하며 의료 현장에서 발생할 수 있는 상황을 예상해보고, 예비 의료인으로서의 역할을 되돌아보는 시간을 갖는다.

다) 봉사활동

- 화학, 생명과학, 의학, 수학, 보건, 과학 실험 동아리 활동을 통해 요양원, 복지관, 장애아동 보호기관을 방문하여 인성의 가치를 중시하고 사랑을 실천하는 적극성이 돋보인다.
- 정기적으로 헌혈에 참여하고 있으며, 헌혈의 필요성과 중요성을 전달하고자 캠페인 활동을 운영함으로써 나눔의 실천을 홍보하고 장려하는 활동을 꾸준히 이어간다.

라) 진로활동

- 수학, 화학, 생명과학 관련 심화 수업을 통해 교과 역량을 강화하고, 주제 탐구활동 과정에서 의료·보건 계열을 중심으로 연구 활동을 진행한다.
- 병원, 한의원, 동물병원, 약국을 방문하여 인터뷰를 진행하고, 설문 조사를 기반으로 문헌 연구를 진행함으로써 전공 분야로의 진로를 구체화하려는 노력이 돋보인다.
- 의학·치의학·수의학 캠프, 청소년 의사 인턴십 프로그램 등에 참가하여 의료 현장을 간접 체험해봄으로써 현장 의료진들의 노력과 헌신을 이해하고 공감하는 기회를 갖는다.

마) 수상경력

- 학술발표대회, 주제 탐구 발표대회, 리서치 경연대회, 동아리발표대회 등을 통해 의료·보건 분야의 주요 현안을 분석하고 이를 해결하기 위한 방안을 도출하기 위한 노력이 돋보인다.

- 의학 토론대회, 심폐소생술 대회 등을 통해 예비 의료인으로서 갖추어야 할 자질과 역량을 쌓기 위해 노력하며, 의료 현장에서 발생할 수 있는 사안을 간접 체험해보았음을 알 수 있다.

바) 독서활동상황

- 의료 현장, 생명 복제, 줄기세포, 유전자, 인체 등을 주제로 하는 책을 읽고서 질병을 이해하고 치료법을 고민하였으며, 인간의 삶의 안위와 건강을 위한 방안을 고민하는 모습이 보인다.

- 인문학, 철학, 심리학 관련 책을 읽으며 사람을 먼저 생각하는 마음가짐과 논리성 및 철학적 사고를 갖추고자 노력하는 모습이 나타난다.

라. 의생명계열 학과별 주요 사례

학생부종합전형으로 합격한 학생들의 최근 3개년 누적 데이터를 바탕으로 3가지 평가 요소인 학업역량, 진로역량, 공동체역량과 연관성이 높은 항목별 내용과 기재 예시를 확인해본다. 또한 단위학교 교육과정 상의 차별화와 특성이 명확하게 드러나는 '학교 특색 프로그램'과 '수업량 유연화에 따른 학교 자율적 교육과정'의 사례를 살펴보며 최근의 변화 흐름을 파악해보자. 이를 통해 학생이 재학 중인 고등학교에 대한 이해를 높이는 동시에 충분한 신뢰를 바탕으로 학교생활기록부를 관리할 수 있을 것이다,

1) '학업역량', '진로역량' 관련 주요 활동

3가지 평가 요소 중 학업역량, 진로역량과 연관성이 높은 활동은 학교생활기록부의 '수상경력', '자율활동', '진로활동, 동아리활동', '독서활동상황', '과목별 세부능력 및 특기사항'에 기록된다. 이제 항목별로 내용을 살펴보자.

가) 수상경력

유형에 따른 수상명과 학기별 1개씩 선택 가능한 조합을 기재 예시로 나타냈다.

계열	수상명
화학·생명과학	화학실험대회, 생명과학탐구보고서대회, 과학에세이대회, 논문경진대회
인문학·인성	의학토론대회, 독서토론대회, 리서치경연대회, 미래인재상, 표창장

기재 예시

✎ 1학년 1학기: 과학도서발표대회
✎ 1학년 2학기: 표창장(선행)
✎ 2학년 1학기: 영어프리젠테이션대회
✎ 2학년 2학기: 사회과학보고서대회
✎ 3학년 1학기: 수리논술대회

✧ 제시된 '기재 예시'는 '유형에 따른 수상명'과 중복되지 않는 조합으로 구성함

나) 자율활동

유형에 따른 활동 프로그램과 자율활동 특기사항을 기재 예시로 나타냈다.

구분	내용
행사활동	수학여행, 대학탐방, 국토순례, 교내체육대회, 학교축제, 강연, 체험전
창의적특색활동	학년특색활동, 학급특색활동, 과학중점학교, 영어중점학교, 예술작품감상

⤏ 표에 제시된 자율활동 프로그램 내용은 모든 계열에 동일하게 적용된다.

기재 예시

✎ 학년 특색 프로그램으로 진행된 '수학 & 과학의 특별한 만남'을 통해 고전과 역사 속에 담긴 수학, 과학 이야기를 만나봄. '삼국지 사이언스(김태호, 이정모)'를 읽고 물리에서 배우는 역학적에너지 개념인 각속도 회전관성, 각가속도 등을 활용하여 일화 속 힘의 개념을 설명하는 내용을 접하며 과학적 소양을 높이는 계기가 되었다고 함. '그리스 로마신화 사이언스(이정모)'를 읽으며 신화는 시대상을 반영하는 하나의 과학이라는 생각을 가졌다고 함. '역사를 품은 수학, 수학을 품은 역사(김민형)'을 읽은 후, 수학적 변화와 발전이 인간의 사고를 효율적으로 만들어 주었으며, 문명의 형성과 과학의 발전이 인간의 삶에 끼친 영향력을 이해할 수 있었다고 함. 이러한 과정을 통해 실생활 속 문제 해결 능력이 향상되었으며, 다양한 학문을 융합적으로 접근함으로써 통합적 사고력이 강화되는 모습을 보여줌.

다) **진로활동**

모집 단위에 따른 진로 희망 분야와 진로활동 사례 및 특기사항을 기재 예시로
나타냈다.

구분		내용
간호·보건	진로희망	간호사, 물리치료사, 방사선사, 임상병리사, 보건직공무원
	활동 사례	보건소 견학, 간호 캠프, 심폐소생술 대회, 응급처치 경연대회
의학·약학 한의학 수의학 치의학	진로희망	의사, 약사, 한의사, 수의사, 치과의사, 한약사, 의학연구원
	활동 사례	의학 캠프, 수의학 캠프, 유기 동물센터 봉사, 의학 칼럼 분석, 뇌과학 캠프, 의학 탐구보고서 작성, 생명과학 멘토, 청소년 의사 인턴십, 동의보감 발췌독

기재 예시

✎ '직업윤리'를 주제로 진행된 학급특색활동에서 의료·보건 계열 진학을 희망하
는 친구들과 모둠을 구성하여 '의료인이 겪게 될 윤리적 딜레마'를 주제로 토
의를 진행함. '생명의료윤리(구영모)'를 읽고 낙태, 안락사, 자살 등에 관한 본인
생각을 정리하고 딜레마 상황에 대처하는 방안을 고민하여 자료를 구성함. 특
히 당사자의 의사에 따라 수락되는 '자발적 안락사' 중 '의사조력자살'에 대해
깊이 고민해보았다고 함. 의사가 자살을 돕는 행위에 대한 윤리적 갈등 요소를
생각해보며 의사라는 직업에 대한 책임감을 느낄 수 있었다고 함. 이후 '11월
28일, 조력자살(미야시타 요이치)'를 읽으며 안락사 결정에 있어 환자 본인과
남겨진 사람들의 입장을 함께 생각해보았고, 삶과 죽음에 대한 근본적인 접근
을 해보았다고 함.

모집 단위에 따른 정규 및 자율 동아리 종류와 동아리활동 특기사항을 기재 예시로 나타냈다.

구분	정규 및 자율 동아리
간호·보건	간호 동아리, 의료보건 동아리, 심폐소생술 동아리
의학·약학 한의학 수의학 치의학	의학 동아리, 생명과학실험 동아리, 과학탐구 동아리, 심화 영어 동아리, 체육 동아리, 수학·과학 멘토 동아리 의학 논문 탐구반, 스포츠 의학 동아리, 의학 포럼 동아리

기재 예시

✎ (주제탐구토론반) 다양한 주제로 생각을 나누는 것을 좋아하여 동아리에 참여하게 되었으며, 의료 관련 주제를 선정하는 과정에서 '질병 낙인'을 토론 소재로 선정하여 활동을 주도함. 사전 정보를 수집하는 과정에서 코로나로 인해 확진자의 동선이 공개되고, 주변 사람들의 사생활이 드러나는 현상으로 인해 '대중들은 감염병에 대한 공포보다 질병으로 인한 사회적 낙인을 더 두려워하는 상황이 나타나게 되었다.'라고 분석함. 정신질환이나 게임 중독과 같은 상황에 있어 낙인 효과가 미치는 부정적 영향이 심각하다는 신문 기사를 접한 후, 질병 낙인의 실태와 대처 방안을 고민하며 '환자권리선언문'을 탐독하며 본인 생각을 정리함. 낙인으로 인해 감염 사실을 숨기게 되고, 질병 대응 효과를 감소시키는 상황으로 연결되는 위험성을 느꼈다고 함. 환자들의 마음에 공감하고 막연한 두려움을 없애기 위해 노력하는 동시에 초기 단계부터 적절한 대응이 이뤄짐으로써 병의 악화를 예방하는 의료체계가 확립되어야 할 필요성이 있다는 대처 방안을 제시함.

마) 독서활동상황

전공 분야에 따른 도서명과 저자명을 기재 예시로 나타냈다.

구분	도서명(저자명)
의료보건(공통)	이기적 유전자(리처드 도킨스), 생명 윤리 이야기(권복규)
간호	나이팅게일의 간호론(플로렌스 나이팅게일), 레이첼 카슨 평전(린다 리어)
의학	의학의 역사(재컬린 더핀), 확장된 표현형(리처드 도킨스)
약학	신약 오딧세이(심재우), 감정의 분자(캔더스 B. 퍼트)
한의학	동의보감(허준), 한자의 역설(김근), 한의학 어떻게 공부할 것인가(손영기)
수의학	인간의 위대한 스승들(제인 구달), 수의사가 말하는 수의사(김영찬 외)
치의학	치아, 뭐가 궁금해?(신경민), 치과 처방의 완성(김영진)
특수교육	내 생애의 아이들(가브리엘 루아), 주홍 글씨(나사니엘 호손)

바) 과목별 세부능력 및 특기사항

교과목에 따른 주요 활동 키워드와 과목별 세부능력 및 특기사항을 기재 예시로 나타냈다.

구분	키워드
수학	기하에 관심, 확률 분포, 학과와 관련된 내용을 도표로 제작하여 발표
영어	영어 요약문, 재반박 내용을 영어로 작문, 영어 창작시, 영어 토론
과학	체세포 분열, 약물이 인체에 미치는 영향, 알레르기, 유전자 변형 생물
사회	윤리적 쟁점, 가치 판단, 사회적 약자, 삶과 죽음의 경계

기재 예시

✎ 과학과제연구: 의학 관련 연구주제를 탐색하기 위해 신문 기사의 의학 면이나 과학 잡지 속 의·생명 내용을 다양하게 읽어 보았다고 함. 코로나로 인해 택배를 자주 이용하게 되는 상황과 연결 지어 신선 식품 배송을 위해 사용되는 '항균 물질이 함유된 포장 재질'에 관한 문헌 자료를 탐색함. '식품 포장에서의 항균 물질 응용'이라는 보고서를 읽으며 식품에 안전한 항균 포장 기술의 필요성에 공감했다고 함. 이후 포장재에 뿌린 항균 물질이 다시 반사될 수 있다는 기사를 접한 후, 항균 물질의 내성균 발생과 관련된 전문 자료를 찾아 읽으며 항균 물질 사용이 내성균을 번식시킬 수 있음을 알게 되었다고 함. 최근 유산균에서 천연 항균 물질인 '박테리오신'의 생산을 증진하는 방법을 찾아냈다는 기사를 바탕으로 천연 보존재의 개발 연구에 대한 자신의 관심 분야를 드러내기도 함.

2) '공동체역량' 관련 주요 활동

3가지 평가 요소 중 공동체역량과 연관성이 높은 활동은 학교생활기록부의 '자율활동', '봉사활동', '행동특성 및 종합의견'에 기록된다. 이제 항목별로 내용을 살펴보자.

가) 자율활동

유형에 따른 활동 프로그램과 자율활동 특기사항을 기재 예시로 나타냈다.

구분	내용
적응활동	1인 1역할, 멘토-멘티, 사제동행, 또래상담
자치활동	총학생회, 학급 임원, 자기주도학습 관리, 학급문집 제작, 학급문고 관리

✧ 표에 제시된 자율활동 프로그램 내용은 모든 계열에 동일하게 적용된다.

기재 예시

✎ 학급 반장(2021.03.02.-2022.02.28.)으로서 구성원들이 자신의 역할을 정확히 인지하고 행동으로 옮길 수 있도록 옆에서 챙기는 엄마 같은 리더십이 돋보임. 학급특색활동으로 진행하는 '1인 1역할'에 소극적인 친구에게 먼저 개별 상담을 요청한 후, 불편해하는 마음이나 실천에 있어 어려운 점을 경청하는 모습을 보임. 반장이 대신하거나 역할을 교체하는 등 일반적으로 쉽게 생각할 수 있는 방법을 선택하는 것이 아니라 개인이 선택한 부분에 대한 책임은 스스로 지면서도 함께 해나가는 과정에 의미를 두고자 노력함. 반장과의 소통을 통해 합의점을 찾아 혼자서 제 역할을 해내는 모습으로 변화되는 과정을 보며 학생이 지닌 리더로서의 역할이 제대로 발휘되고 있음을 느낌.

나) **봉사활동** (2019학년도 1학년부터 봉사활동 특기사항은 학교생활기록부 미기재)

모집단위에 따른 봉사활동 내용을 기재 예시로 나타냈다.

모집단위	내용
간호·보건	요양원 봉사, 헌혈, RCY 활동, 심폐소생술 체험 부스 운영, 수화 공연
의학·약학 한의학 수의학 치의학	노인요양병원 봉사, 요양원 한글 학습 지도, 월드비전 생명 지킴이, 장애 학생 도우미, 병원 업무 보조, 기아 아동 돕기 캠페인, 독거노인 도시락 배달, 유기견 센터 봉사, 응급처치 체험 부스 운영, 장기 기증 운동 캠페인, 지역아동센터 생명과학 실험 도우미

다) ▶ **행동특성 및 종합의견**

평가 요소에 따른 키워드와 행동특성 및 종합의견을 기재 예시로 나타냈다.

모집단위	내용
공동체역량	리더십, 책임감, 봉사, 솔선수범, 희생, 경청, 공감, 소통, 협력, 공동체 의식
학업역량	지적 호기심, 문헌 활용, 추론, 문제해결력, 열정, 과제수행, 심화 학습
진로역량	진로 목표, 진로 프로그램 참여, 과제 탐구, 독서 연계, 사회 기여 및 공헌

✛ 표에 제시된 행동특성 및 종합의견의 주요 키워드는 모든 계열에 동일하게 적용된다.

기재 예시

✎ 학급 반장으로서 민주적인 의사결정을 바탕으로 가능한 모든 의견을 수렴할 수 있는 분위기를 조성하여 구성원들의 참여를 유도하는 적극성을 보임. 평소 친구들의 이야기를 잘 들어주고, 유쾌한 학급 분위기를 만들기 위해 노력한 덕분에 학교에 오는 시간이 즐겁다고 말하는 학생들의 숫자가 많아졌다는 긍정적인 결과를 확인함. 대부분 과목의 멘토 역할을 맡고, 수업을 이끌어가는 상황에서도 자신이 알고 있는 것을 나누는 것에 큰 의미를 부여하는 모습에 많은 교과 선생님들의 칭찬이 계속됨. 자신의 진로와 관련된 응급처치, 환자를 대하는 태도, 의료인으로서의 자질과 역량 등의 내용을 교과 내용과 연관 지어 발표하는 모습에서 진로에 대한 고민이 깊고 진로 로드맵이 구체적인 학생임을 알 수 있음. 현장 체험학습에서 발목 부상을 입은 친구를 발견하여 보건 수업 시간에 배웠던 염좌 응급처치를 수행했을 때, 선생님들과 친구들의 감사 칭찬에도 배운 것을 적용했을 뿐이라는 겸손한 모습을 보이기도 함. 늘 주변을 챙기고 자신의 재능을 활용하여 도움을 제공하는 모습에서 의료인으로서의 자질을 충분히 엿볼 수 있음.

학교 교육계획서에 반영된 창의적체험활동(자율활동, 동아리활동, 봉사활동, 진로활동)은 학교라는 공간에서 운영되는 모든 교육적 활동을 의미한다. 특히 동아리 지도교사의 영향력이 높은 '동아리활동', 학교별 차이가 거의 없고 대입에서 영향력이 낮은 '봉사활동', 진로 관련 교과 수업이나 개인별 진로를 위한 노력이 드러나는 '진로활동'과는 달리 '자율활동'은 각 고등학교의 교육과정 운영 계획의 차이가 가장 두드러지게 차이 나는 영역이다. 학교의 주도하에 다른 학교와의 차별성이 드러나는 특색있는 프로그램을 구성함으로써 소속 학생들의 역량을 최대한으로 끌어내고 적극적인 참여를 유도할 수 있다. 이를 바탕으로 개별 학생들의 '자율활동 특기사항' 경쟁력을 갖출 수 있다.

아래의 내용은 실제 운영 사례를 바탕으로 학교 특색활동을 '인성', '진로', '인문사회', '자연과학' 영역으로 나눈 것이다. 영역별 대표적인 프로그램 내용과 특징 및 '자율활동 특기사항' 기재 예시를 살펴보자.

가) **인성**

1인 3기

· **음악**: 1학년 전체 학생들을 대상으로 관심 있는 악기를 1가지 선택한 후, 음악 교과 시간이나 자율활동 시간을 활용하여 악기를 다뤄보고 실력을 높이는 시간을 갖는다.

· **미술**: 생활 미술을 실천하기 위해 학년특색활동 프로그램을 구성하여 연간 4회 이상 미술이 포함된 활동 계획을 수립한다. 복도에 갤러리 워크를 진행하며 서로의 작품을 공유한다.

· **체육**: 1~2학년 학생들을 대상으로 학교스포츠클럽을 운영함으로써 꾸준히 운동하며 스스로 체력을 키울 수 있도록 한다.

동아리 전시회

· 1년간 진행해온 정규 동아리와 자율 동아리 활동 과정에서 제작된 산출물을 각 교실에 전시하고, 동아리 대표 큐레이터를 선정하여 작품 제작 동기, 과정, 결과, 의미 등을 설명하는 기회를 제공한다. 모든 동아리원들이 참여하는 ALL-IN-ONE 작품도 최소 1점 이상 포함하여 학생들 간의 소통과 협력을 기른다.

기재 예시

✎ 1년 동안의 동아리 성과를 공유하기 위한 '동아리 전시회'에 '우주 속으로' 동아리 일원으로 참가함. 항공우주와 관련된 문헌 연구 및 화학 실험 결과를 정리하여 게시물로 제작함. '호모 스페이스쿠스(이성규)'를 읽고 화성까지 유인 탐사선을 보낸다는 사실에 흥미를 지닌 후, 토의 주제로 안건을 제안하였고, 모든 부원이 개인 의견을 발표하도록 기회를 부여하는 모습에서 목표 의식을 공유하기 위한 리더십을 확인함. '글로벌 우주탐사 현황 및 전망'을 주제로 한 문헌을 읽으며 세부 목차별로 요약할 부분을 배정하였고, 전체 내용을 취합하고 편집하여 보고서 책자를 제작하는 헌신적인 모습이 돋보임.

나) 진로

진로 스피치

· 학급 내에서 진로가 비슷한 친구들을 그룹으로 분류한 후, 진로 관련 학과 소개, 취업 과정, 직업 전망, 자질, 선택한 이유 등을 여러 도구를 활용하여 발표한다. 질의응답 시간을 가지면서 직업에 대한 궁금증을 해소하고, 다양한 직업 세계에 대한 이해 폭을 넓히는 기회로 삼는다. 그룹원 전체가 각자의 역할을 맡아 모두 발표에 참여할 수 있도록 한다.

학교 소식지 만들기

· 학교에서 진행되는 행사, 프로그램, 수상 소식, 학사 일정, 입시 정보, 추천 도서 등 교내외 다양한 소식을 기사로 작성하여 게시물로 만들고, 각 학급 게시판을 활용하여 소식지를 게시함으로써 정보 공유의 기회로 삼는다. 학년말에는 연간 소식지를 모두 모아 소책자로 제작하여 기사 작성 및 편집에 참여했던 학생들에게 나눠줄 수 있도록 한다.

전문가 초청 특강

· 학생들의 진로 선택에 있어 선호도가 높은 직업 전문가를 초청하여 경험과 노하우가 담긴 강연을 들으며 진로를 구체화하고, 자신의 비전과 직업관을 공고히 다지는 기회로 삼는다. 학교에 따라 독서와 연계하여 진로 분야에서 좋은 책을 쓰신 저자를 모시고 책에 담긴 이야기를 나누고, 문답 과정을 통해 지식의 교류와 지혜를 공유하는 기회로 삼는다.

기재 예시

✎ '진로스피치' 프로그램에 참여하여 의사가 꿈인 친구들과 모둠을 구성함. '진로 희망'을 주제로 의견을 나누는 시간에 '뇌졸중 환자의 인지재활치료' 전문의가 되는 것을 목표로 비전을 공유함. 국가기관에서 발행한 '인지활동형 워크북' 자료를 함께 제시하며 전공에 대한 높은 관심도를 드러냄. 이후 '뇌졸중 환자의 신경인지재활치료에 대한 고찰'을 주제로 한 전문 자료를 읽으며 발표를 준비함. 환자의 학습 능력에 따라 재활치료가 결정되며, 뇌 손상 영역 회복 또는 보상 기법 획득 중에서 선택하는 상황을 정확히 숙지하여 내용을 구성함. '컴퓨터를 이용한 전산화인지재활치료'를 도입하여 치료의 효율성을 높일 수 있다는 신의료기술에 대한 정보를 공유하기도 함. 이를 통해 자신이 희망하는 전공 과목에 대한 선행 지식이 풍부하고, 다양한 자료를 활용하여 진로에 대한 전문성을 높이고자 꾸준히 노력하고 있음을 확인함. 나아가 재활의학과 전문의가 되기 위한 자질과 역량을 충분히 지니고 있다고 생각함.

다) **인문사회**

사회 참여 프로젝트

· 오늘날의 사회가 직면하고 있는 문제를 주제로 정한 후, 모둠 토의와 고민의 시간을 거쳐 실제 행동으로 옮기는 활동이다. 사회 시사 이슈를 소재로 하기에 사회 문제나 현상에 대한 깊은 고찰이 가능하며, 토의·토론 과정을 통해 다양한 방법으로 사람들과의 관계를 형성하고 변화를 위한 노력을 알릴 수 있다. 환경, 인권, 문화, 경제, 역사, 정치 등의 문제를 다루며 프로젝트를 진행한다.

우리 역사 알리기

· 한국사에 관한 관심과 이해를 바탕으로 역사, 문화, 경제, 국제법과 관련된 시사 현안을 주제로 캠페인 활동을 진행한다. 특히 한·중, 한·일 사이의 역사 문제에 경각심을 갖고서 동북공정, 위안부, 소녀상, 독도, 발해, 일본해 등에 관한 주제 탐구 및 SNS를 활용한 홍보 활동을 통해 대중의 관심을 유도하고, 학생들로부터의 작은 실천을 이어간다.

시 쓰기 프로젝트

· 국어 교과 시간을 활용하여 주 1회 시 쓰기와 관련된 활동을 진행한다. 시 습작부터 시작하여 시에 관한 관심을 높이고, 좋아하는 대상이나 분야를 이미지로 나타낸 후, 짧은 시로 표현해보면서 시를 쓰는 활동에 흥미를 갖게 한다. 이후 다양한 주제를 활용하여 10여 편 이상의 시를 쓴 뒤, 개인별 시집을 제작하고, 우수 작품은 시선집으로 엮어 발표회를 갖는다.

기재 예시

✎ 사회 이슈를 주제로 토의를 진행하며 바람직한 방향성을 찾아가는 것을 목적으로 진행된 '사회 참여 프로젝트'에 참여함. 평소 건강에 관심이 많았기에 '함께 건강해지는 너, 나, 우리'를 주제로 의사와 간호사를 꿈꾸는 친구들과 팀을 구성함. 실행 방안을 도출하기 위해 모둠토의를 진행하며 한 개인과 연결된 인적 네트워크를 포함한 그룹 차원에서의 연계가 중요하다는 의견을 제시함. 개인의 삶이 중요시되는 현대사회에서 타인과 함께 운동하며 상호 지지와 지속 가능한 건강 챙김을 학교 전체 구성원들이 이어나갈 수 있도록 이끌어가는 리더십을 보임. 달성 가능한 목표를 설정하고 상호 동기 부여를 지속해나가도록 경쟁이 아닌 반드시 둘 이상이 모여 운동하는 '2 in 1' 캠페인을 전개하는 모습에서 사람의 심리를 정확히 이해하고, 목표 달성을 위한 효율적인 방안을 진행시키는 역량을 확인할 수 있었음.

라) **자연과학**

수학·과학 소모임

· 자연, 공학, 의학 계열 진학을 희망하는 학생들이 비슷한 진로인 친구들과 2~5명
정도의 학급별 소모임을 구성한다. 동일 전공보다는 계열로 묶이는 경우가 많으므로
모든 학생을 아우를 수 있는 넓은 범위에서의 주제를 선정한 후, 과제 탐구, 실험,
문헌 연구, 아이디어 회의 등을 진행한다. 학생들 수준에서의 결과물이나 산출물을
완성한 후, 창의적체험활동 시간을 활용하여 모둠별 발표를 실시하고 피드백을
제공한다.

인공지능 교육

· 4차 산업혁명 시대의 진입에 따른 학생들의 인공지능 기초 소양을 기르는 교육의
필요성을 바탕으로 3D 프린터, 아두이노, 메이커, 컴퓨터 프로그래밍, 라즈베리파이,
레이저 커팅기 등을 직접 다루어보는 경험을 한다. 팀을 이뤄 프로젝트를 설계하고
제작해보는 과정을 통해 인공지능 시대를 살아갈 역량을 스스로 갖출 수 있는
기회를 제공한다.

빅데이터 챌린지

· 4차 산업혁명의 도래로 디지털 기록의 총체인 빅데이터를 활용도는 기하급수적으로
늘어났으며, 새로운 서비스와 제품 제작, 정책 도입 및 문제점 예측 등 다양한
분야에서 활용하게 되었다. 이러한 현상에 대응하여 빅데이터 분석 기술을 활용한
프로그램 개발, 침해사고의 흐름 분석 및 대응 방안 도출, AI를 활용한 사이버보안
빅데이터 활용 방안 등의 활동을 통해 미래사회를 대비하는 준비된 인재의 모습을
확인한다.

✎ 방대한 의학 정보, 통계, 데이터를 바탕으로 인류의 건강을 획기적으로 향상하는 기술을 개발할 수 있을 거라는 기대감으로 '빅데이터 챌린지'에 참여함. '수요자 중심 의료서비스 확산에 따른 의료빅데이터 활용과 시사점'이라는 문헌을 조사하며 의료 패러다임의 변화를 간접 경험함. '보건의료 빅데이터의 정책 현황과 과제'라는 문헌을 읽으며 보건의료 빅데이터의 공익적 활용을 위한 정책적 접근에 공감대를 형성함. AI 기반 영상 분석 시스템을 활용하여 수도권 소재 대형병원의 임상 데이터를 공유함으로써 맞춤형 진단 치료 예방 모델을 구축하고, 효과적인 진단 및 치료 방법 개발에 활용할 수 있다는 의견을 제시함. 이를 통해 개인 맞춤형 치료 서비스 제공이라는 거시적 관점을 보여주기도 함.

✧ 학교 특색활동은 단위학교의 교육과정 및 학생들의 특성에 따라 다양하게 구성될 수 있으며, 자신의 진로와 연관되거나 개별 역량을 충분히 발휘할 수 있는 활동을 선택하는 것이 좋다.

4) 수업량 유연화에 따른 학교 자율적 교육과정

2019년 교육부에서 발표한 '고교서열화 해소 및 일반고 교육역량 강화 방안'에서 1단위(고등학교의 주당 수업 시수에서 1시간에 해당)를 기준으로 총 17회의 수업 중 1회에 한하여 학교의 재량으로 운영할 수 있다고 발표했다. 여기서 총 17회 중 1회의 수업은 단위학교가 해당 교과 내 또는 타 교과와의 융합형 프로젝트 수업, 동아리 활동 연계 수업, 과제 탐구 수업 등을 자율적인 교육과정으로 편성하여 운영할 수 있음을 말한다.

교육부에서 제시하는 자율적 교육과정 운영의 예시를 살펴보면 다음과 같다.

구분	내용
진로집중형	진로 설계·체험, 고등학교 1학년 대상 진로 집중학기제 운영 시간
학습몰입형	교과별 심화 이론, 과제 탐구 등 심층적 학습 시간 운영
보충수업형	학습 결손, 학습 수준 미흡 학생 대상 보충수업
동아리형	학습동아리 연계 운영, 교과에 관한 학생 주도적 학습 시간 운영
프로젝트형	교과 융합학습 등 주제 중심의 프로젝트 수업 직업 체험 프로젝트 등 운영

이러한 '수업량 유연화에 따른 학교 자율적 교육활동'은 관련 내용을 해당 과목의 '세부능력 및 특기사항(세특)' 또는 '개인별 세부능력 및 특기사항(개세특)'에 입력할 수 있는데, 특정 과목의 세부능력 및 특기사항으로 한정하기 어려운 경우에는 개인별 세부능력 및 특기사항에 입력할 수 있다는 점에 주목할 필요가 있다.

최근 학생부의 상향 평준화의 분위기와 교사별 수업 재구성을 통해 교과별 세부능력 및 특기사항은 여러 측면에서 비슷한 수준으로 기재되고 있으며, 학생의 새로운 면이나 다양성을 드러내기에는 어려움이 존재한다. 하지만 2020학년도부터 '학교생활기록부 기재요령'에 '수업량 유연화에 따른 학교 자율적 교육활동'을 '개인별 세부능력 및 특기사항'에 기록할 수 있는 근거가 명시됨으로써 학교별로 자율적 교육과정 운영의 차별화에 주력하고 있는 모습이다.

학교에서 구성한 자율적 교육활동에 따라 학생들이 활용할 수 있는 교과가 달라지고, 개인별로 보여줄 수 있는 모습이 차별화될 수 있음에 주목할 필요가 있다. 위의 교육부에서 제시한 5가지 유형 또는 그 이외의 다양한 유형으로 운영될 수 있으나 현실적인 측면에서 다음의 2가지 유형이 주로 활용되고 있음을 참고하자.

구분		내용
주제 중심 프로젝트	2개 이상의 교과목	해당 교과목들의 수업 내용을 융합
진로 연계 심화 탐구	단일 교과목	창의적 체험활동(자율, 동아리, 진로)과 연계

대주제 코로나19로 인해 변화되는 미래사회의 모습

과목명	소주제	세부 활동
독서	· 코로나19로 인한 4차 산업혁명의 과속화 ('클라우스 슈밥의 위대한 리셋'을 읽고)	주제 토론
확률과 통계	· 코로나19 확진자 및 사망자의 연관성	확률과 통계
영어Ⅱ	· 코로나19 국제 코호트 연구 회의	대본 작성
운동과건강	· 코로나19로 인한 스포츠용품 시장의 성장	카드 뉴스 제작
미술	· 언택트 전시 관람 방법	안내 영상 제작
화학Ⅰ	· 코로나19 백신의 생산, 보관, 유통	보고서 및 기사 분석
생명과학Ⅰ	· mRNA 백신이 작용하는 원리	보고서 작성
사회·문화	· 코로나19로 인한 가족 간의 관계 강화	설문 조사
중국어	· 코로나19 이후 달라진 중국 소비 패턴 변화	통계 자료 분석
심리학	· 감염병 은폐의 심리학	연구 자료 분석
프로그래밍	· 국가별 코로나19 확진자 누적 현황	그래프 그리기

-¦- 표에 언급된 과목별 소주제와 세부 활동은 모든 계열에서 같은 내용으로 제시되었다.

기재 예시

✎ '코로나19로 인해 변화되는 미래사회의 모습'을 주제로 진행된 수업량 유연화에 따른 학교 자율적 교육과정(2021.07.05.-2021.07.16.)에서 사회·문화와 심리학 과목의 융합 활동을 진행함. 사회·문화 시간에 '코로나19로 인한 가족 간의 관계 강화'를 주제로 SNS 설문 조사를 기획함. 학급 구성원들의 가족들을 대상으로 이루어진 문항을 분석하여 가족끼리 함께하는 시간이 증가함으로써 '끼리 문화'가 늘어나고 '가족 결속력'이 강화되고 있다는 결론을 도출함. 설문을 구성하고 내용을 분석하는 모습에서 데이터 처리 역량을 확인함. 이후 건강하지 못한 가족 결속력 발생에 초점을 맞추어 심리학 시간에 '감염병 은폐의 심리학'과 연관된 문헌 자료를 읽음. 가족에 대한 타인의 평가나 낙인 효과에 대한 두려움으로 가족 결속력이 역설적으로 높아진다는 내용을 포함하여 PPT 자료를 제작함. 문헌 속 내용의 숨은 의미까지 찾으려고 노력하는 과정을 통해 꼼꼼하게 분석하는 태도를 볼 수 있었음.

마. 합격 로드맵을 위한 체크리스트

앞에서 학생부종합전형의 평가 요소와 학교생활기록부의 항목별 이해를 바탕으로 의생명계열 합격 로드맵을 통해 합격 학생부의 특징을 살펴봤다. 또한 의생명계열 학과별 주요 사례를 알아보며 관련 활동과 기재 예시까지 구체적으로 확인하였다. 이제부터는 '나의 학교생활기록부'를 만들기 위한 준비가 필요한 시점이다. 핵심 부분을 요약하여 체크리스트를 제작했으니 학교생활기록부를 만들어가는 준비 과정부터 최종 작성까지 수시로 점검하며 마무리하기를 바란다.

		O	X
자율 활동	임원을 맡은 경험이 있는가?		
	임원 경험이 없다면 자신의 역할이 분명하게 드러나는 활동이 있는가?		
	학교보다 개인의 성취와 역할이 드러나는 활동을 했는가?		
	자기주도성과 실천적인 자세가 나타나는가?		
	학년 특색활동 또는 학급 특색활동에서의 차별화가 보이는가?		
	진로와 연계되는 동시에 개인의 자질과 역량이 함께 드러나는가?		

		O	X
동아리 활동	동아리를 선택한 이유와 자신의 역할이 분명하게 나타나는가?		
	동아리 활동 경험과 노력 과정에서 변화의 모습이 보이는가?		
	교과와 관련된 동아리에서 학업역량을 보여주는 사례가 있는가?		
	전공 동아리에서 심화 탐구나 실험, 토론 등의 활동 경험이 있는가?		
	전공 동아리가 아니라면 구체적인 역할, 기여도, 산출물이 있는가?		
	동아리가 바뀐 경우라면 새로운 동아리를 선택한 동기를 언급했는가?		

		O X
봉사 활동	봉사의 동기가 분명하고 진정성이 나타나는가?	
	분명한 목표·의식을 갖고서 봉사활동에 임했는가?	
	목적성(내용, 장소)을 지닌 봉사에 지속적으로 꾸준히 참여했는가?	
	봉사 시간에 연연하기보다는 내실 있는 봉사에 주력했는가?	
	교내 봉사(도우미, 멘토링 등)에 충실한 모습으로 참여했는가?	
	진로(의학, 교육, 사회복지 등) 관련 봉사 경험이 있는가?	
진로 활동	3년간 일관된 진로를 지니고 있는가?	
	진로가 바뀐 경우, 진로 변경 계기와 사유를 설명하고 있는가?	
	자기주도성의 바탕 위에 꿈을 찾아가기 위한 노력 과정이 보이는가?	
	진로 관련 활동을 통해 깨달은 점과 변화되는 모습이 구체적인가?	
	진로 행사를 위한 사전 준비, 과정에서의 적극성이 보이는가?	
	행사 이후, 연계 및 심화 학습을 통해 발전적인 모습이 나타나는가?	
수상 경력	학기별 1개의 대회를 통해 자신의 장점과 역량이 명확하게 드러나는가?	
	대회 참가 동기와 준비 과정에서 경험에 의미를 부여할 수 있는가?	
	지원 학과 관련 학업역량 및 진로역량을 보여주는 수상이 있는가?	
	수상을 위한 준비, 과정, 결과에 자신의 모습이 구체적으로 보이는가?	
독서 활동 상황	교과 탐구활동과 연계하여 심화 학습으로 연결 짓는 책을 읽었는가?	
	독서 기반 활동 과정을 통해 내적 성장의 기회를 가졌는가?	
	수업, 활동, 발표, 토론, 보고서, 실험 등에 독서가 녹아 있는가?	
	인문학, 철학, 사회과학, 자연과학, 예술, 윤리 등에 관심이 많은가?	

		O X
교과 성적	전공 관련 교과 성적이 상승 또는 유지되고 있는가?	
	진로 선택 과목에서 학업역량과 진로역량이 드러나는가?	
	소인수과목, 심화과목, 공동교육과정, 클러스터 등에 참여했는가?	
	특정 교과의 성적이 7~9등급이거나 포기한 과목이라는 느낌을 주는가?	
과목별 세부 능력 및 특기사항	2015 개정 교육과정에서 강조하고 있는 과목별 핵심역량이 드러나는가?	
	수업 참여, 태도, 활동, 성취, 변화 등에 대한 교사의 평가가 있는가?	
	협력학습, 수행평가, 과제수행 중 학업역량과 공동체역량이 보이는가?	
	독서, 토론, 실험, 탐구, 진로 연계 활동에서 개별 우수성이 나타나는가?	
개인별 세부 능력 및 특기사항	영재교육 이수 내용과 발명교육 수료 내용이 정확히 기록되어 있는가?	
	수업량 유연화에 따른 학교 자율적 교육과정 내용이 명시되어 있는가?	
	융합적 요소, 탐구 역량 및 학생 개별 역량이 서술되어 있는가?	
	세특과 중복되거나 특정 교과의 세특으로 보이는 부분은 없는가?	
행동 특성 및 종합의견	교사의 관찰을 바탕으로 서술된 추천서로서의 가치가 나타나는가?	
	장점 중심으로 서술되었고, 단점은 발전가능성과 함께 언급되었는가?	
	1학년 때, 자기주도성, 진로를 위한 노력, 공동체역량이 포함되었는가?	
	2학년 때, 학업역량, 진로의 구체성 및 발전, 공동체역량이 포함되었나?	

✧ 체크리스트에 포함된 내용이 학교생활기록부를 만들어나가는 데 있어 모든 것을 담고 있는 것은 아니다. 학교생활기록부를 구성해 나갈 때, 방향성을 찾기 위한 보조 도구 역할만 한다.

단원을 마치며 ✦

대입에 관심을 갖고 강의를 찾아 듣거나 자료를 읽다 보면 자주 접하는 말이 있다. "학생부종합전형의 핵심은 학생의 모습을 바탕으로 작성된 학교생활기록부를 '학업역량', '계열적합성', '인성', '발전가능성'이라는 요소로 평가한다."는 것이다. 물론 올해부터는 '계열적합성'이 '진로역량'으로 확대되었고, '인성'과 '발전가능성'은 '공동체역량'으로 통합하여 변경되었다. 위의 용어들은 듣는 이에 따라 이해 정도가 다르므로 보다 세부적인 설명이 필요하며, 이를 도와주고자 '계열별 합격 학생부 로드맵'을 통해 단계적 접근을 시도하였다.

'학생부종합전형에 대하여'라는 이야기를 통해 평가자의 입장에서 바라보는 평가 요소와 평가항목별 평가 내용을 알아보며 학생부가 지니는 의미와 학교생활 과정에서 학생이 갖추어야 할 자질과 역량을 확인하였다.

'학교생활기록부의 이해'라는 이야기를 통해 교사에 의해 작성되는 학교생활기록부의 항목이 평가 요소와 어떻게 연결되는지 이해한 후, 비교과 영역(자율활동, 동아리활동, 봉사활동, 진로활동, 수상경력, 독서활동상황)의 주요 내용과 특징을 알고, '핵심 Tip'을 통해 학생부종합전형을 위한 전략을 수립하는 데 도움을 받았다.

'계열 합격 로드맵'이라는 이야기를 통해 관련 학과를 알고, 대입 합격 학생부를 분석한 데이터를 종합하여 특징을 이해하였고, 다양한 사례에서 나타나는 비교과 영역 내용의 공통점을 살펴보며 각 계열 합격자들의 주요 활동과 교사의 평가를 확인할 수 있었다.

'계열 학과별 주요 사례'라는 이야기를 통해 학생부종합전형으로 합격한 학생들의 최근 3개년 누적 데이터를 3가지 평가 요소(학업역량, 진로역량, 공동체역량)와 연관성이 높은 항목별 내용과 기재 예시를 확인하였다. 유형에 따른 수상명, 활동 프로그램, 진로 희망 분야 및 활동 사례, 정규 및 자율 동아리 종류, 전공 분야에 따른 도서명과 저자명, 교과목에 따른 주요 활동 키워드, 모집 단위에 따른 봉사활동 내용, 평가 요소에 따른 키워드를 통해 자신의 상황에 맞추어 적용하는 계획을 세워볼 수 있다.

또한 교육과정 우수 학교 사례를 참고하여 학교의 주도하에 다른 학교와의 차별성이 드러나는 특색 있는 프로그램을 소개하고, 주요 내용 및 특징을 반영한 기재 예시를 통해 본인이 소속된 고등학교의 교육과정과 연관 지어 생각해보는 기회를 얻었다. 하지만 학생부 상향평준화 분위기와 교사별 수업 재구성을 통해 교과별 세부능력 및 특기사항이 여러 측면에서 비슷한 수준으로 기재되고 있음을 확인하기도 했다. 이에 학생의 새로운 면이나 다양성을 드러내기에 어려움이 존재하는 문제를 개선하고자 2020년부터 활성화되고 있는 '수업량 유연화에 따른 학교 자율적 교육과정' 운영 사례를 담은 도표와 기재 예시를 보며 '개인별 세부능력 및 특기사항'에서 다양한 역량을 보여줄 수 있는 부분을 고민할 필요가 있다.

마지막으로 '합격 로드맵 제작을 위한 체크리스트'를 활용하여 '나의 학교생활기록부'를 만들기 위한 준비 과정부터 최종 작성 순간까지 수시로 점검하며 완성도를 높이는 데 활용할 계획을 세우도록 안내하였다.

다양한 분석 및 대응 전략이 존재하겠지만 이 책에서 전하는 출구전략은 바로 '교과 선택 및 수업'이다. 기존에는 교과와 비교과의 조화가 강조되었다. 하지만 앞으로는 대입 평가에서 비교과의 비중이 줄어드는 반면, 교과의 비중은 상대적으로 늘어날 수밖에 없다. 교과의 핵심은 과목 선택, 수업 참여, 내신 관리, 세특을 통한 학생의 역량을 보여주는 것이다. 이를 위해 최우선으로 고려해야 할 사항은 교과 선택이다.

다음 장에서는 '계열별 교과 선택'을 위한 방법을 소개한다. 진로와 대입을 위한 과목을 선택하기에 앞서 교육과정의 중요성을 이해하고, 달라진 수능 체제를 고려한 과목 선택이 필요한 이유도 알아볼 것이다. 학과에 대한 이해를 필두로 개별 학생의 성향과 특성을 고려한 과목 선택의 예시를 살펴보며 본인의 현재 상황과 소속 고등학교의 교육과정의 연결 고리를 찾기 위해 노력하자.

최선의 교과 선택으로 최고의 대입 준비를 해나가는 여러분을 응원한다!

3

교과 선택

교과 선택

가. 교과 선택 개괄

2015 개정 교육과정에 따라 2, 3학년 때 자신의 진로와 본인이 대학에서 전공하고자 하는 학과에 맞춰서 선택과목들을 연계하여 선택해야 한다.

2학년 학생들은 이미 1학년 때 이 과정을 거쳐 자신이 선택한 교과목을 1학기에 수강을 하고 있고, 이제 3학년 때 배울 과목에 대해 다시 현명한 선택의 과정과 고민을 해야 한다. 자신의 진로와 적성에 맞춰 정확한 선택을 하는 것이 매우 중요하기 때문에 효과적으로 과목을 선택하는 방법에 대해 안내하고자 한다.

각자의 진로와 대학입시에 맞춰 과목을 제대로 선택하려면 우선으로 교육과정에 대해 알고 있어야 한다.

출처 : 2015개정교육과정 교육과정의 이해-울산진학정보센터

위의 표는 2023~2024학년도 입시와 관련이 있는 2015 개정 교육과정에서의 고등학교 편제이다. 기본적으로 교과는 보통교과와 전문교과로 나누어지고, 보통교과는 다시 공통과목과 선택과목으로 나누어져 있다. 1학년 때 학습한 과목들은 공통과목에 해당하고, 2학년 때부터 선택과목들 안에서 여러분들의 적성과 흥미에 맞춰 과목들을 선택해야 한다. 선택과목은 일반선택과목과 진로선택과목들로 나누어져 있어 현명한 선택과정이 필요하다.

구분		교과(군)	과목	단위수	원점수/과목평균(표준편차)	성취도(수강자 수)	석차 등급
공통 과목		국어	국어	4	83/65.9(15.5)	A(155)	3
일반 선택 과목	기초	수학	수학 I	4	94/69.5(23)	A(155)	3
	탐구	사회	세계사	4	91/70.2(19.9)	A(112)	3
		과학	물리학 I	4	80/71(17.7)	A(67)	4
	생활·교양	한문	한문 I	4	72/61.9(13.4)	A(26)	4
	체육·예술	체육	운동과 건강	2	-	B	-
진로 선택 과목		과학	물리학 II	4	61/49.5	B(25)	A(32.4%)B(30.9%)C(36.7%)
교양 교과(군)		교양	철학	1			P

보통교과 과목별 평가 예시

1, 2학년 학생들이 선택하는 공통과목과 일반선택과목은 석차등급이 학교생활기록부에 기재되지만 진로선택과목은 등급이 아닌 성취수준비율만 학교생활기록부에 기재되어 대학별 성적 반영 방식에 따라 유불리가 생길 수 있다. 따라서 이에 대한 새로운 접근 방식이 필요하다.

이제 여러분이 선택해야 할 일반선택과목과 진로선택과목을 아래에서 살펴보도록 하자. 먼저 본인의 학교 교육과정에 맞춰 자신의 진로와 계열에 따라 선택해야 할 과목들을 살펴본다. 특히 아래 제시된 국어, 수학, 영어, 탐구과목 중에 본인에게 가장 맞는 교과목들을 골라야 하는데 1학년 학생들은 2학년 때 배울 과목뿐만이 아니라 3학년 때 배울 교과목들에 대해서도 같이 고민하면서 신중하게 선택해야 한다.

고등학교 보통 교과 교과목 구성

기초

교과 (군)	공통 과목	선택 과목	
		일반 선택	진로 선택
국어	국어	화법과 작문, 독서, 언어와 매체, 문학	실용 국어, 심화 국어, 고전 읽기
수학	수학	수학 I, 수학 II, 미적분, 확률과 통계	기본 수학, 실용 수학, 인공지능 수학, 기하, 경제 수학, 수학과제 탐구
영어	영어	영어 회화, 영어 I, 영어 독해와 작문, 영어 II	기본 영어, 실용 영어, 영어권 문화, 진로 영어, 영미 문학 읽기
한국사	한국사		

탐구

교과 (군)	공통 과목	선택 과목	
		일반 선택	진로 선택
사회(역사/ 도덕 포함)	통합사회	한국지리, 세계지리, 세계사, 동아시아사, 경제, 정치와 법, 사회·문화, 생활과 윤리, 윤리와 사상	여행지리, 사회문제 탐구, 고전과 윤리
과학	통합과학 과학탐구 실험	물리학 I, 화학 I, 생명과학 I, 지구과학 I	물리학 II, 화학 II, 생명과학 II, 지구과학 II, 과학사, 생활과 과학, 융합과학

체육·예술

교과 (군)	공통 과목	선택 과목	
		일반 선택	진로 선택
체육		체육, 운동과 건강	스포츠 생활, 체육 탐구
예술		음악, 미술, 연극	음악 연주, 음악 감상과 비평 미술 창작, 미술 감상과 비평

교과 (군)	공통 과목	선택 과목		
		일반 선택		진로 선택
기술·가정		기술·가정, 정보		농업 생명 과학, 공학 일반, 창의 경영, 해양 문화와 기술, 가정과학, 지식 재산 일반, 인공지능 기초
제2외국어		독일어 I 프랑스어 I 스페인어 I 중국어 I	일본어 I 러시아어 I 아랍어 I 베트남어 I	독일어 II 일본어 II 프랑스어 II 러시아어 II 스페인어 II 아랍어 II 중국어 II 베트남어 II
한문		한문 I		한문 II
교양		철학, 논리학, 심리학, 교육학, 종교학, 진로와 직업, 보건, 환경, 실용 경제, 논술		

그럼 선택과목을 현명하게 고르는 것이 왜 중요할까? 수시에서 학생부교과전형은 문·이과 구분 없이 학생이 이수한 국영수사과 성적 중심으로 반영이 되므로 일반선택과 진로선택과목을 어떻게 선택해서 어떤 결과가 나왔는지가 수시지원에 있어서 중요한 포인트다.

학생부종합전형에서는 자연계열의 경우 전공과 관련된 수학, 과학 교과 선택을 어떻게 선택했느냐가 매우 중요하고 인문사회계열 역시 희망학과에 맞는 전공 적합성에 따라 고등학교 시기에 어떤 과목을 이수했는지가 더욱 중요하기 때문에 과목선택을 하는 데 있어 반드시 현명하고 신중하게 선택해야 한다.

학생부 교과 전형		학생부 종합 전형
· 문이과 구분 없이 학생이 이수한 국, 영, 수, 사/과 성적 중심으로 반영 · 일반선택(석차등급), 진로선택(성취도) 과목 신중히 선택		· 교과성적, 학업역량 중요 · 자연계열-전공과 관련된 수학, 과학 교과 선택 필요 · 인문사회계열-희망학과의 전공적합성에 따라 해당과목 이수

※ 학생부 교과 전형의 경우 2023 입시에서 전 과목을 반영하는 대학은 13개 있다.

따라서 학교에서 안내하는 교육과정 편제표를 찾아보고, 선택과목에 대해 고민해보는 과정을 반드시 거쳐야 한다.

이렇듯 자신의 진로에 따른 과목선택의 중요성은 아무리 강조해도 지나치지 않는다. 이 부분과 관련하여 아래의 내용을 꼭 확인해 보길 바란다.

— 1. 자신이 희망하는 전공과 진로에 맞는 교과 선택 매우 중요
— 2. 어떤 교과를 선택했느냐? / 못 들었나? 안 들었나?
— 3. 진로선택과목 성취 평가 실시에 따른 내신 반영 유불리
— 4. 자신이 선택한 교과목을 수시와 정시에서 어떻게 활용할 것인가?
— 5. 선택한 교과목과 연계하여 어떤 활동을 하였는가?

다음으로, 과목을 선택하기 위해서는 2022학년도 대입부터 달라진 수능 체제도 고려해야 한다. 아무래도 자신이 수능에서 선택하려고 하는 교과목들을 선택하는 것이 내신을 준비하면서 수능까지 대비하는데 유리하다.

영역	2022학년도 이후 수능 범위	비고
국어	공통 : 독서, 문학 선택 : 화법과 작문, 언어와 매체 중 택 1	
수학	공통 : 수학 I, 수학 II 선택 : 확률과 통계, 미적분, 기하 중 택 1	
영어	영어 I, 영어 II	절대평가
한국사	한국사	절대평가
탐구	사회·과학 계열 구분 없이 택2 * 사회 : 9과목, * 과학 : 8과목(과학 I ·II)	
제2외국어 /한문	9과목 중 택1 (독일어 I, 프랑스어 I, 스페인어 I, 중국어 I, 일본어 I, 러시아어 I, 아랍어 I, 베트남어 I, 한문 I)	절대평가

또한, 주요 대학들이 수능 과목을 지정해 놓았기 때문에 자신이 정말로 가고자 하는 대학에서 어떤 과목들을 지정해 놓았는지를 살펴보는 것도 과목 선택하는데 있어서 중요한 요소 중의 하나가 될 것이다. 특히 자연계열은 다수의 대학이 수학과 탐구과목에서 특정과목을 지정하고 있기 때문에 신경을 써야 한다.

수학   미적분, 기하 중 택 1

가천대, 가톨릭대, 강원대, 건국대, 경북대, 경성대, 경희대, 계명대, 고려대, 공주대, 광운대, 국민대, 단국대, 대구가톨릭대, 대구한의대, 덕성여대, 동국대, 동국대(경주), 동덕여대, 동아대, 동의대, 목포대, 부산대, 상지대, 서강대, 서울과학기술대, 서울대, 서울시립대, 서원대, 성균관대, 세종대, 숙명여대, 순천대, 숭실대, 아주대, 연세대, 연세대(미래), 영남대, 울산대, 원광대, 이화여대, 인제대, 인하대, 전남대, 전북대, 제주대, 조선대, 중앙대, 차의과학대, 충남대, 충북대, 한국교원대, 한국항공대, 한림대, 한양대, 한양대(ERICA), 홍익대(59개 대)

탐구   과학

가천대, 가톨릭대, 강릉원주대, 강원대, 건국대, 건양대, 경북대, 경상대, 경성대, 경희대, 계명대, 고려대, 고려대(세종), 고신대, 광운대, 국민대, 단국대, 대구가톨릭대, 대구한의대, 덕성여대, 동국대, 동국대(경주), 동덕여대, 동아대, 부산대, 상지대, 서강대, 서울과학기술대, 서울대, 서울시립대, 성균관대, 성신여대, 세종대, 숙명여대, 순천대, 숭실대, 아주대, 연세대, 연세대(미래), 영남대, 우석대, 울산대, 원광대, 을지대, 이화여대, 인제대, 인천대, 인하대, 전남대, 전북대, 제주대, 조선대, 중앙대, 차의과학대, 충남대, 충북대, 한국교원대, 한국기술교대, 한림대, 한양대, 한양대(ERICA), 홍익대(62개 대)

서울대는 2021년 7월, 2024학년도 전형안을 예고하였는데 그중 2015 교육과정에 따른 전공 연계 교과 이수 과목을 제시하였다. 이에 교육과정과 이수 과목의 중요성이 더욱 부각될 것이므로 이수 과목 선택에 신중을 기해야 한다.

서울대가 제시한 전공 연계 교과 이수 과목은 학생이 희망하는 학과에서 전공을 공부하는 데 도움이 되는 과목들을 제시한 것이다. 모집단위별 핵심 권장과목은 학생이 희망하는 전공 분야의 학문적 기초 소양을 쌓을 수 있는 필수 연계

과목이며, 권장과목은 모집단위 수학을 위해 교육과정에서 배우기를 추천하는 과목이기 때문에 가급적 이를 고려하여 과목선택을 하는 것이 필요하겠다.

또한, 전공 연계 교과 이수 과목은 지원자격과 무관하지만 모집단위별 권장 과목의 이수 여부는 수시모집 서류평가 및 정시모집 교과평가에 반영된다고 서울대는 설명하고 있으므로 과목선택을 하는 데 있어 반드시 고려해야 할 요소이다.

많은 학생들이 전공 연계 교과 이수 과목의 수강자 수가 적어서 교과 성취도에서 낮은 등급이 나오는 경우를 생각하여 선택을 하지 않는 경우가 있다. 하지만, 소인수 과목이나 과목 난이도가 높은 과목을 이수하는 학생은 대학에서 학생의 도전정신과 학문 분야에 대한 호기심을 긍정적으로 평가하여 도전하지 않은 학생에 비해 더 좋게 바라본다는 사실을 반드시 생각하여 과목선택을 해주길 바란다.

2024 서울대 모집단위별 전공 연계 교과이수 과목

모집단위	핵심 권장과목	권장과목
경제학부		미적분, 확률과 통계
수리과학부	미적분, 확률과 통계, 기하	
통계학과	미적분, 확률과 통계, 기하	
물리·천문학부-물리학전공	물리학 II, 미적분, 기하	확률과 통계
물리·천문학부-천문학전공	지구과학 I, 미적분, 기하	지구과학 II, 물리학 II, 확률과 통계
화학부	화학 II, 미적분	확률과 통계, 기하
생명과학부	생명과학 II, 미적분	화학 II, 확률과 통계, 기하
지구환경과학부	물리학 II 또는 화학 II 또는 지구과학 II, 미적분	확률과 통계, 기하
간호대학		생명과학 I, 생명과학 II
공과대학-광역	미적분, 확률과 통계	기하
건설환경공학부	미적분, 기하	확률과 통계
기계공학부	물리학 II, 미적분, 기하	확률과 통계
재료공학부	미적분, 기하	물리학 II, 화학 II, 확률과 통계
전기·정보공학부	물리학 II, 미적분	확률과 통계, 기하
컴퓨터공학부	미적분, 확률과 통계	
화학생물공학부	물리학 II, 미적분, 기하	화학 II 또는 생명과학 II
건축학과		미적분
산업공학과	미적분	확률과 통계
에너지자원공학과	물리학 II, 미적분, 기하	확률과 통계
원자핵공학과	물리학 II, 미적분	
조선해양공학과	물리학 I, 미적분, 기하	확률과 통계
항공우주공학과	물리학 II, 미적분, 기하	지구과학 II, 확률과 통계
농경제사회학부		미적분, 확률과 통계
식물생산과학부	생명과학 II	화학 II, 미적분, 확률과 통계, 기하
식품·동물생명공학부	화학 II, 생명과학 II	
응용생물화학부	화학 II, 생명과학 II	미적분, 확률과 통계, 기하

모집단위	핵심 권장과목	권장과목
조경·지역시스템공학부	미적분, 기하	물리학Ⅱ, 확률과 통계
바이오시스템·소재학부	미적분, 기하	물리학Ⅱ 또는 화학Ⅱ
지리교육과		한국지리, 세계지리, 여행지리
수학교육과	미적분, 확률과 통계, 기하	
물리교육과	물리학Ⅱ	미적분, 확률과 통계, 기하
화학교육과	화학Ⅱ	미적분, 확률과 통계, 기하
생물교육과	생명과학Ⅱ	화학Ⅱ, 미적분, 확률과 통계
지구과학교육과	지구과학Ⅰ	지구과학Ⅱ, 미적분, 확률과 통계, 기하
식품영양학과	화학Ⅱ, 생명과학Ⅱ	
의류학과		화학Ⅱ, 생명과학Ⅱ 또는 확률과 통계
수의예과	생명과학Ⅱ	미적분, 확률과 통계
약학계열	화학Ⅱ, 생명과학Ⅱ	미적분, 확률과 통계
의예과	생명과학Ⅰ	생명과학Ⅱ, 미적분, 확률과 통계, 기하

　　과목을 선택하는 데는 설명한 내용 외에도 개인적인 상황에 따라 여러 가지 변수들이 있을 수 있다. 책에서는 과목을 선택할 때 고려해야 하는 사항 중 일부분만 이야기하고 있기 때문에 반드시 가정에서 부모님과 이야기를 나눠보고 궁금한 부분은 학교에서 선생님들과도 깊은 상담을 나눠보는 시간을 충분히 가져야한다.

나. 의생명계열 교과 선택 방법

1) 계열 소개

인간이 살아가면서 만나게 되는 여러 질병과 손상 등으로 인한 인체의 위험에 효과적으로 대응하고자 인류는 끊임없이 그 원인을 알아내고 진단과 치료 등의 해결 방법을 찾기 위해 노력해왔다.

즉, 의학은 인체 및 질병과 손상 등의 상호 관계에 대해서 주로 탐구하고, 약학은 인체와 질병의 치료에 주로 사용되는 약물의 상호 작용을 주로 탐구하며 발전하여 왔다. 의학과 약학은 이러한 노력의 일환으로 자연스럽게 학문으로 정립되어 인류의 역사와 함께 시작되어 지금까지 발전되어 왔다. 의생명은 의학과 약학을 포괄하는 학문적 개념이지만 명확한 학문적 경계를 짓기는 어려워 용어가 사용되는 상황과 목적에 따라 다양한 학문을 포함하게 된다.

2) 전공학과 및 관련학과(일부)

간호학	간호학과
물리치료재활학	물리치료학과, 작업치료학과, 재활학과
수의학	수의예과, 수의학과
약학	약학과, 제약학과, 한약학과
의학	의학과, 의예과
치의학	치의학과, 치의예과
한의학	한의학과, 한의예과

출처: 대구광역시교육청 진로진학상담가이드북

▶▲◀
(1) 의생명계열 - 간호학과

(가) 간호학과는 어떤 학과일까요?

  간호학은 인간을 대상으로 건강을 유지, 증진하고 질병을 예방하며 질병으로부터 회복할 수 있도록 돕는 학문으로 이론과 실무, 연구가 상호 관련되어 있다. 간호학은 건강 문제로 타인의 도움이 필요할 때 최적의 돌봄을 제공함으로써 건강을 회복할 수 있도록 도와준다. 주요 교육내용으로는 기본간호학, 성인간호학, 아동간호학, 모성간호학, 정신간호학, 지역사회간호학, 간호관리학, 간호정보학 등이 있다.

(나) 어떤 학생에게 어울릴까요?

  인간에 대한 이해와 이타심, 책임감이 있어야 한다. 다양한 보건 의료인과의 관계에서 조정자로서의 역할을 수행하기 위해서는 원만한 대인관계 및 의사소통 능력이 요구된다.

관련 자격	대학에서 배우는 이수 교과목
· 간호사, 전문간호사 · 보건교사 · 보육교사	심리학, 해부학, 생리학, 사회복지학개론, 인간성장발달과 건강, 간호정보학, 간호학개론, 임상미생물학, 병리학, 영양학 및 식이요법, 임상약리학, 상담학개론, 응급간호 등

(다) 어떤 학생이 선택하면 좋을까요?

★ 책임의식과 봉사정신이 투철하다.
★ 인류애를 실천하고 의미있는 삶을 살고자 한다.
★ 기초의학에 대한 많은 양의 공부를 소화하기 위한 끈기도 있다.
★ 간호사라는 직업에 관심이 높고 전문적인 의료인으로 성장을 원한다.
★ 환자마다 다른 간호를 적용해야 하는 것에 대해 호기심을 가지고 있다.

(라) 졸업 후에 진로는 어떻게 되나요?

💡 간호사, 간호직 공무원, 보건교육사, 보건교사, 연구간호사, 심사평가원, 제약회사 등으로 진출, 대학원에 진학하여 전문간호과정 졸업 후 자격고시를 통과하면 가정전문간호, 응급전문간호, 노인전문간호, 임상전문간호 등 전문적인 자신의 영역을 구축할 수 있는 기회, 일정기간의 교육과정 이수 후 보건진료원 등으로도 활동할 수 있고, 노인요양시설 및 노인복지센터를 개업 및 운영

(출처 : 서울시교육청 2015 개정교육과정 선택과목 안내서, 대구교육청 진로진학상담가이드북, 세종시교육청 전공적성개발 길라잡이)

(마) 간호학과를 희망하는 학생들의 과목 선택(예시)

전공 적합성과 연관 있는 교과목은 **진하게** 표시함

기초

교과 (군)	공통 과목	선택 과목	
		일반 선택	진로 선택
국어	국어	**화법과 작문**, 독서, **언어와 매체**, 문학	실용 국어, 심화 국어, 고전 읽기
수학	수학	**수학Ⅰ, 수학Ⅱ, 미적분, 확률과 통계**	기본 수학, 실용 수학, 인공지능 수학, 기하, 경제 수학, **수학과제 탐구**
영어	영어	영어 회화, 영어Ⅰ, **영어 독해와 작문**, 영어Ⅱ	기본 영어, 실용 영어, 영어권 문화, 진로 영어, 영미 문학 읽기
한국사	한국사		

교과 (군)	공통 과목	선택 과목	
		일반 선택	진로 선택
사회(역사/ 도덕 포함)	통합사회	한국지리, 세계지리, 세계사, 동아시아사, 경제, **정치와** **법, 사회·문화, 생활과 윤리,** **윤리와 사상**	여행지리, **사회문제 탐구**, 고전과 윤리
과학	통합과학 과학탐구 실험	물리학 I, **화학 I**, **생명과학 I**, 지구과학 I	물리학 II, **화학 II**, **생명과학 II**, 지구과학 II, 과학사, **생활과 과학**, 융합과학

체육·예술

교과 (군)	공통 과목	선택 과목	
		일반 선택	진로 선택
체육		체육, 운동과 건강	스포츠 생활, 체육 탐구
예술		음악, 미술, 연극	음악 연주, 음악 감상과 비평 미술 창작, 미술 감상과 비평

생활·교양

교과 (군)	공통 과목	선택 과목	
		일반 선택	진로 선택
기술·가정		**기술·가정**, 정보	농업 생명 과학, 공학 일반, 창의 경영, 해양 문화와 기술, **가정과학**, 지식 재산 일반, 인공지능 기초
제2외국어		독일어 I 일본어 I 프랑스어 I 러시아어 I 스페인어 I 아랍어 I 중국어 I 베트남어 I	독일어 II 일본어 II 프랑스어 II 러시아어 II 스페인어 II 아랍어 II 중국어 II 베트남어 II
한문		한문 I	한문 II
교양		**철학**, 논리학, **심리학**, 교육학, 종교학, 진로와 직업, **보건**, 환경, 실용 경제, 논술	

※ 주의 **반드시 언급한 과목만을 선택할 필요는 없음(단순 예시임)**

간호학과는 인체, 질병, 생명 등에 대한 관심과 환자에 대한 봉사 및 높은 윤리 의식, 인간에 대한 신체적·정서적·심리적인 이해를 필요로 하기에 영어, 과학, 사회, 생활교양과 관련하여 과목선택을 하는 것이 유리하다. 환자의 질병 치료에 있어 간호의 중요성을 이해하고 환자에 대한 관심과 고민을 토대로 화학 및 생명과학, 사회 교과에서 학업능력을 제시할 필요가 있다.

▶▲◀
(2) 의생명계열 - 물리치료재활학과

(가) 물리치료재활학과는 어떤 학과일까요?

물리치료재활학과는 질병이나 외상에 의해 손상을 받은 환자에게 신체적, 정신적, 사회적 건강을 유지 및 증진시키고, 기능장애의 회복을 위해 전문 치료인을 양성하는 데 목적이 있다. 이를 위해 인체구조와 기능을 과학적으로 평가 및 진단하고 체계적으로 중재하여 삶의 질을 향상시키는 치료과학이다.

(나) 어떤 학생에게 어울릴까요?

해부학, 생리학 등 기초의학에 대한 교과목을 배우므로 생명, 물리 등 자연과학 교과목에 흥미가 있으면 유리하다.

관련 자격	대학에서 배우는 이수 교과목
· 물리치료사 · 작업치료사 · 특수교육 교사	일반물리학, 일반생물학, 일반화학, 심리학의 기초, 인체해부학장애총론, 발달심리학, 운동치료학, 임상운동학, 물리치료 진단학, 해부학, 생리학, 신경학, 병리학 등

(다) 어떤 학생이 선택하면 좋을까요?

> ★ 평소 남을 배려하고 친절하게 대한다.
> ★ 사회적 소수자들의 삶의 질을 향상시키기 위한 사회 참여형의 인재이다.
> ★ 융합적인 학문을 하고자 하는 적극적인 자세와 실천의지를 가지고 있다.
> ★ 책임의식을 기반으로 전문지식과 협동심, 의사소통 능력을 갖춘
>   인재이다.
> ★ 이론과 실습을 병행하여 이수하게 될 전공을 실제 환자들에게 적용할 수
>   있는 적극적인 자세와 실천의지가 있는 인재이다.

(라) 졸업 후에 진로는 어떻게 되나요?

의료기관(종합병원, 한방병원, 노인전문병원, 병·의원, 보건소), 재활의료 관련
분야(장애인 및 가정 복지관, 노인 복지관, 재활원, 양로원, 치매센터, 호스피스),
스포츠 관련 분야(프로 및 아마 스포츠 구단 트레이너, 국민체력센터, 각종 스포츠
연구소), 산업 보건 분야(산업체 건강관리, 의무실), 의료기 분야(의료기기 및 의수족
보조기 제작 분야), 기타분야(특수학교 치료교사, 가정방문 노인물리치료사)

(출처 : 서울시교육청 2015 개정교육과정 선택과목 안내서, 대구교육청 진로진학상담가이드북,
세종시교육청 전공적성개발 길라잡이)

(마) 물리치료재활학과를 희망하는 학생들의 과목 선택(예시)

전공 적합성과 연관 있는 교과목은 **진하게** 표시함

기초

교과 (군)	공통 과목	선택 과목	
		일반 선택	진로 선택
국어	국어	**화법과 작문**, 독서, **언어와 매체**, 문학	실용 국어, 심화 국어, 고전 읽기
수학	수학	**수학Ⅰ, 수학Ⅱ, 미적분, 확률과 통계**	기본 수학, 실용 수학, 인공지능 수학, 기하, 경제 수학, **수학과제 탐구**
영어	영어	영어 회화, 영어Ⅰ, **영어 독해와 작문**, 영어Ⅱ	기본 영어, 실용 영어, 영어권 문화, **진로 영어**, 영미 문학 읽기
한국사	한국사		

탐구

교과 (군)	공통 과목	선택 과목	
		일반 선택	진로 선택
사회(역사/ 도덕 포함)	통합사회	한국지리, 세계지리, 세계사, 동아시아사, 경제, **정치와 법**, 사회·문화, **생활과 윤리**, 윤리와 사상	여행지리, **사회문제 탐구**, 고전과 윤리
과학	통합과학 과학탐구 실험	**물리학Ⅰ, 화학Ⅰ, 생명과학Ⅰ**, 지구과학Ⅰ	물리학Ⅱ, **화학Ⅱ, 생명과학Ⅱ**, 지구과학Ⅱ, 과학사, 생활과 과학, 융합과학

체육·예술

교과 (군)	공통 과목	선택 과목	
		일반 선택	진로 선택
체육		**체육, 운동과 건강**	**스포츠 생활, 체육 탐구**
예술		음악, 미술, 연극	음악 연주, 음악 감상과 비평 미술 창작, 미술 감상과 비평

생활·교양

교과 (군)	공통 과목	선택 과목	
		일반 선택	진로 선택
기술·가정		**기술·가정**, 정보	농업 생명 과학, 공학 일반, 창의 경영, 해양 문화와 기술, **가정과학**, 지식 재산 일반, 인공지능 기초
제2외국어		독일어 I 일본어 I 프랑스어 I 러시아어 I 스페인어 I 아랍어 I 중국어 I 베트남어 I	독일어 II 일본어 II 프랑스어 II 러시아어 II 스페인어 II 아랍어 II 중국어 II 베트남어 II
한문		한문 I	한문 II
교양		철학, 논리학, **심리학**, 교육학, 종교학, 진로와 직업, **보건**, 환경, 실용 경제, 논술	

※ 주의 **반드시 언급한 과목만을 선택할 필요는 없음(단순 예시임)**

　물리치료재활학과는 질병, 사고 또는 선천적인 질환 등으로 일시적이거나 영구적인 장애를 갖게 된 사람들을 위해 운동 치료나 물리적인 요소들을 이용하여 치료를 제공하는 일에 대해 관심을 필요로 한다. 그러므로 영어, 과학, 체육과 관련하여 과목선택을 하는 것이 유리하다. 환자의 질병 치료에 있어 운동의 중요성을 이해하는 것이 요구되고 건강과 운동의 연관성에 대한 관심을 바탕으로 생명과학, 체육 교과에서 학업능력을 제시할 필요가 있다.

(3) 의생명계열 - 수의예과

(가) 수의예과는 어떤 학과일까요?

수의학은 반려동물을 비롯하여 산업동물, 야생동물, 어패류에 이르기까지 모든 동물에 대한 질병 진료와 예방에 관한 전문 지식을 교육하는 『동물을 대상으로 하는 의학』이다. 수의학은 동물 질병의 예방과 진료라는 기본적인 사명 외에도 인수공통전염병의 예방, 우유, 고기 등의 축산식품과 어패류의 위생관리, 수입 축산물의 검역업무 등 사람의 공중보건 관리 부분에서도 중요한 역할을 한다. 또한, 의약품, 화장품, 생활용품 등의 신물질개발에 있어서 동물실험을 통한 안전성·유효성 평가, 생명공학기술을 이용한 개발과 동물질병 진단약 개발 및 핵이식 유전자조작 등의 기술을 이용한 유전적 개량 등 첨단 BT 산업에도 기여를 하고 있다.

(나) 어떤 학생에게 어울릴까요?

수의학을 전공하고자 한다면 동물의 생명을 다루는 분야인 만큼 세심하게 동물을 관찰하여 동물과 교감할 수 있어야 하며 응급상황에 대처할 수 있는 침착함을 갖추어야 한다.

관련 자격	대학에서 배우는 이수 교과목
· 수의사, 축산기사 · 축산사업기사 · 가축인공수정사	수의분자세포생물학, 수의기생충학, 수의생화학, 수의미생물학, 수의해부학, 수의생리학, 수의조직학, 수의발생학, 수의면역학, 수의유전학 등

교과 선택 | 99

(다) 어떤 학생이 선택하면 좋을까요?

> ★ 동물이 너무 사랑스럽고 좋다.
> ★ 생명과학 분야에 관심이 많다.
> ★ 동물이 아프면 가족의 아픔처럼 느낀다.
> ★ 끈기, 인내심을 바탕으로 목표를 성취하고자 하는 태도를 가지고 있다.

(라) 졸업 후에 진로는 어떻게 되나요?

임상 진료 수의사, 공무원 수의사(국가공중보건 서비스/정책), 공중보건 분야 (식품위생 및 환경위생), 생명과학 연구분야, 교육과 연구, 산업계 및 기타

(출처 : 서울시교육청 2015 개정교육과정 선택과목 안내서, 대구교육청 진로진학상담가이드북, 세종시교육청 전공적성개발 길라잡이)

(마) 수의예과를 희망하는 학생들의 과목 선택(예시)

전공 적합성과 연관 있는 교과목은 **진하게** 표시함

기초

교과 (군)	공통 과목	선택 과목	
		일반 선택	진로 선택
국어	국어	**화법과 작문**, 독서, **언어와 매체**, 문학	실용 국어, 심화 국어, 고전 읽기
수학	수학	**수학 I , 수학 II , 미적분, 확률과 통계**	기본 수학, 실용 수학, 인공지능 수학, **기하**, 경제 수학, **수학과제 탐구**
영어	영어	영어 회화, 영어 I , **영어 독해와 작문**, 영어 II	기본 영어, 실용 영어, 영어권 문화, 진로 영어, 영미 문학 읽기
한국사	한국사		

교과 (군)	공통 과목	선택 과목	
		일반 선택	진로 선택
사회(역사/ 도덕 포함)	통합사회	한국지리, 세계지리, 세계사, 동아시아사, 경제, **정치와 법**, 사회·문화, **생활과 윤리, 윤리와 사상**	여행지리, **사회문제 탐구**, 고전과 윤리
과학	통합과학 과학탐구 실험	물리학Ⅰ, **화학Ⅰ**, **생명과학Ⅰ**, 지구과학Ⅰ	물리학Ⅱ, **화학Ⅱ**, **생명과학Ⅱ**, 지구과학Ⅱ, 과학사, **생활과 과학**, 융합과학

체육·예술

교과 (군)	공통 과목	선택 과목	
		일반 선택	진로 선택
체육		체육, 운동과 건강	스포츠 생활, 체육 탐구
예술		음악, 미술, 연극	음악 연주, 음악 감상과 비평 미술 창작, 미술 감상과 비평

생활·교양

교과 (군)	공통 과목	선택 과목	
		일반 선택	진로 선택
기술·가정		기술·가정, 정보	농업 생명 과학, 공학 일반, 창의 경영, 해양 문화와 기술, 가정과학, 지식 재산 일반, 인공지능 기초
제2외국어		독일어Ⅰ 일본어Ⅰ 프랑스어Ⅰ 러시아어Ⅰ 스페인어Ⅰ 아랍어Ⅰ 중국어Ⅰ 베트남어Ⅰ	독일어Ⅱ 일본어Ⅱ 프랑스어Ⅱ 러시아어Ⅱ 스페인어Ⅱ 아랍어Ⅱ 중국어Ⅱ 베트남어Ⅱ
한문		한문Ⅰ	한문Ⅱ
교양		**철학**, 논리학, **심리학**, 교육학, 종교학, 진로와 직업, **보건**, **환경**, 실용 경제, 논술	

※ 주의 **반드시 언급한 과목만을 선택할 필요는 없음(단순 예시임)**

수의예과는 동물의 질병을 진단하고 치료하는 일에 대한 관심과 높은 윤리의식을 필요로 하기 때문에 영어, 수학, 과학, 사회, 생활교양과 관련하여 과목선택을 하는 것이 유리하다. 인간과 동물의 관계성에 대한 고민을 바탕으로 수학, 생명과학 및 화학, 생활과 윤리 교과에서 학업능력을 제시할 필요가 있다.

▶▲◀
(4) 의생명계열 - 약학과

(가) 약학과는 어떤 학과일까요?

약학에서는 질병을 예방 및 진단 치료하기 위한 의약품의 연구·개발은 물론 새로운 약물 개발, 조제 및 임상 적용에 대한 이론과 응용을 두루 공부한다. 또한, 국민들의 보건향상을 위하여 일상생활에서 널리 사용되는 화장품, 식품첨가물 등의 안정성을 연구하며 효율적이고 안전한 약물투여 방법에 대해서도 연구한다.

(나) 어떤 학생에게 어울릴까요?

실험, 실습을 하기 위해서는 색맹, 색약 등의 장애가 없어야 한다. 미량으로도 인체에 치명적 손상을 가져오는 약물을 다루므로 침착하고 꼼꼼한 성격이 요구된다.

관련 자격	대학에서 배우는 이수 교과목
· 약사 · 한약사	수학, 화학, 생물학, 물리학, 약학개론, 물리약학, 약화학, 약품분석학, 해부학, 약학컴퓨터개론, 생리학, 생명역학, 약품시험법, 법약학, 약물학, 약제학, 병원약국학 등

(다) 어떤 학생이 선택하면 좋을까요?

> ★ 질병의 예방과 치료에 관심이 많다.
> ★ 사회에 대한 윤리의식과 사명감을 갖추고 있다.
> ★ 물리, 화학, 생물 등 자연과학에 흥미와 소질이 있다.
> ★ 다른 사람을 이해하고 배려할 줄 아는 마음을 지니고 있다.
> ★ 장시간 실험, 실습에 견딜 수 있는 건강한 체력을 지니고 있다.

(라) 졸업 후에 진로는 어떻게 되나요?

정부 및 공공기관, 연구소, 제약업체, 화장품제조업체, 식품업체, 전통약제 가공 및 제조업체, 의약 관련 기관

(출처 : 서울시교육청 2015 개정교육과정 선택과목 안내서, 대구교육청 진로진학상담가이드북,
세종시교육청 전공적성개발 길라잡이)

(마) 약학과를 희망하는 학생들의 과목 선택(예시)

전공 적합성과 연관 있는 교과목은 **진하게** 표시함

기초

교과 (군)	공통 과목	선택 과목	
		일반 선택	진로 선택
국어	국어	**화법과 작문**, 독서, **언어와 매체**, 문학	실용 국어, 심화 국어, 고전 읽기
수학	수학	**수학 I, 수학 II, 미적분, 확률과 통계**	기본 수학, 실용 수학, 인공지능 수학, **기하**, 경제 수학, **수학과제 탐구**
영어	영어	영어 회화, 영어 I, **영어 독해와 작문**, 영어 II	기본 영어, 실용 영어, 영어권 문화, **진로 영어**, 영미 문학 읽기
한국사	한국사		

교과 (군)	공통 과목	선택 과목	
		일반 선택	진로 선택
사회(역사/ 도덕 포함)	통합사회	한국지리, 세계지리, 세계사, 동아시아사, 경제, **정치와 법**, 사회·문화, **생활과 윤리, 윤리와 사상**	여행지리, **사회문제 탐구**, 고전과 윤리
과학	통합과학 과학탐구 실험	**물리학Ⅰ**, **화학Ⅰ**, **생명과학Ⅰ**, 지구과학Ⅰ	물리학Ⅱ, **화학Ⅱ**, **생명과학Ⅱ**, 지구과학Ⅱ, 과학사, **생활과 과학**, 융합과학

체육·예술

교과 (군)	공통 과목	선택 과목	
		일반 선택	진로 선택
체육		체육, 운동과 건강	스포츠 생활, 체육 탐구
예술		음악, 미술, 연극	음악 연주, 음악 감상과 비평 미술 창작, 미술 감상과 비평

생활·교양

교과 (군)	공통 과목	선택 과목	
		일반 선택	진로 선택
기술·가정		기술·가정, 정보	농업 생명 과학, 공학 일반, 창의 경영, 해양 문화와 기술, 가정과학, 지식 재산 일반, 인공지능 기초
제2외국어		독일어Ⅰ　　　일본어Ⅰ 프랑스어Ⅰ　러시아어Ⅰ 스페인어Ⅰ　아랍어Ⅰ 중국어Ⅰ　　　베트남어Ⅰ	독일어Ⅱ　　　일본어Ⅱ 프랑스어Ⅱ　러시아어Ⅱ 스페인어Ⅱ　아랍어Ⅱ 중국어Ⅱ　　　베트남어Ⅱ
한문		**한문Ⅰ**	**한문Ⅱ**
교양		철학, 논리학, 심리학, 교육학, 종교학, 진로와 직업, **보건**, **환경**, 실용 경제, 논술	

※ 주의 **반드시** 언급한 과목만을 선택할 필요는 없음(단순 예시임)

약학은 질병의 치료 및 예방, 진단을 위한 의약품의 사용 및 개발을 위한 학술적 이론과 기술을 연구 및 개발하는 학문으로 약학을 교육하고 연구하여 보건의료 분야의 약사 및 약학자 양성을 목적으로 한다. 이에 수학, 사회, 과학, 생활교양 관련 교과목들과 관련하여 과목선택을 하는 것이 유리하다. 다른 사람의 말을 잘 들어주고 설명해 주는 등 의사소통 능력을 지니고, 마음이 따뜻하고 타인을 잘 이해하며 배려하는 태도와 도덕성을 겸비한 모습을 바탕으로 화학, 생명, 물리, 생활과 윤리 교과에서 학업능력을 제시할 필요가 있다.

▶▲◀
(5) 의생명계열 - 의예과

(가) 의예과는 어떤 학과일까요?

의사가 되기 위해서는 2년의 의예과 과정을 마친 후 4년의 의학과 교육을 받게 된다. 의예과 2년은 의료인 또는 의과학자에게 필요한 원만한 인격과 소양을 갖출 수 있는 일반교양 교육, 의학전공에 기반이 되는 자연과학의 기초학문을 교육한다. 의학과 4년 과정은 의학 지식, 기술 습득은 물론 환자를 위한 합리적이고 최선의 의학적 결정을 할 수 있는 전문 능력을 갖출 수 있도록 교육한다. 6년 과정의 의과대학을 졸업하면 의사국가시험에 응시할 자격이 생기며, 시험에 합격하면 의사면허를 취득하며 인턴 1년과 전공의 4년을 마치면 전문의 자격을 가지게 된다.

(나) 어떤 학생에게 어울릴까요?

환자의 건강과 생명을 다루는 직업이므로 다른 분야 종사자보다 도덕성과 투철한 사명감이 있어야 하며 환자 중심의 사고를 해야 하는 이타적인 사고와 품성이 요구된다.

관련 자격	대학에서 배우는 이수 교과목
· 의사	기초의학통계학, 일반화학, 의용공학, 생명물리학, 물리화학, 유기화학, 의학개론, 의료정보학개론 및 실습, 인체유전학, 세포생물학, 해부학 등

(다) 어떤 학생이 선택하면 좋을까요?

★ 손놀림이 정교하고 꼼꼼하며 논리적인 분석력을 갖추고 있다.

★ 인성 및 기본 교육을 갖추고 사회적 약자를 보면 도와주고 싶다.

★ 생물, 화학, 통계학 등에 관심과 흥미가 있고 영어에 소질이 있다.

★ 스트레스를 이겨낼 수 있는 끈기와 강인한 체력이 있고 학업에 대한 열정이 높다.

★ 사람과 만나고 대화하는 것을 좋아하고 생명현상에 대한 호기심과 탐구 정신이 강하다.

(라) 졸업 후에 진로는 어떻게 되나요?

임상의사, 기초의학자, 의사, 대학교수, 보건복지부를 비롯한 정부 산하기관, 의학연구소, 세계보건기구, 언론기관 등에서 전문인

(출처 : 서울시교육청 2015 개정교육과정 선택과목 안내서, 대구교육청 진로진학상담가이드북, 세종시교육청 전공적성개발 길라잡이)

(마) 의예과를 희망하는 학생들의 과목 선택(예시)

전공 적합성과 연관 있는 교과목은 **진하게** 표시함

기초

교과 (군)	공통 과목	선택 과목	
		일반 선택	진로 선택
국어	국어	**화법과 작문**, 독서, **언어와 매체**, 문학	실용 국어, 심화 국어, 고전 읽기
수학	수학	**수학Ⅰ, 수학Ⅱ, 미적분, 확률과 통계**	기본 수학, 실용 수학, 인공지능 수학, **기하**, 경제 수학, **수학과제 탐구**
영어	영어	**영어 회화**, 영어Ⅰ, **영어 독해와 작문**, 영어Ⅱ	기본 영어, 실용 영어, 영어권 문화, **진로 영어**, 영미 문학 읽기
한국사	한국사		

탐구

교과 (군)	공통 과목	선택 과목	
		일반 선택	진로 선택
사회(역사/ 도덕 포함)	통합사회	한국지리, 세계지리, 세계사, 동아시아사, 경제, 정치와 법, 사회·문화, **생활과 윤리**, 윤리와 사상	여행지리, **사회문제 탐구**, 고전과 윤리
과학	통합과학 과학탐구 실험	물리학Ⅰ, **화학Ⅰ**, **생명과학Ⅰ**, 지구과학Ⅰ	물리학Ⅱ, **화학Ⅱ**, **생명과학Ⅱ**, 지구과학Ⅱ, 과학사, **생활과 과학**, 융합과학

교과 (군)	공통 과목	선택 과목	
		일반 선택	진로 선택
체육		체육, 운동과 건강	스포츠 생활, 체육 탐구
예술		음악, 미술, 연극	음악 연주, 음악 감상과 비평 미술 창작, 미술 감상과 비평

생활·교양

교과 (군)	공통 과목	선택 과목	
		일반 선택	진로 선택
기술·가정		기술·가정, 정보	농업 생명 과학, 공학 일반, 창의 경영, 해양 문화와 기술, 가정과학, 지식 재산 일반, 인공지능 기초
제2외국어		독일어 I 일본어 I 프랑스어 I 러시아어 I 스페인어 I 아랍어 I 중국어 I 베트남어 I	독일어 II 일본어 II 프랑스어 II 러시아어 II 스페인어 II 아랍어 II 중국어 II 베트남어 II
한문		한문 I	한문 II
교양		**철학**, 논리학, **심리학**, 교육학, 종교학, 진로와 직업, **보건**, 환경, 실용 경제, 논술	

※ 주의 **반드시 언급한 과목만을 선택할 필요는 없음(단순 예시임)**

　　의예과는 우리 인간의 신체적, 정신적 치료에 대한 관심 외에도 높은 윤리 의식,
인간의 정서적·심리적인 이해에 대한 고민을 필요로 한다. 그러므로 영어, 수학. 과
학, 사회 교과목들과 관련하여 과목선택을 하는 것이 유리하다. 인간 생명의 존엄
성에 대한 고민이 필요하고 정신과 신체의 연계성에 대한 관심을 바탕으로 수학,
생명과학 및 화학, 생활과 윤리 교과에서 학업능력을 제시할 필요가 있다.

▶▲◀
(6) 의생명계열 - 치의예과

(가) 치의예과는 어떤 학과일까요?

치과의사가 되기 위해서는 2년의 치의예과 과정을 마친 후 4년의 치의학과 교육을 받게 된다. 치의예과 교육은 본과 과정 전 치과의사가 되기 위한 기본 교양과정 및 화학이나 생물학, 유전학 등의 기초과목을 학습한다. 치의학과 교육은 크게 기초치의학교육, 임상치의학교육, 병원임상실습, 치과 진료로 나뉜다.

(나) 어떤 학생에게 어울릴까요?

좁은 구강 내를 치료하는 업무를 주로 하기 때문에 꼼꼼한 성격에 손놀림이 정교해야 하고, 각종 치과 장비를 많이 사용하기 때문에 기계를 잘 다룰 수 있는 학생에게 적합하다.

관련 자격	대학에서 배우는 이수 교과목
· 치과의사	생물학, 화학, 발생학, 물리학, 기초물리화학, 유전학, 세포분자생물학, 치의학개론, 기초유기화학, 치과해부학, 치과병리학, 치과생화학, 구강해부학, 구강생리학, 치아형태학 등

(다) 어떤 학생이 선택하면 좋을까요?

★ 봉사와 희생정신이 뛰어나다.
★ 어렸을 적부터 손으로 무언가를 만들기 좋아하고 재미있어 한다.
★ 구강과 턱, 안면 부위에 대한 관심 및 연구해 보고 싶은 열정이 있다.
★ 인체의 구조나 기능에 대한 관심과 생물학적 지식과 과학적인
   사고능력이 뛰어나다.

(라) 졸업 후에 진로는 어떻게 되나요?

💡 매년 1회 실시하는 국가고시에 응시하고, 합격하면 치과의사 면허를 취득하게
되며 환자를 진료할 수 있는 자격을 갖추게 됨. 치과의사면허 취득 후 4년간의
전공의 과정을 이수한 후 전문의 면허를 취득함.

(출처 : 서울시교육청 2015 개정교육과정 선택과목 안내서, 대구교육청 진로진학상담가이드북,
세종시교육청 전공적성개발 길라잡이)

(마) 치의예과를 희망하는 학생들의 과목 선택(예시)

전공 적합성과 연관 있는 교과목은 **진하게** 표시함

기초

교과 (군)	공통 과목	선택 과목	
		일반 선택	진로 선택
국어	국어	**화법과 작문**, 독서, **언어와 매체**, 문학	실용 국어, 심화 국어, 고전 읽기
수학	수학	**수학 I, 수학 II, 미적분, 확률과 통계**	기본 수학, 실용 수학, 인공지능 수학, **기하**, 경제 수학, **수학과제 탐구**
영어	영어	**영어 회화**, 영어 I, **영어 독해와 작문**, 영어 II	기본 영어, 실용 영어, 영어권 문화, **진로 영어**, 영미 문학 읽기
한국사	한국사		

탐구

교과 (군)	공통 과목	선택 과목	
		일반 선택	진로 선택
사회(역사/ 도덕 포함)	통합사회	한국지리, 세계지리, 세계사, 동아시아사, 경제, 정치와 법, 사회·문화, **생활과 윤리, 윤리와 사상**	여행지리, 사회문제 탐구, 고전과 윤리
과학	통합과학 과학탐구 실험	물리학 I, **화학 I, 생명과학 I**, 지구과학 I	물리학 II, **화학 II, 생명과학 II**, 지구과학 II, 과학사, 생활과 과학, **융합과학**

교과 (군)	공통 과목	선택 과목	
		일반 선택	진로 선택
체육		체육, 운동과 건강	스포츠 생활, 체육 탐구
예술		음악, 미술, 연극	음악 연주, 음악 감상과 비평 미술 창작, 미술 감상과 비평

생활·교양

교과 (군)	공통 과목	선택 과목	
		일반 선택	진로 선택
기술·가정		기술·가정, 정보	농업 생명 과학, 공학 일반, 창의 경영, 해양 문화와 기술, 가정과학, 지식 재산 일반, 인공지능 기초
제2외국어		독일어 I　　　일본어 I 프랑스어 I　러시아어 I 스페인어 I　아랍어 I 중국어 I　　　베트남어 I	독일어 II　　　일본어 II 프랑스어 II　러시아어 II 스페인어 II　아랍어 II 중국어 II　　　베트남어 II
한문		한문 I	한문 II
교양		**철학**, 논리학, **심리학**, 교육학, 종교학, 진로와 직업, **보건**, 환경, 실용 경제, 논술	

※ 주의 **반드시 언급한 과목만을 선택할 필요는 없음(단순 예시임)**

　치의예과는 치과 의료 분야에 대한 관심 외에도 높은 윤리의식, 인간의 신체적·정서적·심리적인 이해를 필요로 한다. 그러므로 영어, 수학, 사회, 과학, 생활교양 교과목들과 관련하여 과목선택을 하는 것이 유리하다. 인간 생명의 존엄성에 대한 고민과 치아와 건강의 관련성에 대한 관심을 바탕으로 수학, 생활과 윤리, 화학 및 생명과학 교과에서 학업능력을 제시할 필요가 있다.

▶▲◀
(7) 의생명계열 - 한의예과

(가) 한의예과는 어떤 학과일까요?

한의학과는 2년의 한의예과 과정과 4년의 한의예 본과 과정의 교육을 받게 된다. 한의학과에서는 동양철학과 자연 원리를 기초로 우리 민족의 체질과 생활에 맞도록 학술이론과 임상 기법을 접목한 의학 체계를 교육한다. 한의예과에서는 한의사가 되기 위한 기본소양을 기르는 교양 과목과 한의학의 기초과목을 공부한다. 한의학과 1, 2학년에서는 원전, 본초학, 해부학, 병리학 등의 기초의학을 공부하고 3, 4학년에서는 임상의학을 공부하고 실습한다.

(나) 어떤 학생에게 어울릴까요?

6년간의 방대한 학습량을 이해할 수 있어야 하고 임상 실습 과정이나 한의사가 된 후에는 상담을 통해 환자의 질병을 파악하는 과정도 매우 중요하므로 다른 사람의 의견을 잘 들어주고 침착하면서도 자상한 성격을 가진 학생에게 유리하다.

관련 자격	대학에서 배우는 이수 교과목
· 한의사	생화학, 미생물학, 조직학, 해부학, 동양철학, 약용식물학, 생리학, 병리학, 진단학, 약리학, 본초학, 방제학, 경혈학, 내과, 침구과, 부인과, 소아과, 신경정신과, 사상체질의학 등

(다) 어떤 학생이 선택하면 좋을까요?

★ 다른 사람의 의견을 잘 들어주고 침착하면서도 자상한 성격을 지녔다.
★ 방대한 학습량을 소화할 수 있는 도전정신, 끈기와 인내심을 지니고 있다.
★ 인체의 구조와 약재에 관심이 있으며 인체 및 생명에 대한 호기심을 가지고 있다.
★ 한자에 대한 지식이 많으며 인체생리를 이해하기 위해 기본 과학을 잘 알고 있다.

(라) 졸업 후에 진로는 어떻게 되나요?

💡 한방병원 개업의, 군의관, 한방병원 수련의, 대학원 진학, 교수, 연구소 연구원

(출처 : 서울시교육청 2015 개정교육과정 선택과목 안내서, 대구교육청 진로진학상담가이드북,
세종시교육청 전공적성개발 길라잡이)

(마) 한의예과를 희망하는 학생들의 과목 선택(예시)

전공 적합성과 연관 있는 교과목은 **진하게** 표시함

기초

교과 (군)	공통 과목	선택 과목	
		일반 선택	진로 선택
국어	국어	**화법과 작문**, 독서, **언어와 매체**, 문학	실용 국어, 심화 국어, 고전 읽기
수학	수학	**수학 I, 수학 II, 미적분, 확률과 통계**	기본 수학, 실용 수학, 인공지능 수학, **기하**, 경제 수학, **수학과제 탐구**
영어	영어	**영어 회화**, 영어 I, **영어 독해와 작문**, 영어 II	기본 영어, 실용 영어, 영어권 문화, 진로 영어, 영미 문학 읽기
한국사	한국사		

탐구

교과 (군)	공통 과목	선택 과목	
		일반 선택	진로 선택
사회(역사/ 도덕 포함)	통합사회	**한국지리**, 세계지리, 세계사, 동아시아사, 경제, **정치와 법**, 사회·문화, **생활과 윤리, 윤리와 사상**	여행지리, **사회문제 탐구**, 고전과 윤리
과학	통합과학 과학탐구 실험	물리학 I, **화학 I, 생명과학 I**, 지구과학 I	물리학 II, **화학 II, 생명과학 II**, 지구과학 II, 과학사, 생활과 과학, 융합과학

교과 (군)	공통 과목	선택 과목	
		일반 선택	진로 선택
체육		체육, 운동과 건강	스포츠 생활, 체육 탐구
예술		음악, 미술, 연극	음악 연주, 음악 감상과 비평 미술 창작, 미술 감상과 비평

교과 (군)	공통 과목	선택 과목	
		일반 선택	진로 선택
기술·가정		기술·가정, 정보	농업 생명 과학, 공학 일반, 창의 경영, 해양 문화와 기술, 가정과학, 지식 재산 일반, 인공지능 기초
제2외국어		독일어 I 일본어 I 프랑스어 I 러시아어 I 스페인어 I 아랍어 I **중국어 I** 베트남어 I	독일어 II 일본어 II 프랑스어 II 러시아어 II 스페인어 II 아랍어 II **중국어 II** 베트남어 II
한문		**한문 I**	**한문 II**
교양		**철학**, 논리학, **심리학**, 교육학, 종교학, 진로와 직업, **보건**, 환경, 실용 경제, 논술	

※ 주의 **반드시 언급한 과목만을 선택할 필요는 없음(단순 예시임)**

　한의예과는 동양의학 분야에 대한 관심 외에도 높은 윤리의식과 인간의 신체적·정서적·심리적인 이해를 필요로 한다. 그러므로 영어, 수학, 과학, 윤리, 한문 교과목들과 관련하여 과목선택을 하는 것이 유리하다. 서양의학과 비교해서 동양의학의 인간 접근 방법에 대한 관심과 인간 생명의 존엄성에 대한 고민을 바탕으로 수학, 생활과 윤리, 화학 및 생명과학, 한문 교과에서 학업능력을 제시할 필요가 있다.

지금까지 여러분들의 선택과목에 대한 고민을 해결할 방법에 대해 팁을 제공해 주었다. 선택과목을 고르는 데 있어서 우선으로 고려해야 할 부분은 세 가지이다. '나와 어울리는가?', '내가 얼마나 관심이 있는가?', '내가 현재 어떤 위치에 있는가?' 이다. 즉, 자신의 적성과 흥미 및 성적 수준을 고려해서 본인에게 잘 맞는 것을 고르는 것이 가장 기본이며 현명한 선택의 방법이 될 것이다.

단원을 마치며

2015 개정교육과정에 따라 자신의 진로와 본인이 대학에서 전공하고자 하는 학과에 맞춰 교과선택을 하는 것은 매우 중요한 부분이다. 지금까지 자신의 진로와 적성에 맞춰 효과적으로 과목 선택하는 방법에 대해 계열별·학과별로 소개를 하였다.

최근 건국대·경희대·연세대·중앙대·한국외대는 공동연구를 통해 'new 학생부종합전형 공통 평가요소 및 평가항목'을 발표하였다. 기존의 평가항목이었던 학업역량, 전공적합성, 인성, 발전가능성이 학업역량, 진로역량, 공동체역량으로 재구성되었다. 이 중 진로역량에서 자신의 진로와 전공(계열)에 관한 탐색 노력과 준비 정도를 파악하는 데 있어 고교 교육과정에서 전공(계열)에 필요한 과목을 적절하게 선택하였는지가 매우 중요하다는 것을 또 한 번 확인할 수 있다.

학생부종합전형 공통 평가요소 및 평가항목

 학업역량 대학 교육을 충실히 이수하는 데 필요한 수학 능력

1. 학업성취도	2. 학업태도	3. 탐구력
고교 교육과정에서 이수한 교과의 성취수준이나 학업 발전의 정도	학업을 수행하고 학습해 나가려는 의지와 노력	지적 호기심을 바탕으로 사물과 현상에 대해 탐구하고, 문제를 해결하려는 노력

 진로역량 자신의 진로와 전공(계열)에 관한 탐색 노력과 준비 정도

1. 전공(계열) 관련 교과 이수 노력	2. 전공(계열) 관련 교과 성취도	3. 진로 탐색 활동과 경험
고교 교육과정에서 전공(계열)에 필요한 과목을 선택하여 이수한 정도	고교 교육과정에서 전공(계열)에 필요한 과목을 수강하고 취득한 학업성취 수준	자신의 진로를 탐색하는 과정에서 이루어진 활동이나 경험 및 노력 정도

 공동체역량 공동체의 일원으로서 갖춰야 할 바람직한 사고와 행동

1. 협업과 소통능력	2. 나눔과 배려
공동체의 목표를 달성하기 위해 협력하며, 구성원들과 합리적인 의사소통을 할 수 있는 능력	상대방을 존중하고 이해하여 원만한 관계를 형성하며, 타인을 위하여 기꺼이 나누어 주고자 하는 태도와 행동
3. 성실성과 규칙준수	4. 리더십
책임감을 바탕으로 자신의 의무를 다하고, 공동체의 기본 윤리와 원칙을 준수하는 태도	공동체의 목표 달성을 위해 구성원들의 상호작용을 이끌어가는 능력

출처: NEW 학생부종합전형 공통 평가요소 및 평가항목, 건국대·경희대·연세대·중앙대·한국외대

결국, 자기 주도적 진로설계 과정에서 학생의 과목선택이 중요해지는 교육과정의 변화를 반영한 연구 결과라 앞으로 과목선택의 중요성은 평가요소로서 더 큰 영향력을 미칠 것이다.

그리고 학업역량, 진로역량, 공동체역량을 확인할 수 있는 중요한 활동 중 하나는 바로 학생 개인이 주도적으로 실시한 탐구활동이다. 탐구활동이란 어떤 대상에 관해 지적 호기심을 두어 깊고 폭넓게 탐구할 수 있는 능력을 의미하는데 최근 탐구활동 평가에서 대학은 교실수업을 통한 성장 과정에 주목한다. 교과 수업 내용에 대해 연계적 질문이나 새로운 문제해결 방법을 찾고자 노력했는지, 자신의 진로와 관련하여 어떤 수업을 수강하였고, 수업에서 이루어지는 다양한 탐구활동에 자발적으로 참여하였는지, 수업에서 가진 궁금증을 풀어보고 싶거나 자신의 역량을 기르기 위해 학교의 어떤 프로그램으로 관심을 확장해 나갔는지를 종합적으로 판단한다. 결국, 학생부종합전형을 준비하는 학생들에게 탐구활동이 미치는 영향력은 크기 때문에 다음 장에서는 과제탐구를 어떻게 준비하고 어떻게 수행할 것인가에 대해 알아보고자 한다.

4

과제탐구

과제탐구

가. 과제탐구의 의미

1) 두려움에서 벗어나야 답이 보인다.

대학은 연구자를 길러내기 위해 학생들을 선발한다. 연구자가 될 자질과 역량을 갖춘 사람을 선발하여 연구자로 키우는 곳이다. 특히, 대학에서는 연구 동기, 연구 질문, 연구 방법, 질문에 대한 결론, 후속 활동의 5단계 중 연구 방법이 정교해진다. 따라서 대학이 고등학생들에게 관심을 갖고 평가하는 것은 얼마나 대단한 연구를 했는가가 아니다.

대학은 학생의 연구가 어떠한 계기로 시작을 하게 되었을까를 통해 학생의 지적 호기심과 논리성을 파악한다. 그리고 결론을 짓는 방법을 통해서 학생의 리더십과 소통 능력, 분석력 등을 평가하게 된다. 후속 활동은 학생이 지닌 연구자로서의 자질을 평가할 수 있다. 연구방법은 어느 정도 타당성이 있는가 정도로 해석된다. 호기심 해결과 창의적인 주제선정은 평가자들에게 좋은 평가를 받을 수 있다.

탐구 활동에서 어떤 주제로 탐구할 것인가 고민하게 된다. 주제선정의 문제다. 내가 궁금한 것들을 정리해 보고, 그중에서 설문 조사나 간단한 과학실험 같은 고등학생이 할 수 있는 방법으로 알아낼 수 있는 참신한 주제를 고른다면 본인의 훌륭한 자질과 역량을 보여줄 수 있는 탐구보고서를 작성할 수 있다.

탐구 활동의 시작은 정교함이 아니다. 탐구 활동은 호기심 해결과 창의적인 아이디어에서 시작한다.

2) 과제탐구 목적

대입 공정성 강화 방안에 따라 대입에 반영되는 서류 항목과 분량이 축소되었다. 평가되는 학생부의 항목이 줄었고, 자기소개서는 폐지되었다. 학생들의 입시 부담감을 줄였다고 하지만 오히려 학생의 역량을 보여줄 내용이 축소되었다고 할 수 있다.

이에 대한 학생의 역량을 보여줄 방안으로 탐구 활동을 추천한다. 탐구활동이란 교과수업을 통해 진행되는 프로젝트나 수행평가 등을 활용해 자료를 조사하고 주제를 선정해 탐구하고, 발표, 결과물을 내는 일련의 활동을 말한다.

현재의 학생부종합전형에서는 교과성적, 교과별 세부능력 및 특기사항과 선택 과목의 영향력이 상대적으로 높아질 것으로 여겨진다.

과목 선택이나 세부능력 및 특기사항은 교과 성적에 아직 반영되지 못한 학생의 역량이나 강점을 보여줄 수 있다. 관심 분야의 과목이나 어렵더라도 대학 공부에 필요한 과목을 선택하고, 수업을 잘 소화했다면 좋은 평가를 받을 수 있다.

거기에 교과 수업 안에서 이뤄지는 과제탐구 활동을 활용해 보자. 학교 안에서 수업시간 혹은 그 연장선에서 주제를 찾아 자료를 조사해 발표하고 산출물을 내는 형태의 프로젝트 활동을 통해 탐구보고서를 작성해보자. 그 과정에서 학생들이 작성한 자기 평가서나 동료 평가서, 조사 및 발표 활동을 요약하거나 결과물을 담은 포스터, 또는 소감문, 보고서 등은 세부능력 및 특기사항에 학생의 역량을 잘 보여줄 수 있는 자료가 된다.

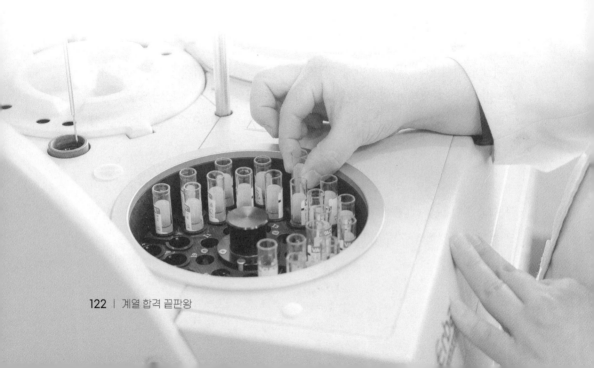

나. 과제탐구 단계

과제탐구 과정은 분야에 따라 약간의 차이는 있지만, 일반적으로 다음과 같은 방식을 취한다. 연구주제를 선정하고 다음으로 주제에 대한 관련 이론 및 선행연구를 조사한다. 그리고 연구문제를 설정한 후 연구문제에 대한 답을 구하거나 검증을 위한 연구방법을 결정한다. 연구방법이 결정되면 데이터 및 관련 자료를 수집해 자료를 분석하고 해석하여 결과를 도출한 결론 및 제언으로 마무리한다.

1) 연구주제

과제탐구의 첫 단계는 연구의 주제를 선정하는 것이다. 연구주제는 개인적 경험, 호기심, 관심, 흥미로부터 출발하고, 사회적 시의성을 갖는 주제도 괜찮다.

가) 연구주제 탐색 방법

연구주제는 일상생활에 있어 문제의식을 가지고 조사 가능한 주제를 구체적으로 찾아야 한다. 주제를 찾을 때는 나와 관련된 주제부터 접근하는 것이 좋다. 내가 좋아하는 교과에서 시작하여 호기심 해결이나 심화된 연구주제를 선택한다면 나의 학업역량을 보여주기 좋을 것이다. 그리고 평소 흥미를 갖게 된 것들이 무엇인지 생각을 해보고 관련된 주제를 확장하는 것도 좋은 방법이다. 나의 진로와 연계된 관련 분야를 찾아서 주제를 확장한다면 전공 적합성을 표현할 수 있다.

그러면 좋은 연구주제란 무엇일까?

평소에 관심을 가지고 있는 주제이거나, 나의 진로와 관련성이 높은 주제, 고등학교 수준에서 연구하고 문제해결이 가능한 주제, 그리고 연구할 만한 가치가 있는 주제가 될 것이다.

(1) 내가 좋아하는 교과에서 관심 분야 주제를 찾아보자.

좋아하는 교과의 단원을 보면서 주제를 확장해가는 방법이 있다. 국가 교육과정 정보센터(NCIC)에서 2015 교육과정 과목별 내용 체제를 확인하고 단원별 주제를 확장해 보자.

국가교육과정 정보센터 활용

국가교육 정보원 사이트에 접속하여 교육과정 원문 및 해설서를 살펴보자

예) 통합사회

[3. 사회 변화와 공존]

(7) 문화와 다양성

이 단원은 "다양한 문화권의 특징은 무엇이며, 문화 다양성을 어떻게 유지해야할까?"라는 핵심 질문의 답을 찾아가는 과정으로, 이 단원에서는 문화의 형성과 교류를 통해 나타나는 다양한 문화권과 다문화 사회를 이해하기 위해서는 바람직한 문화 인식 태도가 필요함을 파악하고자 한다.

[10통사07-01] 자연환경과 인문환경의 영향을 받아 형성된 다양한 문화권의 특징과 삶의 방식을 탐구한다.

[10통사07-02] 문화 변동의 다양한 양상을 이해하고, 현대사회에서 전통문화가 갖는 의의를 파악한다.

[10통사07-03] 문화적 차이에 대한 상대주의적 태도의 필요성을 이해하고, 보편 윤리의 차원에서 자문화와 타문화를 성찰한다.

[10통사07-04] 다문화 사회에서 나타날 수 있는 갈등을 해결하기 위한 방안을 모색하고, 문화적 다양성을 존중하는 태도를 갖는다.

(가) 학습 요소

문화권, 문화 변동, 문화 상대주의, 보편 윤리, 다문화 사회

(나) 성취기준 해설

[10통사07-01]에서 문화권은 문화적 특성이 유사하게 나타나는 지표 공간을 의미하는데, 문화권의 형성에 영향을 주는 요인으로 자연환경은 기후와 지형을, 인문환경은 종교와 산업에 초점을 두어 다룬다. 그리고 자연환경과 인문환경의 영향을 받아 형성된 다양한 문화권의 특징과 삶의 방식은 비교 문화의 관점에서 고찰하도록 한다.

[10통사07-02]에서는 문화 병존, 문화 융합, 문화 동화 등 문화 변동의 다양한 양상을 구체적인 사례를 통해 다루도록 하며, 현대사회에서 전통문화가 갖는 의의와 더불어 전통문화를 창조적으로 계승·발전시키기 위한 방안에 대해서도 언급한다.

[10통사07-03]에서는 지역에 따라 문화적 차이가 나타나는 맥락을 파악하게 함으로써 문화 상대주의의 필요성을 인식할 수 있도록 하며, 자문화와 타문화를 보편 윤리 차원에서 성찰함으로써 극단적 문화 상대주의로 흐르지 않도록 경계한다.

[10통사07-04]에서는 다문화 사회의 갈등 해결 방안을 다룰 때, 다문화 사회의 갈등만을 부각하기보다는 긍정적 측면도 함께 다루면서 다문화 사회의 모습을 다룰 수 있도록 한다. 그리고 다문화 사회의 갈등 해결 방안은 문화 다양성의 존중과 관련지어 모색하도록 한다.

탐구 주제 및 활동(예시) 🚩

· 문화권별로 정치, 경제, 종교 등의 측면에서 어떤 특징이 나타나고 있는지를 조사하고, 이를 세계지도에 나타낸다.(성취기준 [10통사07-01])

· 과거 다양한 문화권에서 민족과 종교의 공존을 지향한 사례(서아시아와 남아시아 등)를 조사하고, 해당 지역의 현재 사회에서 찾아볼 수 있는 다양한 문화에 대해 발표한다. (성취기준 [10통사07-01])

· 각 지역에 나타난 문화 경관 사례(강화도의 성공회 성당 등)를 문화 변동 양상과 관련지어 분석한다. (성취기준 [10통사07-02])

· 다문화 사회의 갈등을 해소하기 위한 다양한 관점을 드러내는 글을 분석하게 한 후, 어떤 관점이 미래 한국 사회의 통합에 가장 바람직한지를 논술한다.(성취기준 [10통사07-03], [10통사07-04])

· 우리나라가 다문화 사회로 변화하면서 달라진 점(외국 음식점, 다문화 지원 정책, 광고 등)을 조사하여 이러한 변화가 가져온 긍정적 측면과 부정적 측면을 비교한다.(성취기준 [10통사07-04])

126 | 계열 합격 끝판왕

(2) 내가 흥미롭게 생각하는 관심사를 찾아보자.

내 주변에서부터 시작하는 관심 있는 연구주제나 주변에서 접할 수 있는 관심 있는 키워드를 통해 연구주제를 찾아보자. 빅카인즈(https://www.bigkinds.or.kr)에서 관심 있는 키워드 입력을 통해 뉴스 기사를 찾아보자.

빅카인즈 활용

나의 관심 뉴스를 검색할 수 있다.

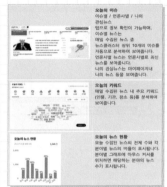

오늘의 이슈 및 오늘의
키워드를 확인할 수 있다.

키워드를 통해 주제를 확장해 볼 수 있다.

(3) 진로 분야에 대한 관심사를 찾아보자.

　자신의 진로에 대한 정확한 정보를 확인하고 관련된 키워드를 찾아 워크넷
(https://www.work.go.kr)에서 진로에 관련된 정보를 찾아보자.

워크넷 활용

워크넷에 접속해보자.

자신의 직업과 진로에 대한 정보를 확인해보자.

직업인 인터뷰를 통해 자신의 미래를 계획해보자.

학과소개 영상을 확인하고 본인의 학과에 대한 선배와 멘토의 이야기를 들어보자.

나) 연구주제의 확장

연구주제를 확장해 무엇을 할 것인가? 그리고 탐구 주제의 키워드를 구체화하고 키워드 간의 관계를 확인하면서 주제를 구체화하는 방법에 대해 알아보자.

주제에 대한 기본 정보는 인터넷포털 정보검색을 통해 확인할 수 있다.

연구주제는 내가 관심 있는 키워드에서 시작되며, 처음부터 완벽한 형태로 나타내기 어렵다. 연구주제는 키워드로 설명되지 않고 키워드를 통해 나타나는 여러 가지의 현상을 표현한다. 하지만 관심 키워드에 대한 정보 역시 매우 단편적이기 때문에 다양한 도구를 활용하여 정보를 충분히 수집해야 한다. 이때 사용되는 방법이 인터넷을 통한 정보검색이다.

인터넷 정보검색의 경우 다양한 정보를 확인할 수 있지만, 부정확한 내용과 정보일 경우 탐구보고서를 작성하기에 어려울 수 있으니 관심 키워드에 대한 단순한 정보 확장에만 활용하는 것으로 한다. 좋은 정보검색 능력은 연구주제를 결정하거나 본문을 작성하기 위한 정보검색에도 직접적인 영향을 준다.

다) 관심 키워드에 대한 정보의 확장

브레인스토밍은 키워드에 대해 생각할 수 있는 모든 정보를 편견 없이 수집할 수 있는 좋은 활동이다. 특히 혼자만의 정보보다는 다른 사람의 정보를 확인하는 과정에서 정보가 확장된다. 자신이 생각하지 못한 다양한 정보를 통해 연구주제 선정에 직접적으로 도움이 된다. 정보 확장을 위해 많은 사람과 브레인스토밍을 해 보자.

라) 확장된 정보의 정리

아이디어는 갑자기 떠오르지 않으며 설령 떠오르더라도 양질의 아이디어를 찾기 어렵다. 거듭되는 시행착오로 효율성이 떨어지고 시간적인 소모도 많을 수 있다. 하지만 창의적인 아이디어 발상은 훈련과 학습을 통해 얻어낼 수 있다.

마인드맵은 다양하게 모은 정보를 관계성을 고려하여 나뭇가지처럼 재정리하는 활동이다. 브레인스토밍이 키워드와 관련된 다양한 정보를 수집하는 활동이라면, 마인드맵은 모은 정보를 정리하는 활동이다. 브레인라이팅은 다수가 함께 하는 아이디어 창출 작업에서 각자의 의견을 글로 표현하여 소수의 의견도 반영할 수 있도록 하는 방법이며, 체크리스트법은 사전에 준비된 항목을 바탕으로 질문에 집중된 답을 얻을 수 있는 방법이다. 이와 같이 정보를 정리하는 방법에는 여러 가지가 있으므로 상황에 맞는 방법을 선택하여 아이디어를 모은다. 이렇게 정리된 내용을 포함할 수 있는 제목이 연구주제가 되고, 탐구보고서의 목차가 된다.

마인드맵	마인드맵은 자신의 생각을 종이 위에 지도 그리듯이 이미지화시켜 창의적인 아이디어를 얻는 발상법
브레인스토밍	일정한 주제에 관하여 팀원의 자유스러운 발언을 통해 아이디어를 수집하여 해결점을 찾아가는 방법
브레인라이팅	라이팅(Writing)을 이용하여 침묵 속에서 진행되어 개인사고 발상을 최대한 살릴 수 있는 집단 발상법
체크리스트법	사전에 체크 할 사항을 준비하여 그것에 집중적으로 생각하는 아이디어 발상법

아이디어 발상법

(1) 브레인스토밍(Brainstorming) ◑

(가) 브레인스토밍이란?

일정한 주제에 관하여 팀원의 자유로운 발언을 통해 아이디어를 수집하여 해결점을 찾아가는 방법이다. 브레인스토밍(Brainstorming)은 두뇌(Brain)와 폭풍(Storming)의 합성어로 두뇌에 폭풍이 몰아치듯이 아이디어를 제시한다는 뜻이다. 브레인스토밍은 개인보다 팀별로 사용되는 아이디어를 창출하는 기법으로 문제에 대한 대안적인 해결안과 개선을 위한 아이디어를 찾기 위해 주로 사용된다. 집단의 효과를 살리고 아이디어의 연쇄반응을 불러 일으켜 많은 수의 아이디어를 생성할 수 있다. 한 사람보다 다수가 제기한 아이디어가 많으며 수가 많아질수록 질적으로 우수한 아이디어가 나올 가능성이 높다는 것을 전제로 한다.

(나) 브레인스토밍의 중요 원칙

· 자신의 의견이나 타인의 의견에 대해서 일체의 판단이나 비판을 의도적으로 금지
· 아이디어를 내는 동안에는 평가해서는 안되며 아이디어가 다 나올 때까지 평가 보류
· 아이디어의 질보다 양이 중요하며 최대한 많은 양의 아이디어 발굴
· 아이디어를 결합하거나 개선하여 제3의 아이디어로 발전

(다) 브레인스토밍 진행 방법

· 일반적으로 4~8명이 회의를 진행하며 10명이 넘어갈 경우에는 회의가 어려워질 수 있음
· 되도록 다른 분야의 사람들이 모이는 것이 이상적임
· 서로 평등한 위치에서 회의 진행(상호 존칭 사용)
· 사전의 회의 안건을 미리 공유하는 것이 좋음
· 서로의 얼굴이 잘 보이도록 둘러앉고 주제에 대한 구체적인 회의 진행
· 회의가 끝난 후 제시된 아이디어 중 좋은 아이디어 선택

(라) 사회자의 역할

· 주제에 대한 정확한 제시
· 회의 참가자가 자연스럽게 회의에 참여할 수 있도록 회의 전체 주관
· 소수 몇 명이 회의 분위기를 장악하지 않도록 분위기 형성
· 기록자를 지정하여 아이디어를 문서로 작성
· 충분히 주제에 대한 아이디어가 모였으면 다른 주제로 화제 전환

(2) 브레인라이팅(Brain Writing-BW기법) ●●

(가) 브레인라이팅이란?

글쓰기(Writing)를 이용하여 침묵 속에서 진행되어 개인의 사고 발상을 최대한 살릴 수 있는 집단 발상법을 말한다.

아이디어가 모이면서 발전시키고 결합하는 방식으로 새 아이디어를 낸다. 이 방법은 처음부터 끝까지 침묵한 상태에서 실시하며 각 참가자들이 아이디어를 '글쓰기'라는 방법을 통해 창출하는 방법이다. 구성원들 모두 원활하게 참여할 수 있으며 모든 참가자가 아이디어를 공유할 수 있다. 브레인스토밍과는 달리 개별적으로 아이디어를 종이에 기록하기 때문에 소수의 몇 사람에게 회의가 지배되지 않는 장점이 있다.

(나) 브레인라이팅의 중요 원칙

· 브레인라이팅은 말을 하지 않고 메모를 통해 진행되기 때문에 익명성이 보장됨
· 메모로 아이디어를 교류하기 때문에 서로 간의 마찰이나 상하 계층 간의 위협이 방지됨
· 깊이 있는 발전된 아이디어 발상이 가능함(충분히 생각할 수 있는 시간 제공)
· 타인의 아이디어를 확인할 수 있으며 회의 과정 중에 아이디어가 수정, 개선됨(아이 디어의 발상과 수정, 개선이 동시에 이루어짐)

(다) 브레인라이팅 진행 방법

· 단체일 경우 4~6명의 소그룹으로 세분화 시킴
· 소그룹은 회의 안건이 적혀있는 워크시트(Worksheet)를 제공 받음
· 용지에 안건의 아이디어를 적고 테이블에 용지를 제출함
· 다른 사람의 아이디어에서 힌트를 얻어 아이디어를 발상하고 작성함
· 자신이 생각한 아이디어를 이미 다른 사람이 적었다면 이를 참고해서 구체화시킴

(라) 사회자의 역할

· 주제에 대한 정확한 제시
· 회의 참가자가 자연스럽게 회의에 참여할 수 있도록 회의 전체 주관
· 모든 팀원이 참여할 수 있도록 워크시트 교환 및 분배 주관
· 회의 시간 통제
· 최종적인 아이디어 정리 주관

(3) 체크리스트법(Check List Method) ●●

(가) 체크리스트법이란?

사전에 체크 할 사항을 준비하여 그것에 집중적으로 생각하는 아이디어 발상법을 말한다. 시간을 단축시킬 수 있으며 체계적으로 아이디어 발상 과정을 확인하며 진행할 수 있다. 주어진 질문에 따라 사고를 전개시켜 문제의식을 습관화하는 발상법이다.

스캠퍼(SCAMPER) : 체크리스트법을 보완하여 발전시킨 형태로 사고의 영역을 사전에 제시함으로써 그 범위 안에서 창의적인 아이디어를 유도하는 아이디어 창출법)

(나) 스캠퍼(SCAMPER)의 7대 기법

대체
Substitute

기존의 것을 다른 것으로 대체

예시 전기자동차 : 연료를 휘발유에서 전기로 대체

결합
Combine

두 가지 이상의 것들을 결합

예시 복합기 : 복사기, 팩스기, 스캐너 결합
지우개 연필 : 지우개, 연필 결합

응용
Adapt

분야의 조건이나 목적에 맞게 응용

예시 내비게이션 : 종이지도를 전자방식으로 응용

변형
Modify

특징이나 생김새를 변형 확대 또는 축소

예시 아이패드 : 컴퓨터와 노트북을 간소화

다른 용도
Put to other use

다른 용도로 사용될 아이디어

예시 열차 식당 : 열차를 식당으로 이용

제거
Eliminate

일부분을 제거

예시 오픈카 : 지붕 제거

뒤집기
Reverse

뒤집어 생각하기, 역으로 배열

예시 양말 → 장갑

(4) 마인드맵(Mind Map Method) ●●

(가) 마인드맵이란?

마인드맵은 자신의 생각을 종이 위에 지도 그리듯 이미지화시켜 창의적인 아이디어를 얻는 발상법이다. 핵심 단어와 이미지를 중심으로 거미줄처럼 사고가 확장되어 가는 과정을 나타내는 것으로 무순서, 다차원적인 특성을 가진 사람의 생각을 키워드와 이미지를 사용하여 방사형으로 가지를 쳐서 한 장의 종이에 생각을 나타내는 지도이다. 생각과 아이디어를 방사형으로 펼침으로써 사고력, 창의력 및 기억력을 높이는 방법으로 자신이 알고 있는 것을 정리하면서 아이디어를 얻을 수 있는 시각화된 브레인스토밍 방법이다.

(나) 마인드맵 작성 방법

1단계 중심이미지 그리기

· 마인드맵을 그릴 주제를 선정한 후 전체의 내용을 대변하는 이미지(그림)를 종이 가운데 그림. 색상은 세 가지 정도로 단순하게 사용함

2단계 주 가지 그리기

· 중심이 되는 이미지로부터 주 가지를 그려나가고 그 가지 위에 단어나 이미지를 그려나감

3단계 부 가지 그리기

· 주 가지(주제)에서 부 가지(소주제)로 뻗어 나가는 가지를 그리며 단어와 이미지를 그려나감

4단계 세부 가지 그리기

· 부 가지를 자세히 설명할 수 있도록 세부 가지를 만들고 그림, 글자를 혼합하여 그려나감(가짓수의 제한은 없으나 되도록 구체적으로 작성)

5단계 세부사항 첨가하기

· 주 가지, 부 가지, 세부 가지에 그림, 단어, 화살표 등을 첨부해 구체화시킴

Tip ⓘ 각 단계별로 연계성이 있어야 함

마) ▶ **연구주제의 유형**

(1) 문제점 해결과 해결방안 연구

선정된 연구주제를 되짚어가는 탐구 형태이다. 대부분 현재의 연구주제에 관련된 상황을 되짚어가는 과정에서 문제점을 파악하기 위한 비판의식을 가지고 접근한다. 비판만 하기보다는 이에 최선의 대안까지 제안하는 연구주제 유형이다.

> **예시**
>
> · 고등학교의 진로실태 및 해결방안 연구
> · 학생들의 수학 증명 기피 현상에 대한 해결방안 모색 연구
> · 장애인 인권 문제에 대한 실태와 인식 개선에 관한 연구
> · 청소년 화장품사용 실태 현황과 개선방안 및 부작용 해결에 관한 연구

(2) 비교연구

유사하거나 반대인 주제를 평행하게 설정하고 공통점과 차이점을 서로 비교한다. 이 과정에서 단순 비교만 하는 것보다 연구주제에 대한 발전적 방향을 찾기 위한 최선의 대안을 제시한다.

> **예시**
>
> · 온라인 마케팅 커뮤니티의 현황과 비교
> · 코로나 19 바이러스 백신 현황과 백신별 차이점 비교
> · 드라마(사극)와 실제 역사에 대한 비교 연구
> · 반응속도에 영향을 미치는 요인과 분석 및 교과서 실험과 SSC 실험의 비교

(3) 다른 관점에서 연구주제 확인

별도의 관찰 시점을 정하고 그 관점에서 선정한 연구주제를 분석한다. 연구주제에 대한 상세한 분석과 설명의 방법으로 접근하지만, 이 과정에서 기준은 처음의 관찰 시점으로 한정한다. 그렇기 때문에 관찰 시점을 정하는 것이 연구주제를 풀어내는 데 중요하다.

예시

· 교권침해 사례 분석을 통해 본 교권 확립 방안 연구
· 언론의 공공성으로 본 종합편성채널 선정의 문제점 연구
· 설문지 분석을 통해 본 여성 이민자를 위한 한국어 교재 분석
· 사회적 기업의 유형 분석을 통한 RCY 봉사활동의 발전적 방향 모색
· 수학의 심미적 요소를 중심으로 한 학생들의 흥미도 증감 연구

(4) 연구주제에 영향을 준 것에 대한 연구

특정 관점에서 연구주제를 분석할 때 연구주제에 영향을 끼친 과정의 과거에 대한 연구를 한다. 이 과정의 과거는 연구주제의 내부시점에서 이미 정해진 것으로 처음의 유형과는 다른 유형을 의미한다.

예시

· 고등학교 선택에 영향을 주는 요인에 관한 연구
· 명성황후와 대원군이 고종에게 끼친 정치적 영향에 관한 연구
· 감각 통합치료가 발달 장애 아동의 행동에 미치는 영향 연구
· 토론 활동과 신문 스크랩 활동이 청소년에게 미치는 긍정적 영향 연구
· 문화 콘텐츠에 영향을 미친 BTS의 마케팅 분석

가) 연구문제 설정

일반적인 연구주제, 연구 쟁점, 연구 목적, 연구문제 등은 구체적으로 명시되어야 한다. 명료한 질문형식의 표현으로 명료한 변인(독립변수, 종속변수, 매개변수, 조절변수), 변인 간의 관계로 서술해야 한다.

추출된 키워드를 바탕으로 연구문제를 설정한다.

독립 변수	**조작 변수**
변인 중 다른 변인들의 원인이 되거나, 실험 결과에 영향을 줄 수 있다고 판단되는 변인.	독립변인 중 가설의 참과 그릇의 여부를 알아보기 위해 의도적으로 변화시키는 변인. 어떤 모델을 세워서 현상 설명을 시도하느냐에 따라 달라질 수 있다.

키워드 간의 관계성 및 연구 모형

학생의 수면시간이 학업성적에 미치는 영향
: 성별, 나이, 학교급을 중심으로

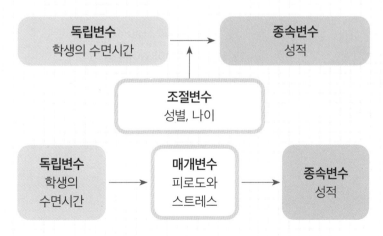

학생들의 수면시간은 남학생과 여학생에 따라 성적에 영향을 줄 것인가?
학생들의 수면시간은 학생들의 나이(중학생, 고등학생)에 따라 성적에 영향을 줄 것인가?

예) 학교폭력의 발생비율은 어떠한가?
→ 학교폭력의 발생비율은 학생의 성, 학년, 지역에 따라 다른가?

연구주제	독립변수	종속변수
대중문화가 독서에 미치는 영향을 연구	대중문화	독서
스키니진이 혈액순환 미치는 영향에 대한 연구	스키니진	혈액순환
게임 중독이 청소년들의 폭력성에 미치는 영향	게임 중독	청소년 폭력성
카페인 섭취가 학생들 성적에 미치는 영향	카페인	성적

나) 연구가설

연구가설은 어떤 사실에 대한 설명을 미리 시사해주고, 조사연구의 방향을 제시해준다.

좋은가설

✔ 개념적으로 명확히 구성되어야 한다.
✔ 경험적 준거 대상이 있어야 한다.
✔ 특정화되어 있어야 한다.
✔ 이론적 체계에 관련되어야 한다.
✔ 사용될 기술, 방법과 관련되어야 한다.

1 1단계	**2** 2단계	**3** 3단계
연구문제 확인	**이론적 검토**	**연구가설 진술**
· 연구가설이 필요한 연구문제 선별	· 변수 간의 상호관계 확인	· 변수 간의 관계 제시
· 연구문제의 변수 찾기	· 변수 간의 역할 및 영향력 확인	· 통계적 분석이 가능한 서술문 형태로 작성

현재형 또는 미래의 서술문으로 작성한다. 변인 간의 기대되는 관계를 제시한다.

예시

· 학생들의 수면시간은 남학생과 여학생에 따라 성적에 영향을 줄 것이다.
· 학생들의 수면시간은 학생들의 나이(중학생, 고등학생)에 따라 성적에 영향을 줄 것이다.
· 자녀의 성에 따라 남자 교사의 필요성에 대한 부모의 인식은 차이가 있을 것이다
· 인터넷 중독과 또래 관계의 질은 상관이 있을 것이다.

연구주제	Wee센터(학생위기상담 종합지원서비스센터) 이용자의 프로그램 만족도에 관한 연구
연구문제	· 이용자의 개인적 특성에 따라 프로그램 이용 만족도에 차이가 있을 것인가? · 프로그램의 특성에 따라 프로그램 만족도에 차이가 있을 것인가?
연구가설	· 이용자의 개인적 특성에 따라 프로그램 이용 만족도에 차이가 있을 것이다. · 프로그램의 특성에 따라 프로그램 이용 만족도는 차이가 있을 것이다.

3) 연구방법

가) 선행연구 분석

　모든 주제탐구는 연구주제에 대한 선행연구를 검토하면서 시작한다. 연구주제에 대해 앞선 연구자는 어떠한 성과를 냈는가를 먼저 확인해야 한다. 이런 과정을 통해 탐구 보고서를 작성할 때 내용의 중복을 피할 수 있고, 연구 주제에 대한 다양한 논증적 자료를 찾을 수 있으며, 내용 구성에 참고할 수 있는 다양한 아이디어를 찾을 수도 있다. 또한, 최근까지의 연구 동향의 이해와 탐구 주제를 구체화할 수 있고, 시행착오를 줄일 수 있다.

선행연구 검토방법

· 탐구 주제의 탐구주제의 핵심 연구주제와 관련된 키워드를 추출한다.
　관련된 키워드를 추출한다.

· 키워드를 검색어로 원문정보서비스를 검색한다.

· 연구주제와 관련된 내용이 담긴 것으로 생각되는 학술논문 제목을 검토한다.

· 연구주제와 관련된 논문의 초록과 목차를 검토한다.

· 연구주제와 연결이 된다면 서론-결론-본론 순서로 읽어본다.

· 선정된 자료의 참고 문헌 및 함께 이용한 자료로 관련된 주제를 확대시켜본다.

나) 디비피아(DBPia) 활용

키워드를 활용한 디비피아 검색

1. 디비피아(www.dbpia.co.kr)에 접속한다.

2. 관심 키워드를 입력한다. (키워드는 여러 개 함께 검색해도 상관은 없으나 2개 이상은 하지 말자)

3. 해당 키워드에 대한 추천 논문이나 보고서 들이 검색된다.

4. 좌측의 주제분류를 통해 검색된 자료의 범위를 좁혀보자.

5. 주제분류에 따른 해당 영역의 자료들만 필터링 되어서 확인할 수 있다.

1. 디비피아(www.dbpia.co.kr) 에 접속해보자.

2. 스크롤을 통해 주제분류로 이동해 보자.

3. 해당 영역을 선택한 후 스크롤을 통해 해당 분야의 등재 학술지들을 확인해보자.

4. 관심 학술지를 선정하여 해당 학술지로 이동해보자. (학술지 발행연도와 학술단체 이름을 참고한다)

5. 학술지로 이동하면 학술지에서 가장 많이 이용된 10편의 추천 논문이 뜬다. 여기서 나의 관심사와 주제를 확장해 보자.

6. 해당 학술지의 최근 논문을 확인하고 싶다면 좌측에 발행 연별 학술지를 선택할 수 있다.

7. 최근 동향에 대해 알아보고 싶으면 최근 발간된
   학술지를 클릭해서 확인해 볼 수도 있다.

주제별 Best 논문검색을 통한 확장

1. 주제별 Best로 이동하여 관심 주제를 선정한다.

2. 주제별 TOP20 논문이 선정되는데 관심 있는
   주제를 살펴보자.

다) 추천 사이트

국내 도서관

국립중앙도서관	http://www.nl.go.kr
국회전자도서관	http://dl.nanet.go.kr
한국과학기술정보연구원	http://www.kisti.re.kr
국가전자도서관	http://www.dlibrary.go.kr

사전

위키백과	https://ko.wikipedia.org
국립국어원 표준국어대사전	http://stdweb2.korean.go.kr

지식정보

RISS(학술연구정보서비스)	http://www.riss.kr
SCIENCE ON(KISTI 논문검색)	https://scienceon.kisti.re.kr/
KOLIS-Net(국가종합자료목록)	http://www.nl.go.kr/kolisnet
기초학문자료센터	https://www.krm.or.kr
한국학술지 인용 색인	https://www.kci.go.kr/kciportal
한국전통 지식포탈	http://www.koreantk.com
천문우주 지식정보	http://astro.kasi.re.kr

원문정보

디비피아	http://www.dbpia.co.kr
한국학술정보(주)	http://kiss.kstudy.com
교보문고 스콜라	http://scholar.dkyobobook.co.kr
국가정책연구포탈(NCIS)	https://www.nkis.re.kr
학지사 뉴논문	http://newnonmun.com

역사/인물

🖮🖱️ 한국역사정보통합시스템   http://www.koreanhistory.or.kr
한국사데이터베이스   http://db.history.go.kr
조선왕조실록   http://sillok.history.go.kr

통계

🖮🖱️ 국가통계포털   http://kosis.kr
통계지리정보서비스   http://sgis.kostat.go.kr

법률

🖮🖱️ 국회정보시스템   http://likms.assembly.go.kr
국가법령정보센터   http://www.law.go.kr

표준/특허

🖮🖱️ KIPRIS(특허정보넷)   http://www.kipris.or.kr

예술

🖮🖱️ 문화포털   http://www.culture.go.kr
문화셈터   http://stat.mcst.go.kr

환경

🖮🖱️ KONETIC   http://www.konetic.or.kr
(국가환경산업기술정보시스템)

라) 연구방식

자료의 수집 방법, 자료의 특성, 자료의 분석 방법, 결과 제시 방식에 따라 양적 연구와 질적 연구를 구분한다.

질적 연구가 이루어지는 인문과학 분야의 탐구는 장의 구분을 거의 하지 않는다. 처음부터 끝까지 탐구 보고서가 서론, 본론, 결론의 형식으로 끊이지 않고 연결되어 있다. 장 구분이 되어 있다 하더라도 자연과학 탐구보고서처럼 분명하고 자세하게 나누어져 있지 않다. 질적 연구는 인류학과 민속학에서 이용하는 방법으로 변인 통제를 할 수 없다.

반면 양적 연구가 이루어지는 자연과학의 대부분과 인문사회과학의 일부 분야인 언어학, 심리학, 정치학, 행정학, 교육학, 지리학 등과 같이 분석, 실험, 통계 활용 등이 잦은 분야의 논문에서는 서론, 재료의 방법, 결과, 논의, 결론과 같이 본론의 장 구분을 분명하고 자세하게 하고 있다. 양적 연구는 심리학 특히 행동 심리학에서 사용하는 방법으로 변인 통제가 가능하고 실험실에서 주로 이루어진다.

주제 분야마다 독특한 전개 양식 사례	
수학	서론, 정의, 정리, 적용
물리학, 화학, 생물학, 생화학	서론, 재료와 방법, 결과, 고찰, 결론
지질학	서론, 지질, 중력탐사, 해석 방법, 해석, 토론, 결론
천문학	서론, 재료, 방법, 결과, 고찰, 결론
대기과학	서론, 재료, 방법, 분석, 예상 및 예상도, 결과, 고찰, 적용
전산과학	서론, 시스템에 대한 설명, 시스템 설계, 시스템 구현, 시스템 평가 및 결론
가정학	서론, 이론적 배경, 가설 설정과 연구방법론 결과, 논의, 결론
공학	서론, 장치 및 재료, 방법, 성과, 고찰
의학, 간호학	서론, 검사대상 및 방법, 결과, 고찰, 결론

(1) 양적 연구(실증적 연구방법)

양적 연구는 "보편적인 법칙에 의해 가치 중립적으로 서술되어야 한다."는 실증주의자들에 의해 발전된 연구방법이다. 가시적인 자료 분석결과를 통해 객관적인 관점에서 가설을 지지 혹은 반박하는 과정을 거치는 것이 양적 연구라 할 수 있다.

·· 양적 연구의 절차 ··

1 가설설정

· 가설 : 변수 간의 관계에 대한 잠정적인 진술
· 가설은 이론적·경험적 배경에 의해 설정

2 연구상황설정

· 가설의 경험적 결과 추론을 위해 실제 상황이나 유사 상황 설정
· 다른 변수의 영향을 배제하기 위해 인위적으로 연구상황을 설정해야 할 필요가 있음

3 자료수집

· 객관적 절차에 의해 증명 가능한 원리를 발견하는 것이 양적 연구
· 연구상황을 통해 발생하는 가시적 자료수집

4 연구상황설정

· 수집된 자료를 분석하여 가설의 참·거짓 증명

양적 연구는 가설을 설정할 때, 이미 특정 이론에 의존하기 때문에 연구가 이론에 종속될 가능성이 있다. 객관적인 관점이라고 해도 연구자가 원하는 연구 방향이 있는 경우, 객관성과 중립성을 유지한 채 연구를 진행해야 하는 어려움이 있다. 관찰이나 질문지와 같이 자료수집이 가능한 방법으로만 수행이 가능하다.

서울 지역 가구 소득별 월평균 사교육비

월평균 소득	월평균 사교육비 지출액
199만 원 이하	24만 5,600원
200만~399만 원	39만 6,400원
400만~599만 원	63만 100원
600만 원 이상	80만 7,600원

예체능을 제외한 교과(국·영·수 등) 사교육비 지출액

서울 지역 가구당 월평균 사교육비가 소득 규모에 따라 최대 3.3배나 차이가 나는 것으로 나타났다. 서울시 교육청이 배OO △△대 교수(교육학)팀에 연구 용역을 의뢰해 공개한 '서울 교육 비전 2030 보고서'를 보면, 설문 조사에 참여한 서울 시내 학부모 1,760명 가운데 사교육비 지출 현황에 대해 답한 706명의 학부모 중 가구당 월평균 소득이 199만 원 이하인 가구에서 지출하는 월평균 일반 교과 사교육비 지출액은 자녀 한 명당 24만 5,600원인 것으로 나타났다. 반면, 월평균 소득이 600만 원 이상인 가구의 사교육비 지출액은 80만 7,600원으로, 199만 원 이하 가구의 3.29배나 됐다.

(2) 질적 연구(해석적 연구방법)

양적 연구에 대한 비판이 생기면서 질적 연구에 대한 필요성이 대두되었다. 인간 사회를 연구하기 위해서는 특정 이론에 얽매이지 않는 다양한 연구방법이 필요하다는 주장에서 시작되었다.

질적 연구는 연구절차의 기본 틀이 없는 특징이 있다. 질적 연구는 현상기술에 숫자보다는 언어를 많이 사용한다. 연구의 목적은 현상을 이해하기보다는 해석하는 경우가 많다. 따라서 구체적인 가설을 세우지 않고 일반적인 문제로 시작하여 인간의 경험에 대한 주관성을 인정하는 것이 특징이다.

양적 연구에 비해 질적 연구는 연구방법이 정해진 것이 없으나 일반적으로 현지 관찰법, 집단 면접법, 심층 분석법, 사례 연구법 등으로 구분할 수 있다.

현지 관찰법   자연스러운 상태에서 현상 분석 가능
집단 면접법   깊이 있는 정보의 수집 가능
심층 분석법   적은 수의 응답자로부터 자세한 정보 수집 가능
사례 연구법   특정 대상의 특징이나 문제를 종합적으로 분석 가능

질적 연구는 연구 대상, 내용, 시기에 따라 다양한 연구가 수행된다. 그리고 연구자의 능력이 연구에 반영된다. 연구방법, 절차, 수집이 주관적으로 이루어지기 때문에 연구자의 개인판단에 따라 연구 결과에 영향을 줄 수 있다는 지적도 있다.

예시

실업자들에 대한 면접을 통해 알 수 있었던 것은 이들이 거창한 꿈을 가지고 자신의 미래를 개척하거나 장밋빛 전망을 꿈꾸고 있는 것이 아니라는 점이었다. 그들은 자신의 처지를 정확하게 판단할 수 있을 만큼 현실적인 모습이었다. "자신이 생각하는 행복이란 무엇인가?"라는 질문에 대하여 `남들에게 손 안 벌리는 것`, `애들 건강하게 잘 크고 남들이 하는 만큼 하는 것`, `나중에 자식들에게 짐이 되지 않는 것`, `우리끼리 화목하게 사는 것` 등 현실적인 답변을 하였다. 다만 경제적으로 다소 궁핍하고 실업 이전보다 할 수 있는 사회적 기회가 줄어든다고 하더라도 지금보다 더 나빠지지 않기를 바라고 있었다. 이렇게라도 최소한의 생활을 유지할 수만 있다면 다시 용기를 내서 미래를 개척해 볼 수 있다는 희망도 품고 있었다.

- 박철민, "현실적 위기로서의 실업과 일상생활의 재구성"

(3) 양적 연구와 질적 연구의 비교

양적 연구와 질적 연구는 어떻게 다를까?

양적 연구가 객관적 연구를 강조하는 반면 질적 연구는 일반화된 본질에 대한 연구를 하기 위해서는 총체적인 연구를 해야 한다고 강조한다. 따라서 양적 연구와 질적 연구는 서로 상호보완적 관계가 되어야 하며, 질적 연구는 양적 연구의 기초 조사 자료로 쓰이기도 한다.

·· 양적 연구와 질적 연구 비교 ··

	양적 연구	질적 연구
연구 목적	• 일반적 원리와 법칙발견 • 인과 관계 혹은 상관관계 파악	• 특정 현상에 대한 이해 • 특정 현상에 대한 해석이나 의미의 차이 이해
연구 대상	• 대표성을 갖는 많은 수의 표본 • 확률적 표집 방법을 주로 사용 • 연구 대상과 가치 중립적 관계 유지	• 적은 수의 표본 • 비확률적 표집 방법 주로 사용 • 연구 대상과 가치 개입적 관계 유지
자료 수집	• 다양한 측정 도구 사용 • 구조화된 양적 자료수집	• 연구자가 중요한 연구 도구 • 비구조화된 질적 자료수집
자료 분석	• 통계적 분석	• 질적 분석(내용분석) • 기술통계분석
연구 방법	• 설문지를 활용한 조사연구 • 실험 설계에 의한 실험 연구 • 점검표를 활용한 관찰 연구	• 관찰과 면접법을 활용한 사례 연구 • 문화 기술적 연구
일반화	• 일반화 가능	• 연구 자체의 특이성으로 일반화 불가

출처 : 성태제, 시기자(2006), 연구방법론, 서울 :학지사

문헌연구

역사적 문헌, 공식 문건, 신문, 잡지, 통계 자료 등 자료를 수집, 분석하는 연구방법.
동일한 연구문제에 대한 기존 연구 결과와 연구 동향을 파악할 수 있는 모든 연구
활동의 기초가 되는 연구

자료수집 방법 📋 문헌 연구

실험연구

특정한 문제를 개선하기 위한 연구방법.
독립변수를 조작하여 종속변수에 미치는 영향을 검증하는 연구

자료수집 방법 📋 문헌 연구 + 실험

조사연구

사회학적, 심리학적, 교육학적 변수들의 상대적 영향력과 분포, 상호관계를 밝히
기 위한 연구방법.
전체 집단을 대표할 수 있는 연구 대상에게 설문 조사, 인터뷰 등의 방법으로 연구
문제에 관련된 사람들의 속성이나 행동, 태도 등을 연구

자료수집 방법 📋 문헌 연구 + 설문 조사 + 인터뷰

사례연구

어떤 현상에 대해 자세히 기술하고 가능한 모든 것을 설명하며 평가하는 연구방법.
특정 연구 대상의 특성이나 문제를 진단하고, 문제해결 방안을 찾고, 사례 연구를
통해 발견된 사실을 이론으로 발전시키는 연구

자료수집 방법 📋 문헌 연구 + 설문 조사 + 인터뷰

연구방법 절차		문헌 연구	실험	설문 조사	인터뷰
연구문제 확인		연구문제 확인	연구문제 확인	연구문제 확인	연구문제 확인
		연구 핵심 키워드 정리	연구가설 구체화		
		연구 핵심 키워드 이해 및 확장	변수의 특징 분석		
연구 대상 선정		-	연구 대상 선정 (실험 집단과 통제집단 구분)	연구 대상 선정	연구 대상 선정
측정	측정 도구 개발	-	종속변수의 변화를 측정할 도구 개발	설문지 제작	질문지 제작
	예비 측정 실시	-	예비 측정 실시	예비 설문 조사 실시	예비 인터뷰 실시
	측정 도구 수정	-	예비 측정에서 나타난 문제점 제거	설문지 수정	질문지 수정
	측정 실시	-	실험 실시	설문지 배포	면접 실시
자료수집		연구 핵심 키워드로 자료수집	자료수집	자료수집	자료수집
결과 분석		자료 분석	결과 분석	결과 분석	결과 분석

사) **설문 조사 방법**

설문지 작성방법과 설문 문항 유형 및 작성방법에 대해 알아본다. 네이버 폼이나 구글 독스를 이용하면 편하게 설문을 작성하여 조사할 수 있다. 구글 설문 작성 방법을 살펴보도록 하자.

(1) 설문지 작성 과정

1단계 **설문주제 분석**
설문주제는 설문의 방향성을 제시하기 때문에 정확한 주제가 선정돼야 설문 내용을 작성할 수 있음.

2단계 **문항 작성**
질문 문항 작성 기본 원칙에 따라 간결하면서도 체계적인 설문 문항 작성이 필요함

3단계 **질문 순서 결정**
질문 문항 순서 결정의 기본 원칙에 따라 응답자에게 최상의 설문이 진행될 수 있도록 순서 결정

4단계 **사전 테스트**
사전에 점검하지 않고 진행한 설문 조사는 차후 문제가 발생할 수 있는 경우가 많아 사전 테스트가 필요

5단계 **설문지 완성**

(2) 질문 문항 작성

질문지는 응답자의 입장을 고려하여 이해하기 쉽게 작성되어야 한다.

문항 작성 기본 원칙

- 질문의 뜻을 명확히 하여 질문은 짧고 간결하게 작성한다.
- 응답자가 잘 모르는 전문적인 용어를 사용하지 않는다.
- 이중부정형 문장을 사용하지 않는다. (부정문의 사용을 피한다.)
- 모호한 이중질문을 피한다.
- 감정이 실리거나 응답자의 자존심을 건드리는 질문은 피한다.
- 특정한 답을 얻기 위한 유도 질문을 피한다.
- 한 질문에 두 가지 이상의 요소가 포함되어서는 안 된다.

Q. 자동차는 이동수단으로 사용되고 있지만 보유하고 있으면 유지 관리비 및 세금으로 인해 많은 지출이 발생됩니다. 자동차를 구입할 경우 차 크기가 크고 무게가 많이 나가는 비싼 차를 선호하는지, 차가 작고 활동성이 좋은 차를 선호하는지 선택해 주십시오.

➔ **장황한 질문** : 장황한 질문은 응답자가 질문을 이해하기 어려울 뿐만 아니라 응답률을 저해시키는 요인이다. 그래서 내용의 핵심이 담긴 간결한 질문으로 수정이 필요하다.

➔ (변경) **Q.** 자동차를 구입할 경우 어떤 제품을 더 선호하십니까?

1. 중형차(　　) 2. 소형차(　　)

Q. 내세포괴테라토마 검사를 통한 기형종 형성 여부를 분석하고, DNA 검사와 조직 적합성 검사를 시행하는 일련의 과정을 거친 클론 연구방식에 대하여 귀하는 동의하십니까?

➔ **전문용어 사용** : 응답자가 질문을 이해하기 어려울 뿐만 아니라 응답자가 무시당하는 느낌을 받을 수 있는 문장을 지양하고, 쉽고 간결한 질문으로 수정할 필요가 있다.(필요시 주석으로 용어 설명에 응답자의 수준을 고려한 질문 문항을 작성할 필요가 있다).

➔ (변경) **Q.** 줄기세포 연구에 대해서 귀하는 동의하십니까?

1. 동의함(　　) 2. 동의하지 않음(　　)

주석 : 줄기세포란 인간의 몸을 구성하는 서로 다른 세포나 장기로 성장하는 세포

Q. 농약을 사용하지 않는 제품을 구하지 않겠습니까?

➔ **이중부정** : 하나의 문장에 부정어가 두 번 또는 그 이상 반복되는 경우를 말하며 중복 부정이라고 한다. 이중부정이 사용된 질문은 응답자가 질문을 이해하기 어려워서 쉽고 간결한 질문으로 수정이 필요하다. (필요시 주석으로 용어 설명) 질문 문항은 긍정적인 표현으로 작성해야 한다.

➔ (변경) **Q.** 유기농 제품을 구입하시겠습니까?

1. 구입함(　　) 2. 구입하지 않음(　　)

주석 : 유기농법이란 화학 비료와 농약을 사용하지 않은 농사 방법

Q. 아파트의 내부 인테리어와 가격은 어떻게 생각합니까?

① 매우 나쁘다 ② 나쁘다 ③ 보통이다 ④ 우수하다 ⑤ 매우 우수하다

➜ **한 질문에 한 가지 내용만** : 두 가지 내용이 하나의 질문에 포함되어 있는 경우 답을 선정하는 데 어려움이 있으므로 두 문항으로 분리하여 질문해야 한다. 한 질문에는 한 가지 내용만 담는 것이 좋다. (질문이 쉽고 간결하게 바뀐다.)

➜ **(변경) Q.** 아파트의 내부 인테리어는 어떻게 생각합니까?

① 매우 나쁘다 ② 나쁘다 ③ 보통이다 ④ 우수하다 ⑤ 매우 우수하다

Q. 아파트의 가격은 어떻게 생각합니까?

① 매우 비싸다 ② 비싸다 ③ 적당하다 ④ 약간 싸다 ⑤ 매우 싸다

Q. 현재 트렌드로 자리 잡고 있으며 대도시에 거주하는 소비자들이 사용하고 있는 스마트 TV가 없다면 구입할 의사가 있습니까?

➜ **편견 없는 질문** : 응답자를 비하하거나 무시하는 표현을 질문에 담아서는 안 된다. 질문 문항에는 편견이 포함되거나 응답자를 무시하는 질문은 사전에 미리 확인하여 수정을 해야 하고 편견이 내포된 질문은 설문의 진행을 방해, 응답자의 기분을 상하게 할 수 있다. 질문 문항에 좋지 않은 영향을 주는 문구로는 종교, 정치, 성, 빈부격차 유발, 학력 차별 등이 있다.

➜ **(변경) Q.** 스마트 TV(인터넷TV)를 구입할 의사가 있습니까?

1. 구입함(　　) 2. 구입하지 않음(　　)

(3) 질문의 유형

개방형 질문(open-ended question)과 폐쇄형 질문(close-ended question)

개방형 질문

open
ended
question

응답자에게 보기와 같은 답변이 없이 질문만 주어지기 때문에 응답자가 자유롭게 자신의 의견을 제시할 수 있는 질문

특징

· 답변에 대한 제한이 없는 자연스러운 질문과 답변이 오가는 방식
· 개방형 질문은 주로 최종의 질문지를 계획하기 위한 사전 단계로 사용하는 경향
· 소규모 조사에 유리함

장점

· 응답자의 대답이 자연스러워 창의적이고 다양한 답을 기대할 수 있음
· 다양한 의견을 수렴할 수 있음

단점

· 결과에 비해 시간/경비가 많이 들 수 있음
· 성의 없는 답변이 나올 가능성이 많음
· 응답자가 응답자체를 거부할 수 있음(민감한 주제에 대해서는 답변 거부)
· 응답자마다 답변의 길이가 모두 다름

폐쇄형 질문

close
ended
question

응답자에게 질문을 제시하고 사전에 조사자가 만들어 놓은 번호를 선택하여 응답하는 방식으로 일반적으로 조사에서 가장 많이 사용되는 방법이다. (객관식 형태의 질문)

특징

· 응답 항목을 미리 제시해 놓고 그중에서 선택하도록 구성된 질문
· '예, 아니요' 등과 같은 특정하고 제한된 응답을 요구하는 것

· 답변이 제시되기 때문에 응답하기 쉬움
· 무응답률이 낮고, 수집된 자료를 처리하거나 분석하기가 용이해 시간과 비용이 절감됨
· 민감한 주제에도 적합하며 신상 노출에 대한 부담이 적음
· 응답 항목이 명확하고 신속한 응답이 가능함

단점

· 응답자의 충분한 의견을 반영하기 어려움
· 응답 항목의 배열에 따라 응답이 달라지며, 주요항목이 빠지면 결과의 오류가 많음
· 개방적인 정보를 얻기 어려움

(4) 질문의 배치

질문의 순서에 따라 설문의 결과가 달라질 수 있으며, 응답자의 집중력도 영향을 준다.

문항의 배치 순서 결정

· 쉽고 흥미를 끌 수 있는 질문부터 먼저 시작
· 동일주제의 경우, 단순한 질문에서부터 복잡한 질문으로 진행
· 단답형식 질문을 먼저 시작하고, 서술형식 구체적인 질문은 나중에 진행
· 질문의 범위가 넓은 것에서부터 점차 구체적으로 좁혀가는 질문으로 진행
· 개인적으로 민감한 질문은 가장 뒤에 배치
· 지시문은 일반적으로 질문 시작 전에 배치
· 연관성 있는 질문은 같은 부분에 모아서 진행

(5) 사전 테스트(Pre-test)

사전 테스트는 질문지를 검증하여 문제를 사전에 예방하는 단계이다.

설문 조사는 설문지가 모두 완성되고 응답자와 대면했을 때 오류를 발견하는 경우가 많다. 일단 가상적 응답자를 대상으로 사전 조사를 실시하여 설문에 대한 검증이 필요하다. 사전에 조사대상이 되는 모집단의 5~10명 정도에게 설문지를 테스트한다. 사전 테스트를 진행하며 문제가 발생한 내용을 체크하여 수정 및 보완한다.

사전 조사 항목

· 질문 항목에 대해 응답자가 쉽게 이해할 수 있는가?
· 질문에 잘못된 표현은 없는가?
· 질문에 대한 답변 항목이 누락되거나 중복되지는 않았는가?
· 오탈자가 있지 않은가?
· 질문의 순서상 문제는 없는가?
· 질문 내용이 응답자를 무시하지는 않는가?

(6) 설문지의 구성

설문지의 구성

· 설문지 내용설명
· 인적사항
· 간략한 인사말
· 설문 문항
· 응답에 대한 감사 인사

(7) 구글 설문지 활용하기

구글 설문지 작성하기

구글에서 '구글 설문지' 검색

Google 설문지 클릭 후, '개인' 아래의 Google 설문지로 이동하기 버튼을 누른다.

크롬 홈 화면에서 들어가기

크롬을 사용하면, 오른쪽 상단에 '이미지'와 프로필 사진 사이의 점 9개 버튼을 클릭한다. 하단으로 스크롤 하여 설문지를 클릭한다.

새 양식 시작하기를 눌러 설문지 작성을 시작하면 된다.

4) 연구계획

연구계획은 향후 진행하는 연구 방향과 내용을 계획하는 과정이다.

제목을 만들고 연구의 필요성과 목적을 말한다. 연구 문제 및 연구 방법, 연구 결과와 참고 문헌을 정리한다. 이는 연구의 일관성 유지와 연구를 위한 자료를 효과적으로 활용하기 위해서다.

가) 제목 만들기

간결하고 명확한 제목은 내용을 대변한다. 연구의 핵심 단어를 제시하여 간결하고 분명한 제목을 완성해보자.

> **예시**
>
> 고등학생의 심리 및 수면 상태에 따른 멜라토닌과 코솔티 농도의 변화

제목이 길어 부제를 사용할 경우 부제를 통해 연령, 지역, 내용 범위 등을 한정하여 강조한다.

> **예시**
>
> 식품첨가물의 칵테일 효과
> · 안식향산나트륨과 아스코르빈산을 중심으로

나) 제목 다듬기

선행연구들의 제목을 보며 나의 보고서 제목을 다듬어 본다. 선행연구들의 연구방법과 논문의 제목을 보면서 자신의 보고서 제목을 정교화한다.

제목은 키워드를 통해 선행연구를 검색하고, 연구주제와 비슷한 선행연구를 정리한다. 이후 제목 초안을 작성하고, 검색한 선행 연구의 연구방법을 정리한다. 마지막으로 연구방법을 분석하며 제목을 최종 결정한다.

다) 연구의 필요성과 목적 작성

연구의 의미와 연구의 내용을 통해 연구의 유용성에 대해서 설명을 한다. 앞으로 진행할 연구의 범위를 설정하여 연구의 일관성을 유지한다. 현 상황을 토대로 비판적이고 창의적인 아이디어로 새로운 것을 개발하거나 특정 상황에 대해 알아보고자 연구한다.

예시

요양 예방과 건강수명 연장을 위한 교육은 인구 고령화가 심화되면 점점 더 필요하게 된다. 이러한 교육은 요양 상태에 들어가기 전에 조기에 수발예비군을 발견하여 실시하는 것이 효과적이며, 고령자 개인적인 측면에서는 삶의 질을 유지 내지는 향상시킬 수 있고 공적인 의료 및 수발서비스 비용을 절감시킬 수 있어 일석이조의 효과를 거둘 수 있다.
본 연구는 천수를 누리기보다는 독립적인 건강한 삶을 위해서 요양 예방과 예방프로그램 실시를 통해 건강수명에 미치는 효과가 무엇인지 살펴보고자 한다.

라) 연구문제, 방법, 결과, 참고 문헌 정리

각 단계에서 설정한 연구주제, 연구문제, 연구방법을 정리하고 연구 계획서를 세우면서 보았던 참고 문헌을 정리한다. 이 과정을 통해서 연구의 기틀을 마련한다.

예시

연구문제

1. 고령자의 건강 유지교육 및 요양 예방프로그램의 개발과 실시에 의해 고령자의 건강수명 연장과 요양(療養)노인을 감소하는 방안을 모색하는 데 있다.

2. 체계적인 프로그램 운영과 실시에 따라 건강을 유지시킴으로 잔존기능의 유지, 노후증후군의 악화방지 등으로 건강수명의 연장과 요양 기간을 단축시켜 건강수명에 미치는 효과에 관하여 살펴보고자 한다.

· 고령자의 건강 상태와 건강 증진을 위한 활동과 고령자를 위한 신체적 부양실태를 분석한다.

· 요양 예방내용(잔존기능의 활용과 유지, 낙상 예방, 영양강화, 구강 청결, 치매 예방, 근력 강화 운동) 실태를 분석하고, 건강수명 연장방안으로 요양 예방프로그램 관리시스템을 구축하고, 요양 예방프로그램 실시 효과를 분석한다.

마) **연구목차**

연구목차는 서론, 본론, 결론 그리고 참고 문헌으로 구성한다.

연구목차

I. 서론
   1. 연구 동기
   2. 연구 목적

II. 본론
   1. 이론적 배경
   2. 연구 과정
      가.
      나.
   3. 결과

III. 결론
   1. 결론
   2. 기대효과(제언)

IV. 참고문헌

글쓰기의 구조

1. 가장 일반적인 구조

 1) 주제의 발견(정의, 예시, 인용, 연구 대상에 대한 설명)
   · 문제 설명
   · 배경 정보 제시
   · 논제 설명의 틀 제시

 2) 주제분석 (비교, 논거 제시, 역사적 추이 등)
   · 첫 번째 문제 검토

- 두 번째 문제 검토
- 세 번째 문제 검토

3) 자신이 발견한 사항 논의
- 자신의 논제 재진술 및 그것을 넘어서 함의 제시
- 발견한 사항 해석
- 해결책, 최종적 견해 제시

2. 자신의 아이디어나 이론을 주장하는 구조

1) 서론
- 문제 제기 또는 의문 제시
- 주제의 가치(의미) 언급
- 배경 정보 제시
- 해당 문제를 제기한 선행 연구자 소개
- 새로운 관점을 통한 자신만의 논제 제시

2) 본론
- 이슈평가
- 현재까지의 연구 성과 발전
- 하위 문제 비교/분석
- 동일한 주제에 대한 연구자 견해 소개

3) 결론
- 본론에서 발전시킨 자신의 이론 방어
- 방향이나 행동 제안
- 향후 연구 과제 제안

3. 예술작품 분석하는 구조

1) 서론
- 작품 제시
- 한 문장 정도의 요약
- 논제와 관련된 배경 정보 제공
- 해당 논제와 관련된 작가의 전기적 사실 제시

· 인용이나 전적 제시

· 필자의 관심을 보여주는 논제 문장 제시

2) 본론

· 평가를 위한 분석 (이미지, 주제, 인물, 구조, 상징, 언어 등의 요소 분석)

3) 결론

· 본론에서 제시한 분속 요소뿐만 아니라 작가에 근본적인 초점을 유지

· 논제문을 바탕으로 작가의 공헌을 설명하는 제시

4. 논쟁이나 설득을 위한 구조

1) 서론

· 문제나 논쟁적 이슈 제시

· 이슈 요약

· 주요 쟁점 제시

· 주제의 논쟁적 성격을 드러내는 인용

· 배경정보제시

· 자신의 입장을 드러내는 논제 제시

2) 본론

· 주제의 한 측면을 옹호하는 주장 발전

· 이슈에 대한 찬반 의견 분석

· 자료를 통한 논거 제시

3) 결론

· 주장을 명확하게 하는 결론 제시

5. 역사 분석을 위한 구조

1) 서론

· 사건 제시

· 사건의 역사적 배경 제시

· 선행 연구자의 견해

· 자신의 논제 제시

2) 본론

- 사건의 역사적 배경 분석
- 하나의 역사적 에피소드에서 다른 에피소드로 사건 추이 추적
- 하나의 사건이 다음 사건과 어떻게 직접 연관되는지 연대기적 서술
- 이 사건을 고찰한 연구자 인용

3) 결론

- 자신의 논제 다시 제시
- 해당 사건의 의미 논의

6. 비교를 위한 구조

1) 서론

- 대상 A
- 대상 B
- 간단한 비교
- 중심이슈 도입
- 원전 자료 설명
- 자신의 논제 제시

2) 본론(선택)

(1) A 분석 - B 분석 - A, B 비교 대조
(2) A, B 비교 - A, B 대조 - 중심이슈 논의
(3) 이슈 1 : A, B 논의 - 이슈 2 : A, B 논의

3) 결론

- 유의미한 이슈 논의
- 순차적 또는 특성별 결론 제시

다. 과제탐구 보고서 작성

탐구보고서 작성은 제목이 결정되면 목차와 개요를 작성한다. 이후 본론을 쓴 이후 결론과 서론을 작성하는 것이 일반적이다.

작성 분량은 서론 10~20%, 본론 60~80%, 결론 10~20%의 분량으로 작성한다.

1) 서론 작성하기

서론은 연구의 필요성 및 목적에 대한 언급과 연구문제의 제기, 연구의 방향이나 방법을 제시한다. 서론 첫 부분은 읽는 사람으로 하여금 관심이 생길 만한 내용으로 시작한다. 서술 방법은 연구의 필요성이나 목적을 먼저 언급하고, 연구의 문제, 마지막으로 연구의 방향 및 방법을 언급하는 순서로 작성한다.

 서론 작성 Tip

· 시작 부분에 연구문제와 관련된 사회의 넓은 배경이나 격언 인용, 크게 이슈가 된 기사 내용, 연구의 필요성 및 목적을 강조할 수 있는 선행연구를 활용하여 시작하면 좋다.
· 연구의 방향성 및 기대효과와 함께 연구 말미에는 꼭 해결하겠다는 약속으로 독자에게 연구에 몰입할 수 있도록 한다.
· 연구문제의 범위를 제한함으로써 논지의 타당성을 높일 수 있다.

서론의 ✔ 체크리스트

· 연구의 필요성 및 목적이 명확히 진술되어 있나요?
· 연구문제와 선행연구 간의 관계가 명료하게 진술되어 있나요?
· 연구문제가 분명하게 진술되어 있나요?
· 연구의 제한점이 분명하게 진술되어 있나요?

I. 서론

1. 연구 대상

의약품은 여러 가지 질병의 치료 목적으로 개발된 것으로 인간 뿐 아니라 동식물 및 농산물 등에도 광범위 하게 사용되고 있다. 이렇게 이로운 약을 가정에서는 제대로 약국에 반납하지 않고 가정에서 함부로 쓰레기통이나 변기 등에 버리는 등 제대로 폐기하지 않고 있다. 또한 축산업에서는 동물용 항생제를 제대로 처리하지 않거나 동물이 본 변을 통해 외부로 유입될 우려가 있다.

이렇게 의약품을 제대로 폐기하지 않을 경우 하천의 생태계에 교란이 올 수 있고 항생제나 여러 가지 약품에 내성을 가지는 신종 바이러스가 나올 수도 있다. 다시 말해 불용의약품을 하천에 함부로 버릴 경우 환경 뿐 아니라 우리 건강에도 큰 위험을 줄 수 있다.

이런 문제점이 발생하지 않게 하기 위해서 우리가 어떻게 약을 처리해야 하는지 반드시 알아야 하므로 아래의 연구를 진행 하게 되었다.

2. 연구 목적

사람들에게 현재 우리나라의 하천에 있는 폐기의약품의 잔류 상태를 알리고 이것이 우리에게 얼마나 심각한 영향을 끼치는지 알려주어 경각심을 일으킨다. 또한 우리나라와 외국의 하천의 약물 잔류 상태를 알고 우리나라의 하천에 약물의 잔류량이 외국의 하천의 잔류량 보다 많은데도 불구하고 이에 관한 연구는 많이 되지 않고 있음을 알려 하루 빨리 대책이 필요함을 알린다.

3. 연구 문제

우리나라 하천의 약물 잔류량을 알고 이를 외국과 비교하며 우리나라의 연구 사례와 외국의 연구사례를 비교한다.

2) 본론 작성하기

본론은 주제에 대한 정보와 연구에 대한 논지를 작성한다. 특정 자료에만 의존하기보다는 여러 참고자료의 내용을 자신만의 방식으로 정리하고 해석하는 것이 좋다. 참고자료는 참고문헌 및 각주를 통해 언급하고 본론 말미에는 자신만의 결론, 해석, 분석이 제시되어야 하며 본론의 대부분 내용은 이 결론의 타당성을 입증하기 위한 자료의 서술이다.

본론의 구성

1. 이론적 배경
- 정의
- 특징
- 동향

2. 연구방법
- 연구 대상
- 측정 도구
- 연구절차
- 자료 분석 방법

3. 연구 결과 분석

연구 대상	누구(무엇)를, 얼마나, 언제, 어디에서, 어떻게 선정할 것인가를 구체적으로 기술한다.
연구 설계	실험 변인의 통제나 연구 디자인에 대한 설명이 명확해야 한다.
측정 도구	실험, 조사 또는 평가에 사용되는 도구의 신뢰도, 타당도, 객관성이 인정되어야 하며, 논문의 성격에 따라 도구의 방법 등이 서술되어야 한다.

연구절차	연구를 진행하면서 분리되는 각 단계를 요약하여 제시하고 진행 과정에 대해 구체적인 방법 등을 서술해야 한다.
자료 분석 방법	자료 처리 방법, 검증 방법, 통계 처리 소프트웨어 등이 정확히 기술되어야 한다.

✔ 체크리스트

· 학생으로서 실천 가능한 연구방법인가?

· 연구방법이 타당한가?

· 연구문제와 관련된 선행연구 결과와 관련 이론이 구체적으로 고찰되었는가?

· 자료수집을 성실하고 풍부하게 하였는가?

· 내용이 충분히 통일성을 지키고 있는가?

· 연구문제와 관계없는 분석결과를 제시하고 있지는 않은가?

· 예상치 못했던 결과에 대해 정직하게 진술하였는가?

예시

II. 본론

1. 이론적 배경

가. 의약물질 분류

불용의약품은 약의 상태에 따라, 발생 장소에 따라 그리고 약의 종류에 따라 여러 방법으로 분류할 수 있다. 약의 상태에 따라 사용될 수 없는 의약품, 사용 목적이 끝나 더 이상 사용이 필요 없는 의약품 그리고 사용기한이 만료되어 사용할 수 없게 된 의약품 등으로 나눌 수 있다. 발생 장소에 따라 크게 가정과 약국에서 발생한 '불용재고 의약품'과 제조업소와 수입 업소에서 발생한 '품질불량 의약품'으로 나누어 볼 수 있다. 약의 종류에는 크게 전문의약품과 일반의약품으로 나뉘고 전문의약품은 고혈압약, 당뇨약, 항생제, 정신신경용제, 소염진통제,

간장약, 고지혈증 치료제, 감기약 등이 있고 일반의약품에는 소화제, 비타민(영양제), 소독약, 감기약, 연고류 등이 있다.

나. 의약물질의 유입 경로

인간과 동물에 사용된 의약품은 대사과정을 거쳐 분해되거나 대사체로 변형되어 배설되며 화장품, 향수 등은 세수, 목욕 등을 통하여 유출된다. 사용 후 남은 의약품은 변기를 통하여 정화조로 유입되거나 무단 배출되어 폐기물로 매립된다. 축산에 사용되는 항생제, 호르몬제 등 동물용 의약품은 그대로 유출되어 토양, 하천 등으로 유입되거나 폐수처리장을 통해 방류된다. 다음 [그림 1]을 통해 간략하게 알 수 있다.

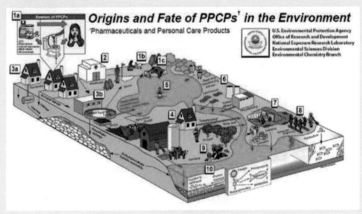

[그림1] 환경 중 의약물질 오염원 및 오염경로(미국)

다. 의약물질이 유입될 경우

의약물질이 생태계에 미치는 영향은 지속적 측면에서 체내에 흡수가 잘 되는 지용성 의약물질보다 체외로 배설이 용이하고 물에 잘 녹는 수용성 의약물질이 환경에 더욱 큰 문제가 될 수 있다.

이런 수용성 의약물질이 환경으로 유입되면 하수처리시설에서 잘 걸러지지 않고 수계로 흘러 들어가 수질이나 토양을 오염시키게 된다. 생태계에는 다량 다수의 의약물질이 존재하지만 현재까지 조사된 수는 수십 종에 불과하다. 비록 존재량이 적다 할지라도 장기간에 걸쳐 노출된다면 인체 면역체계의 이상이나 중금속과 같이 후대에 유전될 가능성도 배제할 수 없다. 의약물질이 환경 중에서 미량으로 존재한다는 의미를 넘어 물 환경에 배출된 각종 의약물질 때문에 중요한 생물 종이 죽거나 번식을 못 하게 돼 결국 생태계가 교란되고 있다. 또한 최근, 집약적 축산환경에서 분변을 통해 배출되는 동물용 의약품은 전통적 독성·오염물질로 경계를 허물고, 환경에 미치는 영향이 있음이 확인되어 새로운 오염물질로 부각되고 있다. 동물용 의약품은 사용법의 다양성, 즉 사료첨가, 주사, 구강투여, 살포, 수산양식장의 수중 투여 등 여러 형태에 따라, 모화합물이 대사되거나 분해되고 분해·대사 산물들이 환경에 유입되게 된다.

그러나 의약품 및 동물용 의약품은 치료 목적의 우선순위에 밀려 환경 내에서의 동태 연구는 국제적으로 초보 단계이며, 국내의 연구는 전무한 실정이다. 불용의약품이 환경 중 노출되면 크게 다음의 이유로 그 중요성을 논할 수 있다. 첫째, 이들의 항균 효과에 의해 미생물 생육 억제, 미생물 총의 변화, 항생제 저항성 균주 유발(환경 중으로 유출된 항생물질로 인하여 항생제 내성균이 출현할 위험이 커지거나 내성 유전자의 확산이 촉진될 우려가 증가) 등을 유도하며, 둘째, 이들 제제의 이화학적 특성상 토양에 잔류하거나 지하수에 유입되어 축산물 및 농산물의 식품 오염, 궁극적으로 생태계와 인체의 건강에 미치는 영향 우려를 들 수 있다. 또한 내분비계에 영향을 미치는 물질이 자연에 존재할 경우 생태계의 교란을 초래할 수 있다는 점 등이 있다.

2. 국내 하천의 약품 잔류량

4대강(한강·낙동강·금강·영산강) 유역의 하천수, 하수처리장 및 축산폐수처리장의 유입수와 방류수 등 40개 지점을 대상으로 의약물질 27종을 조사한 결과 하천수에서 조사대상 의약물질 27종 중 15종이 검출 되었고, 오염 수준은 미국 등 다른 나라와 같거나 약간 높게 나타났다. 검출결과 클로르테트라시클린(동물용 항생/항균제)가 최고 5.404㎍/L, 설파티아졸(동물용 항생/항균제)이 최고1.882㎍/L로 상대적으로 다른 의약품보다 높게 검출되었으며 검출 빈도는 아세틸살리

실산(진통소염제)이 80%로 가장 높았다.

하천수에서 검출된 클로르테트라시클린과 설피티와졸은 미국 FDA(식품의약품안전청)에서 환경생태계에 영향을 미칠 수 있는 최저농도 1μg/L라 발표한 것을 초과하여 각각 3개, 2개의 지점에서 검출되었다.

3. 국내외의 불용의약품 폐기 제도

우리나라의 경우 일반 약국에서 불용의약품을 수거 하고 있으며 안양시의 경우 2009년 444kg, 2010년 3,018㎏으로 그 양이 점점 늘어나고 있는 추세이다. 하지만 일반 시민을 대상으로 폐의약품 처리 실태를 조사한 결과 66.4%가 일반 쓰레기와 같이 버린다고 밝혔다. 또 가정 내 폐의약품을 보유하는 비율도 77.8%로 나타났다. 특히 응답자의 86.2%가 폐의약품 수거안내를 받아본 적이 없다고 답했다.

그렇다면 외국의 경우 어떻게 시행되고 있을까? 의약품의 폐기 제도를 잘 시행하고 있는 캐나다와 호주의 MRP와 RUM제도를 살펴보자.

가. 캐나다 – MRP

캐나다는 1999년에 PCPSA를 조직하고 의약품의 수집계획 및 소비자 안내를 시행한다. 또한 관련 단체로부터 MRP 시행에 있어 필요한 비용 중 일부를 모금한다. MRP의 불용의약품 수집자는 지역약국이며 사업을 성공하기 위해서는 약사들의 적극적 참여가 필요하다. 2000년도의 MRP에 참여한 약국의 수는 850개로 전체지역약국의 87%를 차지하며 나머지 13%도 자체적으로 프로그램을 시행하고 있다. 캐나다는 MRP를 통해 연간 대략 94,500kg의 불용의약품을 수집한다. 수집 장소로 등록된 약국에는 안내 책자, 안내 포스터 등이 비치되어 있어 소비자들에게 정보의 편의성을 제공한다.

나. 호주 – RUM

1998년 호주는 연방정부의 보건부 예산의 일부를 가지고 호주에서 발생하는 불용의약품의 수집 및 제거를 위한 기금을 만들었다. 또한 비영리 회사인 The National Return and Disposal of Unwanted Medicines Limited가 설립되었다.

이 회사는 소비자들의 약국에 반납해 수집된 약을 처리하는 제도를 효율적으로 진행시키는 일을 담당한다.

RUM project 시행 전에는 매해 350톤 이상의 의약품이 싱크대, 화장실, 쓰레기통을 통해 부적절하게 버려졌지만 프로그램 시행 후에는 매달 30톤 정도의 불용의약품이 수집되고 있다(2005년).

위의 두 나라를 조사 해본 결과 공통적으로 관련 기관을 설립해 체계적으로 제도를 시행하고 있음을 알 수 있다. 그리고 소비자들의 의식 촉구와 약국의 적극적인 참여 또한 공통점이라고 할 수 있다. 우리나라도 이러한 체계적인 제도와 관련 기관을 설립해 소비자들의 참여를 늘릴 필요가 있다.

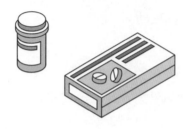

결론은 연구의 시사점과 의의를 분석하여 작성한다. 연구결과를 요약하고, 시사점과 의의에 대한 분석 그리고 한계점 및 후속 연구 방안을 제안하다.

연구결과, 시사점 및 의의, 후속 연구 방향의 순서로 작성한다. 본론의 결과와 표현 방식에 다른 연구 전체에 대한 연구자의 해석과 의견도 반영한다. 분량은 한 쪽 정도로 작성한다.

 결론 작성 Tip

· 제기한 연구문제와 연구절차, 성과 등을 요약 정리하여 논점을 잃지 않고 명확하게 연구 논의를 펼치기
· 논의는 연구의 가치를 강조하며 시사점과 의의를 제시함. 특별히 연구문제의 연구결과 에서 드러난 사실을 기반으로 논의하기
· 연구 설계와 범위가 가진 한계점을 구체적으로 명시해주기
· 연구의 한계점을 보완할 수 있는 새로운 후속 연구에 대한 연구 방향을 제안하기

✔ 체크리스트

· 연구 전체를 간략하게 요약하여 제시하였나?
· 연구결과 도출 및 결론이 합리적이고 논리적인가?
· 결론이 분명하게 진술되어 있는가?
· 결론 도출 시 연구의 제한점이 적절하게 고려되었나?

III. 결론

우리가 불용 의약품을 귀찮다고 제대로 버리지 않고 변기, 싱크대, 쓰레기통 등에 함부로 버린다면 환경오염 뿐 아니라 생태계의 교란과 항생제에 내성이 가진 신종 박테리아가 생길 수 있다. 국가에서는 외국의 불용약품 관리에 관한 제도의 성공사례를 바탕으로 불용약품 폐기에 관한 법을 제정하고 이를 강화시켜야 하며 약국과 시민들은 이에 적극적으로 참여해야 한다. 그렇지 않는다면 영화 「괴물」과 같은 일이 일어날 수도 있다.

이번 논문을 쓰면서 자료를 찾는 것이 매우 힘들었다. 즉 아직 우리나라에서는 불용약품에 대해 아직 관심이 많지 않다는 것이다. 무엇보다 사람들의 관심이 있어야 불용 약품의 무단폐기 문제가 해결 될 것이다.

4) 참고문헌 작성하기

연구 보고서 작성을 위하여 참고한 문헌을 일정한 순서대로 정리하여 제시한다.

참고문헌 기재방식

단행본	저자명(출판연도). 도서 제목. 출판사.
학위논문	저자명(출판연도). 논문 제목. 학위논문. 학위 수여기관
학술지	저자명(출판연도). 논문 제목. 학회 이름, 권(호), 수록페이지
신문	기자명(발행 연. 월. 일). 기사 제목. 신문사명, 페이지.
인터넷 자료	웹 사이트명(작성연도). 자료 제목. [검색날짜].<사이트 주소>

예시

참고 문헌

환경부(2008). 주요 하천수에서 항생제 등 일부 의약물질 검출

강요한(2007). 불용의약품의 효율적 관리 방안 마련을 위한 연구 = Developing management policy on unused/expired pharmaceuticals

권진욱(2011). Environmental Residues and Fates of Sulfonamides and Tetracyclines = 환경 중 테트라사이클린계 및 설파계 동물용의약품의 잔류와 동태

김광식(2006). 불용재고의약품의 발생요인 및 해결 방안에 대한 연구 = (A) Study for Occurrence Factor and Disposal Process of Redundant-Stock-Medicine

김주형(2009). 한강수계 잔류의약품에 대한 생태 위해성 평가 = Ecological risk assessment of pharmaceutical residues in the Han River

장태수(2010). 생물학적 하수처리장의 의약물질 및 개인생활용품 제거율에 관한 연구 = Removal Rate of Pharmaceuticals and Personal Care Products in Biological Wastewater Treatment Plants

최미영(2010). DAF와 MBR을 공정을 조합한 하수처리 시스템에서의 의약물질 제거 효과 연구

최병규(2012). MBR에서 SRT에 따른 유기물 특성이 성능에 미치는 영향 및 잔류의약품 제거효율

최임순(2010). 가정에서 의약품 폐기실태 및 폐의약품 회수처리 시스템에 대한 대구시민과 약사의 인식도

5) 부록 작성하기

설문 조사 및 인터뷰 항목을 첨부한다.

설문 조사 및 인터뷰가 진행되었을 경우만 첨부하도록 한다.

예시

직업 세계 인식 조사

1) 사람이 살아가는데 직업이 필요한가? (해당 문항에 O표 해주세요~)

가. 꼭 필요하다.

나. 약간 필요하다.

다. 별로 필요 없다.

라. 전혀 필요 없다.

2) 사람들이 직업을 가지는 중요한 이유는 무엇인가?

가. 생계를 유지할 수 있기 때문에

나. 돈을 많이 벌 수 있기 때문에

다. 지위나 명예를 얻을 수 있기 때문에

라. 취미와 소질을 살릴 수 있기 때문에

마. 봉사하고 보람을 찾을 수 있기 때문에

3) 학교에서의 성적이 직업을 얻는데 중요한가?

가. 매우 중요하다.

나. 약간 중요하다.

다. 별로 중요하지 않다.

라. 전혀 중요하지 않다.

4) 부모님의 직업과 하는 일에 대하여 얼마나 알고 있는가?

가. 아주 잘 알고 있다.

나. 약간 알고 있다.

다. 거의 모른다.

라. 생각해 본 적이 없다.

5) 미래 자신의 직업에 대하여 생각해 보았는가?

가. 자주 생각한다.

나. 가끔 생각한다.

다. 어쩌다 한 번 생각한다.

라. 생각해 본 적이 없다.

6) 미래에 어떤 직업을 가진 사람이 되고 싶다고 처음 생각한 때는 언제인가?

가. 초등학교 들어오기 전.

나. 초등학교 1~2학년 때.

다. 초등학교 3~4학년 때.

라. 초등학교 5~6학년 때.

마. 생각해 본 적이 없다.

7) 직업에는 좋고 나쁨이 있다고 생각하는가?

가. 정말 그렇다.

나. 약간 그렇다.

다. 별로 그렇지 않다.

라. 전혀 그렇지 않다.

8) 직업에는 주로 머리를 써서 하는 정신노동 직업과 몸(노동)을 써서 하는 육체노동직업이 있는데 어떤 직업을 원하는가?

가. 정신노동

나. 육체노동

9) 정신노동 직업을 선택한 이유는 무엇인가?

(8번에서 가. 정신노동을 선택한 학생들만)

가. 육체노동에 비하여 편하기 때문에

나. 돈을 많이 받을 수 있기 때문에

다. 남들이 육체노동보다 좋게 생각하기 때문에

라. 승진의 기회가 많기 때문에

10) 육체노동 직업을 선택한 이유는 무엇인가?(8번에서 나. 육체노동을 선택한 학생들만)

가. 직업을 쉽게 구할 수 있기 때문에

나. 직업을 쉽게 바꿀 수 있기 때문에

다. 특별한 기술이 필요 없기 때문에

라. 높은 학력이 필요 없기 때문에

11) 직업을 선택할 때 가장 중요한 기준은 무엇인가?

가. 흥미

나. 소질

다. 능력과 적성

라. 운

마. 자신의 가정환경

12) 대학을 졸업하지 않아도 좋은 직업을 선택할 수 있다고 생각하는가?

가. 반드시 그렇다.

나. 약간 그렇다.

다. 별로 그렇지 않다.

라. 전혀 그렇지 않다.

13) 직업을 선택할 때 어떤 직업에 기준을 두겠는가?

가. 보수(돈)가 많은 직업

나. 소질에 맞는 직업

다. 많은 사람에게 인기가 있는 직업

라. 사회적으로 지위가 높고 권력이 많은 직업

마. 다른 사람을 도울 수 있는 직업

14) 성별에 따라 잘 할 수 있는 직업이 다르다고 생각하는가?

가. 전혀 그렇지 않다.

나. 별로 그렇지 않다.

다. 대체로 그렇다.

라. 매우 그렇다.

15) 남녀가 일자리를 공평하게 나누어 가진다고 생각하는가?

가. 전혀 그렇지 않다.

나. 별로 그렇지 않다.

다. 대체로 그렇다.

라. 매우 그렇다.

16) 남녀 간에 높은 자리에 오를 수 있는 기회가 공평하다고 생각하는가?

가. 전혀 그렇지 않다.

나. 별로 그렇지 않다.

다. 대체로 그렇다.

라. 매우 그렇다

17) 자신이 미래에 갖기를 희망하는 직업을 3가지 적어주세요~

(더 있으면 더 적어도 돼요^^)

감사합니다

　대입 공정성 강화 방안에 따라 대입 서류 항목과 분량이 줄었다. 2025학년도 대입에서 영재교육 실적, 자율동아리, 개인 봉사 활동, 수상 경력, 독서 활동은 반영되지 않는다. 2024학년도부터 자기소개서 또한 폐지된다.

　학생은 성적 이외에 자신의 역량을 보여줄 수 있는 방법과 기회가 줄어든 것이다. 이를 해결할 수 있는 방법은 탐구 활동이라고 할 수 있다. 수업에서 호기심 해결이나 심화된 내용의 조사, 수행평가 등을 활용해 자료를 조사하고 주제에 따른 주제탐구를 통해 학생의 탐구역량과 학업역량 및 전공에 대한 관심을 드러낼 수 있는 유익한 활동이 된다.

　학생부 종합전형으로 선발하고 싶은 학생은 어떤 학생일까?
대학의 입장에서 생각해보자.
대학 입학 후 성실히 학업을 이어갈 학생일 것이다. 그리고 대학을 졸업한 후 대학을 빛내줄 학생이다. 지적 활력과 활동력이 있는 학생, 자기 주도적 학습 태도가 잘 갖춰진 학생, 미래환경에 적합한 학생, 창의적 도전정신과 협업능력을 갖춘 학생이다. 이러한 인재를 창의 융합형 인재라고 한다. 이러한 인재는 어떤 특징을 지닐까?

학교생활을 충실히 한 학생이라고 대학은 말한다.

학생부 종합전형에서 평가 요소를 살펴보면 학업역량, 진로역량, 공동체 역량이 된다. 학업역량이라고 하면 일반적으로 교과성적만 생각하는 학생들이 있다. 교과 성적만으로 학업역량을 평가하는 자료가 아니다. 학업역량을 평가할 때 교과 성취도 뿐만 아니라 학업태도, 탐구력을 평가한다.

우리는 가끔 듣는다. '내신 4등급 학생이 수도권 K대에 합격했다 하더라....'
대학에서 학생의 학업역량을 평가할 때 학업 성취도에서 다른 친구에 비해 부족할 수 있다. 하지만 이 친구에게는 부족한 학업 성취도를 보완할 만한 학업 의지나, 또는 탐구력을 학생부에서 충분히 보여줬다고 할 수 있다.

깊이 있는 탐구 활동을 하고 싶다면 진로선택과목인 <수학 과제탐구>, <사회문제탐구>, <융합과학탐구>, <과학과제연구>, <사회과제연구> 과목을 선택해보자.

학교생활기록부는 학생 개개인의 특성과 역량을 보여주는 서류이다.
창의적 체험활동과 세부능력 및 특기 사항에 주제탐구를 통해 나만의 학교생활기록부를 만들어 가보자.

학생이 한 활동에는 의미 없는 활동이 없다. 그 활동에 의미를 부여하고 역량을 보여주도록 해보자. 한 번의 탐구 활동을 이벤트라고 한다면, 후속을 통한 탐구 활동은 성장으로 이어질 것이다.

나의 학생부에서 나의 역량이 잘 보여질 수 있도록 스스로 노력해보자.

5

합격 세부능력 및
특기사항과 자기소개서

합격 세부능력 및 특기사항과 자기소개서

계열별 세부능력 및 특기사항 안내

학생은 학교에서 다양한 활동을 한다. 이러한 다양한 활동을 기록한 것이 생활기록부이다. 생활기록부는 학생의 종합적인 모습을 볼 수 있는 소중한 자료이다. 이에 따라 대학에서도 학생부 종합 전형에서는 생활기록부를 통해 학생을 바라보고 평가한다.

많은 사람이 생활기록부에 교과 성적이 매우 중요하다고 말을 한다. 틀린 말은 아니지만, 이를 잘못 해석하여 교과 성적만 중요하다고 생각하는 사람이 있다. 이는 잘못된 것이다. 생활기록부는 적게는 15명에서 많게는 40명 이상의 고등학교 선생님들이 학생을 글로 평가한 귀중한 서류이다. 학생의 교과에 대한 이해, 진로에 관한 관심, 인성 등을 각 교과 선생님과 담임선생님이 학교생활기록부에 작성한다. 이러한 글을 생활기록부에서는 세부능력 및 특기사항, 창의적 체험활동, 행동특성 및 종합의견이라고 한다.

중요도가 계속 높아지는 현실에 학생이나 학부모는 어떠한 생활기록부 기록이 중요한지 궁금하고, 고등학교 선생님도 우수한 생활기록부는 무엇이며 어떤 방향으로 생활기록부에 글을 써야 할지 고민을 많이 하는 상황이다. 이에 따라 해당 단원은 생활기록부를 분석하는 방법과 기재 방향에 대한 도움을 주고자 가상의 학생 생활기록부를 제공한다.

제공할 생활기록부는 교과 성적보다는 생활기록부의 기록을 위주로 내용을 담았다. 해당 내용을 통하여 우수한 생활기록부는 어떤 것인지 살펴보길 바란다. 내용 순서는 생활기록부 순서를 적용하였으며, 구성은 아래 예시와 같다.

요약부터 내용, 해설까지 모두 작성하였으니 많이 배우고, 얻어 가길 바란다.

단, 기록에서 '꿈구두'라는 칭호는 출판사의 칭호이기 때문에 작성하였을 뿐, 원래 생활기록부에는 기업명을 사용할 수 없음을 감안하고 보기 바란다.

가. 수의예과 세부능력 및 특기사항

학생의 진로희망은 수의사이며, 수의예과를 준비한 생활기록부를 만들어 보았다.

1) 수상경력 ✦

수상경력에서는 학생의 관심사와 해왔던 노력의 결실을 확인할 수 있다. 2023학년도 대입에서 학기당 수상 1개 제공을 끝으로 이후 대입에서는 상급학교에 수상경력을 제공하지 않는다. 즉, 2024학년도 대입부터는 대학에서 학생의 수상 경력을 볼 수 없다. 이에 따라 학교에서 주최하는 대회 참가가 의미 없다고 생각할 수 있다.

하지만 **생활기록부가 대입만을 위한 기록물이 아니며, 수상을 위해 학생이 노력하여 발전하는 것은 교육적인 면에서 매우 긍정적**이다. 또한 대회 형식이 아니라 학교 행사 형식으로 진행해 볼 수 있기에 수상에 관한 내용을 정리하였다.

1학년 ● 도서발표대회(우수상) / 표창장(모범상)
2학년 ● 과학실험대회(최우수상) / 주제발표대회(최우수상)
3학년 ● 표창장(모범상)

수상에서 1학년 때는 도서발표대회(우수상)와 표창장(모범상)을 통해서 책 읽는 활동을 충실히 하고 있으며 이를 통해 자기의 지적 능력이 향상되고 있음을 보여주는 것은 물론 학생의 인성이 주변에 높게 평가받고 있음을 알리고자 만들어 보았다.

2학년 때는 과학실험과 주제발표대회 수상이 있다. 과학에 우수성을 띤다는 것은 **의학 및 보건 계열을 진학을 희망하는 학생에게 큰 이점**이 될 수 있다. 또한 학생이 실험과 주제탐구활동을 많이 해왔음을 이후 세부능력 및 특기사항에서 확인할 수 있다.

3학년 때는 표창장을 기재해보았다. 어떤 계열이든 표창장의 활용 가치가 있지만 특히 의료계열에서는 봉사, 모범 등의 분야에 있어서 가치가 **높게 평가**되기 때문에 학생의 인성을 드러낼 수 있는 긍정적인 활동을 해보길 바란다.

2) 자율 활동 ✧

자율활동은 학교에서 자치, 적응, 학교 특색활동에 학생이 참여한 모습을 기록하는 곳이다. 학교에서 주도하여 시작하기 때문에 학생의 자기주도성이 다른 영역에 비해 적게 드러날 수 있다. 하지만 각 활동에서도 **뚜렷하게 보이는 기록**이 어떻게 되어야 할지 아래 내용을 참고하길 바란다.

1학년 ◉ 스터디그룹 '바이오 루트'를 자발적으로 조직하여 국어교과서 지문을 활용하여 자료를 모아 토론을 하며 학습 내용을 심화시켰으며 과학계에 쟁점이 되는 주제를 중심으로 찬성과 반대의 입장에서 그룹을 나누어 열띤 토론을 함. '광야(이육사)'의 시, '파수꾼(이강백)', '이유있는 여유(오은)' 작품에 대한 다양한 접근이 이루어졌으며 인간의 생명연장, 동물실험, 바이오연료 사용, 복제인간, 냉동인간, GMO, 외래종 유입, 진화론과 창조론 등과 같은 주제로 토론하며 사고력 확장의 기회를 가짐.

또래멘토링의 멘토로서 수학 과목의 어려움을 느끼고 도움을 요청한 멘티에게 자율시간 등을 활용하여 멘티에게 학습모델이 되어주고 학습동기를 부여하고 성적향상에 도움을 줌.

자율탐구수업에 참여하여 초파리 유충으로부터 침샘염색체를 추출하고 염색하여 그 구조를 현미경으로 직접 관찰함으로써 염색체의 특징을 이해 하게 됨.

학생자치법정 검사로서 성찰대상자의 규칙위반 사실을 확인하고 학교의 선도규정에 따라 이에 대한 적절한 처벌을 선고하는 역할을 수행하였으며 성찰대상학생이 스스로 반성하고 개선해 나가는 계기를 제공하기 위해 재판과정에서 줄곧 단호하면서도 부드러운 태도를 견지함.

2학년 ◉ 독서토론에 참여하여 역사, 과학, 문학, 사회, 철학에 관한 도서 다섯 권을 읽고 토론함. 토론 전에 발제문을 작성하여 논의할 주제를 정리하여 제출하였고 소감문을 제출함. 특히 '생물학은 인간의 본성을 밝힐 수 있는가?', '과학의 발전은 인간의 삶의 질을 향상시키는가?', '기술과 인간-AI시대의 인간다움이란 무엇인가?', '타인과 나, 인권', '과학과 과학철학 사이' 등의 주제에 깊은 관심을 보임. 토론과정에서 타인의 발언을 주의하여 끝까지 듣고 의견을 논리적으로 제시하고 상대방을 설득하는 태도가 인상적임.

의료계열 분야 탐구를 목적으로 하는 스터디그룹 '의쌰으쌰'를 자발적으로 조직하여 항상성 조절 기작, 아프리카 돼지 열병, 미래의 수명 연장 전략, 각종 뇌질환, 동물 안락사 등에 대해 조사하고 찬반을 나누어 토론함.

맞춤형강좌 '영어토론반'에 참여하여 '애완동물이 고등학생의 우울증과 불안 수준에 미치는 영향'이라는 주제를 선정한 뒤 설문을 하고 결과를 분석함. 또한, '동물실험 찬성과 반대' 과제의 경우 본인의 생각을 정리하여 논리적으로 작성한 점이 돋보임.

3학년 ◉ 생명과학 관련 지식을 더 넓히기 위한 스터디그룹 '생명토론반'을 자발적으로 조직하여 개고기를 먹는 한국의 음식문화, 일반 의약품의 소매점 판매, 동물 복제, 인체 면역 결핍 바이러스 등의 주제에 대해 토론을 진행함.

독서토론에 참여하여 의료분야의 진로를 꿈꾸는 친구들과 함께 모둠별 공통 도서 2권을 읽고 토론한 결과를 토론의 벽에 전시한 후 질의응답 포스팅 활동을 통해 지적 역량을 키움. 1, 2차 토론 과정에서 바이러스에 관심을 가지게 되어 3차 도서와 여러 편의 관련 보고서를 읽으며 바이러스와 인간을 포함한 다양한 동물의 전염병에 대해 탐구하는 시간을 가짐. 탐구 결과를 설명하는 동영상을 제작하여 온라인으로 올림으로써 관심이 있는 친구들과 지식을 공유함.

감염병 예방 교육에서 안심병원과 선별진료소의 차이점을 배웠고, 전염병 관련 영상시청을 통해 전 세계를 공포로 몰아넣은 전염병들은 대부분 동물에서 유래한 바이러스가 원인이라는 사실에 주목함.

장애이해활동에서 시청한 영상의 장애가 있는 동물을 비하하는 표현이 논란이 된 장면을 눈여겨봄. 앞으로 인간뿐만 아니라 동물의 장애에 대해서도 민감하게 반응하고, 그렇게 하기 위한 교육이 이루어질 필요가 있다고 소감문을 작성함.

학생의 자율활동 기록은 크게 **스터디그룹과 독서 활동, 학교 관심 활동**으로 정리할 수 있다.

학생은 **스터디그룹**을 3년간 지속적으로 해왔음을 확인할 수 있다. 학급에서는 관심사가 비슷한 친구들끼리 모여 공부를 하고 해당 내용을 생활기록부에 작성할 수 있다. 이러한 활동은 학생의 학업 준비 및 발전가능성을 높게 평가할 수 있는 부분이다. 같이 제시된 또래 멘토링은 학년 또는 학교급 단위에서 주로 실시한다. 하지만 얼마든지 학급에서도 아이디어를 내어 학생의 공부 분위기를 조성하길 바란다.

2, 3학년 때는 **독서토론**에 학생이 열심히 참여했음을 알 수 있다. 독서를 통한 공부 방법은 매우 가치가 있다. 실제 접하지 못하는 분야를 간접적으로 체험할 수 있는 방법 중 하나가 독서이다. 이를 통해 학생은 지식확장을 해나갈 수 있고, 독서에 이은 토론 활동으로 자기 생각을 정리할 수 있다. 해당 학생은 독서와 토론에 대한 강점이 있음을 교과 세부능력 및 특기사항에서도 확인할 수 있다.

학교 관심 활동으로는 자율탐구수업, 맞춤형 강좌, 학생자치법정 검사, 감염병예방교육, 장애이해활동이 있다. 먼저 자율탐구수업은 학생이 실험에 대한 관심사가 있음을 확인할 수 있는 자료이며, 맞춤형 강좌는 동물의 생명 존중에 대해 스스로 고민하고 자신이 생각하는 답을 제시했다는 것을 확인할 수 있는 활동이다.

다음으로 1학년 때 학생자치법정 검사는 의료보건 계열에 적합도가 낮다고 인식될 수 있는 활동이다. 그러나 1학년 때의 **다양한 활동에 참여**하여 자신의 진로를 찾아간다는 의미를 고려해 작성해 보았다. 끝으로 감염병예방교육과 장애이해활동은 학교급단위에서 실습 또는 영상시청을 통해 교육한다. 이때 학생의 소감문이나 발표를 기반으로 교육활동을 통해 배운 점이 생활기록부에 기재될 수 있도록 노력하길 바란다.

3) 동아리 활동 ✣

동아리 활동은 학교 내에서 **자신의 관심사를** 가장 높게 드러낼 수 있는 부분이다. 따라서 대학에서도 학생이 어떤 동아리를 했는지 관심이 많다.

1학년 🔵 **(과학반1)** 일상생활 속 과학에 관심이 많으며, 살아있는 지식을 탐구하고자 노력함. 동아리 시간에 금속의 반응성 차이를 이용하여 밀가루 전자시계의 원리를 설명하였으며, 원활한 실험 진행을 위해 예비실험을 꼼꼼히 준비함. 또한 교내 동아리 발표회 부스 운영에서 알루미늄 태그 체험 도우미 역할로 참여하여 적극적으로 활동하는 모습을 보임. 본인의 과학 지식을 다른 사람들과 나누는 재능 기부에도 관심을 가지고 참여하였음. 알긴산나트륨과 젖산칼륨의 반응으로 생성되는 젤라틴막을 이용한 캐비어 분자 요리 체험에서 실험 체험 도우미 역할, 정전기 방지 스프레이 제작 체험에서는 실험 재료 준비 및 정리정돈 역할, 고무 원액을 재료로 중화반응을 이용한 천연 고무줄 제작 체험에서 실험 재료 준비 및 정리정돈 역할을 맡아 꼼꼼히 준비하는 등 나눔을 실천함. 동아리에서 생명분야에 관심이 있는 아이들의 자발적인 모임으로 구강세포의 DNA 추출실험을 주도적으로 이끌어 갔고 그 외 유전병, 생명기술(이종교배 및 GMO) 등에 대한 주제를 발표하면서 서로의 정보를 나누며 탐색과 토론해보는 시간을 가짐.

2학년 🔵 **(과학반2)** 동아리 반장으로서 부원들이 원활하게 참여할 수 있도록 활동 전 미리 계획을 세우고, 부원들에게 역할 분담을 알려주며 성실히 노력하는 리더십을 보여줌. 동아리 부스 운영을 기획하여 부반장과 함께 진행하는 등 아이디어와 기획력에서 우수한 모습을 보임. 용액의 농도 변화에 의한 삼투압 변화로 발생하는 동식물 세포의 변화를 관찰하는 실험과 ABO식 혈액형 판정에 사용되는 항원항체 반응이 식물의 당단백과 반응함을 이용한 식물의 혈액형 판정 실험을 계획, 준비하여 실험을 주도함. 부스 운영을 위해 친환경 물병 오호 만들기를 기획하여 추진하였으며, 교내 부스 운영에서 실험 도우미를 항상 도맡아 운영하며 부스를 떠나지 않고 운영하는 등 솔선수범하는 리더의 모습을 보여줌. 동아리 내에서 의학 분야에 관심있는 친구들끼리 모여 다양한 주제토론을 실시함. 개와 인간의 치매, 1g 미만 물고기 종양제거 수술에 관해 발제하고 보고서를 제출했으며, 토론에 필요한 영문 기사를 요약 준비함. 인수공통 전염병에 관심을 가지며, 자기 지식을 넓혀 나가는 모습이 돋보이는 학생임.

3학년 ⚫ **(과학반3)** 과학적 지식을 탐색하고, 양식에 맞추어 보고서를 작성하여 공유하는 과정을 배워나감. 스스로 정한 탐색 주제인 '박쥐가 숙주인 인수공통 바이러스가 많은 이유', '우리나라 외래종 문제와 해결방안'에 대해 알아보며 여러 매체를 통해 조사한 내용을 출처와 함께 체계적으로 정리해봄. 이를 통해 박쥐의 독특한 면역체계를 조사하며 사이토카인 폭풍과 인터페론에 대해 흥미를 보였으며, 박쥐와 같은 바이러스 숙주에 적합한 동물을 탐구해보고 싶다는 소감을 발표함. 외래종에 대한 조사에서 귀화종과 침입외래종의 차이를 알고 외래종 침입의 위험성과 처리 방안에 관심을 가짐. 생명과학과 관련된 관심 분야의 심화 주제에 대해 조사하고 발표하는 활동을 통해 생명과학의 지식을 넓히고 질의응답을 통하여 의사소통의 기회를 가짐. 심화 주제로는 플라스틱 분해방법, 역인수 공통전염병, 뉴럴링크, 바이러스의 기원, 줄기세포와 나노기술을 이용한 약물전달 시스템을 선택하여 토론함.

정리!

3년간 과학반 동아리에서 열심히 활동한 경험을 특기사항으로 작성하였다.

1, 2학년 때는 동아리 활동에서 **실험 내용을 강조**한 것을 특기사항으로 작성하였다. 1학년 때는 동아리 부원으로서 자신이 맡은 바 책임을 다하였고 2학년 때는 동아리 반장으로서 각 동아리 활동과 동아리 부스 체험을 기획하고 진행하여 과학실험 능력뿐만 아니라 리더십까지 잘 보여준 특기사항이다. 해당 특기사항을 통해서 **2학년 과학 대회 수상이 납득**갈 수 있는 부분이다.

1, 2학년 동아리 활동 중 관심 분야가 비슷한 친구들을 모아서 세부 활동을 한 사항을 작성하였다. 1학년 때는 '동아리에서 생명 분야에 ~ 시간을 가짐.'이며, 2학년 때는 '동아리 내에서 ~ 돋보이는 학생임.'이라는 구절을 통해 이를 확인할 수 있다. 동아리는 같은 관심사로 학생이 모인 집단이다. 하지만 세부적으로 들어가면 분야가 조금씩 다를 수 있다. 이를 위해 **소그룹 활동을 장려**하는 것도 하나의 방법이 될 수 있다는 것을 기억하길 바란다.

3학년 특기사항에서는 실험 부분을 제외하고 **심화 주제를 탐구**하는 학생의 모습이 특기사항에 기재되어 있다. 특히 학생 진로에 맞추어서 개인 또는 그룹이 주제를 탐구한 것을 특기사항으로 작성했는데 이를 통해 학생의 수준과 주된 관심사를 확인해볼 수 있다. 또한 과학에서도 토론을 통해 유의미한 활동을 진행할 수 있다. 과학 동아리를 생각하는 학생과 교사는 **토론 활동을** 동아리에서 시도해보길 바란다.

4) 봉사 활동 ✢

봉사 활동의 특기사항은 기본적으로 작성하지 않는다. 또한 2024 대입부터는 학생이 외부에서 한 개인 봉사 활동은 상급학교에 제공하지 않는다. 따라서 학교 계획에 따른 알찬 봉사 활동이 중요하다. 그리고 오해하면 안되는 부분이 어떤 봉사 활동이 해당 학과에 가장 적합한 봉사 활동인지 질문이 많은데 그런 봉사 활동은 있을 수 없다. 학생이 하는 **모든 봉사 활동이 다 의미가 있다는 점**을 꼭 유념하고 내용을 참고하길 바란다.

1학년 ⚒ 교내 환경정화활동 3시간

과학 체험활동 부스 운영 4시간

어르신 말벗 청소 활동 보조 도우미 10시간

2학년 ⚒ 교내 환경정화활동 3시간

과학부 과학 사전 실험 및 과학 활동 도우미 10시간

어르신 말벗 청소 활동 보조 도우미 10시간

3학년 ⚒ 교내 환경정화활동 3시간

흡연 예방 캠페인 4시간

OO산 생태지도 만들기와 환경 캠페인 10시간

정리!

기본적 학교에서 열심히 봉사했을 때 받는 봉사 시간과 과학 체험 활동 부스 운영, 과학부 과학 사전 실험 및 과학 활동 도우미 지도처럼 자진해서 신청한 봉사 활동을 토대로 작성해 보았다. 그리고 어르신 말벗 청소 활동 보조 도우미, 흡연 예방 캠페인, OO산 생태지도 만들기와 환경 캠페인을 개인 봉사로 작성해 보았다.

학생들은 어르신 말벗 청소 활동 보조 도우미, 흡연 예방 캠페인, OO산 생태지도 만들기와 환경 캠페인 봉사 등도 **프로젝트 봉사 활동으로의 이점**이 있기 때문에 학교에서 승인을 받은 뒤에 시도해보길 바란다.

어떠한 봉사도 좋다. 꼭! 시도하길 바란다.

어르신 말벗 청소 활동 보조 도우미는 교과 세부능력 및 특기사항과도 이어지는 부분이 있는데 이는 뒤에서 한 번 더 확인하길 바란다.

5) 진로 활동 ✢

1학년 ◉ 꿈구두직업초청특강을 통해 생명연구원과 화학연구원의 강연을 경청하며 진로 선택에 필요한 정보를 탐색하고 직업인으로서 갖추어야 할 자세에 대해 생각해보는 시간을 가졌으며, 본인의 흥미, 적성, 성격을 고려하여 자신에게 적합한 직업 분야로의 진로 계획을 세우는 기회로 삼음.

꿈구두진로탐색검사를 통해 자신이 가지고 있는 흥미 및 적성과 직업적 잠재력의 일치도를 확인함. 다른 사람들을 이끌고 설득하며, 인정받는 것을 좋아하며, 앞에서 이야기하는 것을 좋아하고 사물을 관찰하고 깊이 생각하고 연구하는 활동과 과학적 현상의 창조적인 탐구를 좋아함. 또한 다른 사람의 문제를 들어주고 함께 어울려 지내고 일하는 것을 좋아하며 가르치고 안내하며 도와주고 위로하는 역할을 선호함.

진로탐색반활동에 성실히 참여함. 자아 정체감 인식하기 활동에서 관심이 많은 생명공학 분야에 대한 발표, 나의 진로와 연계한 커리어패스 탐색해보기 활동에서 커리어패스 작성과 발표 등을 통하여 자신의 꿈인 생명공학연구원 직업과 진로에 대하여 탐색하는 노력을 함.

그린프로젝트에 참여하여 학교 환경의 문제점을 인식 및 개선하기 위해 완성된 협력의 결과물 제작, 학교 공공의 장소에 설치를 실천하면서 기획과 홍보에서 최적의 아이디어를 찾아내는 데 기여하였으며, 그 과정에서 공감 능력. 팀워크, 문제해결 역량을 보였고, 관찰과 발견을 통해 기획, 미술, 건축, 홍보, 마케팅 등 다양한 분야와 관련된 진로를 창의적인 자세로 탐색함.

2학년 ◉ 진로설계반 활동에 성실히 참여함. 진로목표를 설정하고 관련 정보를 수집하면서 탐구력을 향상시키고 수의사로서의 자질을 갖추기 위해 구체적인 학업 계획을 수립하여 실천함. 동물과 수의학에 관련된 기사들을 스크랩하면서 동물에 관련된 시사 이슈에 관심이 생김. 특히 펜벤다졸이 인간의 암 치료에 도움이 된다는 주장과 대립하는 의사들의 입장을 보면서 동물의 약과 인간의 병에 대해 연구해보고 싶다는 소감을 밝힘.

진로수업시간에 '진로계획 선정하기' 활동을 통해 수의사가 되고 싶은 자신의 꿈에 대해 발표함. 수의사가 진출하는 직업분야, 수의사가 되기 위해 거쳐야 하는 과정 등에 대해 자세하게 설명함. 인간과 동물의 신경계 질환에 대해 연구하는 생명과학 분야의 연구원을 희망하였으나 동아리 활동을 통해 동물의 질병 중 인간이 걸리는 질병과 유사한 질병이 많으며, 인간의 질병 중 대다수가 동물에서 유래했다는 것에 흥미를 느끼고 수의사가 하는 일에 관심을 갖게 되어 직업을 선정했음을 발표함. 진로를 위해 수의학 관련 자율활동, 생명공학 관련 그룹스터디 등에 참여하여 적극적으로 활동하는 등의 구체적 노력을 기울이고 있음.

'나를 알아보기' 활동에서 관찰력이 좋고 본인이 목표로 설정한 것에 대해 열정을 갖고 노력을 하는 것, 부드러운 리더십을 갖춘 것, 분석, 추리, 공감을 잘하는 것을 자신의 강점으로 소개함. 자신의 약점에 대해서도 정리를 해보고 각각의 약점을 강점으로 바꾸기 위한 구체적 계획과 방법을 적절히 제시함.

3학년 🔍 꿈구두학과계열검사 결과, 특별한 지식과 기술을 보유하여 안정성과 개인적 성취를 얻을 수 있는 직업을 지향하는 타입에 속하는 전문직형으로 나타났으며 고교과목, 대학 학과 환경 및 특성, 전공내용 등을 종합적으로 고려했을 때, 의학, 수의학, 간호학이 적합한 것으로 나타남. 가장 선호하는 계열로 의학계열을 선택했으며 수의학과를 목표로 노력해야겠다고 발표함.

전공주제검색하기 활동에서 수의학분야에 관심을 보였으며 인수공통감염병 관련 보고서를 검색해 봄. 빅데이터를 활용한 진로탐색하기활동을 통해 수의예과를 조사하고 학과의 특성을 나타내는 학과 키워드 및 유사학과를 찾아 기록해 봄. 커리어맵 활동에서 대학교수, 의학연구원이 되기 위한 학과교육, 학위, 시험 등의 구체적인 도달 경로를 찾아보며 진로 설계를 해봄.

진로진학특강(생명과학 분야)를 통해 미세먼지에 대한 잘못된 통념을 바로잡고 미세먼지의 성분, 발생원인, 저감방법 등을 알아보는 시간을 가졌으며,

미세먼지측정기를 이용하여 직접 농도를 측정해보면서 미세먼지에 영향을 줄 요인들에 대한 가설을 세워 탐구실험을 함. 또한 주변 하천의 수질을 측정하는 실험을 통해 용존산소량, 생물학적 산소요구량, 화학적 산소요구량 등에 대해 알아봄과 더불어 하천에 돌다리를 놓는 이유를 알게 됨.

정리!

진로 특기사항은 학생이 자신의 진로를 구체화하기 위해 했던 **모든 활동**을 작성할 수 있다.

1학년 때는 다양한 진로 체험 활동, 진로 검사 등을 통해 자기 관심 분야가 무엇인지 찾으며 이를 이루기 위해 **전략을 짜는 단계**이다. 그린프로젝트 참여 활동도 역시 같은 맥락으로 다양한 학교 활동에 참여하면서 자신의 관심사를 확인하는 것이다. 자신이 수의예과에 적합한지 아니면 적합하지 않은지를 확인할 수 있는 학년이 된다. 의예과 및 수의예, 치의예, 약학 등의 학과를 희망하는 학생들은 1학년 때 생명공학과에 관심을 가지는 것으로 시작하기도 하는데 생명공학연구원이 1학년 때 특기사항에 기재되어 있다고 해서 불리한 평가를 받는 것은 아니다. **대학에서 종단평가도 진행하지만 횡단평가 또한 같이 진행한다.** 결국 생명공학연구원을 생각한 학생이 수의예로 변경한 이유를 학생의 생활기록부를 전체에서 찾을 수 있고 해당 기록이 합당하다면 부정평가를 받을 일은 없을 것이다.

2, 3학년 특기사항부터는 학생의 특기사항이 **모두 수의사와 관련**이 있음을 볼 수 있다. 특히 2학년 특기사항 중 '인간과 동물의 ~ 선정했음을 발표함.'이라는 특기사항으로 생명공학연구원에서 수의사로 변경하게 된 이유를 소개하고 있다. 평가자는 해당 특기사항을 통해서 학생의 진로 변경 이유를 알 수 있다. 또한 이후 진로특기사항에서 '자율활동 ~ 노력을 기울이고 있음.'과 이후 교과 세부능력 및 특기사항에서도 인수공통바이러스 등에 관심이 많음을 나타내고 있다. 학생이 열심히 해나가고 있음을 **생활기록부에서 증명**하고 있으므로 수의예과지원 시 발전가능성 면에서 긍정적인 평가를 받을 것으로 예상된다.

6) 교과 세부능력 및 특기사항 ✦

핵심!

학교에서 학생이 과목을 배울 때, 수업하는 선생님께서 학생을 서술형으로 평가를 해 놓은 부분이다. 학교 수업에서는 교과 수업의 비중이 가장 크기 때문에 생활기록부 기록에서 많은 부분을 차지한다.

1학년 ◉ **국어** : '달밤(이태준)'을 트리맵으로 인물이 겪는 갈등과 사건을 파악하고 순수하고 가난한 사람들의 힘겨운 삶에 대하여 표현한 점이 돋보임. 문법 요소들을 담화 상황에 맞게 표현하고 자기주도적학습으로 성적을 향상한 점이 우수함. '노인과 바다(헤밍웨이)'를 읽고, 독서일지를 꾸준히 작성하였으며 자기 생각이나 느낌을 글로 잘 표현하고, 호기심이 왕성하고 탐구하고자 하는 내용을 잘 포착하여 세계에 대한 이해를 넓혀가는 독서력이 탁월함. 나의 책만들기에서 '나는 세상에 단 하나밖에 없는 소중하고 귀한 사람이다.'로 자아선언문을 작성하고, 인공지능과 인간은 감정과 의지로 구별할 수 있음을 논리적으로 주장하였으며 '프레드릭(레오 니오니)'을 읽고 자신에게 가장 가치 있는 삶은 '나의 생각을 잃지 않는 삶'이라 쓰는 등 내용이 충실하고 창의적인 책을 만듦. 진로독서신문 '생명과학 연구원, 퇴계에게 공부법을 배우다'를 제작하여 '퇴계에게 공부법을 배우다(설흔)'를 진로멘토책으로 소개하고, 독서 후 달라진 자신의 목표와 미래계획을 제시하였으며 생명공학분야로의 진로를 탐색하는 시간을 가짐.

수학 : 매우 성실한 자세로 수업에 임했으며 문제를 해결하는 과정에서 어려움이 생기면 끈기를 가지고 여러가지 방법을 생각하여 결국 풀어내는 과제집착력을 보여줌. 문제해결 아이디어를 제시하는 능력이 뛰어난 학생으로 학급의 친구들에게 훌륭한 멘토가 되었으며 멘티가 이해할 때까지 다양한 예와 방법으로 도왔음. 입체도형의 부피를 이용하여 다항식을 전개하는 창의적 활동에서 자신의 과제해결 방법을 친구에게 논리적으로 잘 설명함. 진리집합 사이의 관계를 이해하고 명제의 참, 거짓을 판별하였으며 명제의 증명 방법으로 대우를 이용하거나 귀류법을 이용할 수 있다는 것을 친구들 앞에서 착실히 준

비하여 발표함. 또한 명제와 대우를 이용하여 사실을 추론하는 문제에서 명제의 필요성을 느꼈으며 자신의 해결 방법을 친구들에게 쉽게 설명하였음. 유리함수와 무리함수의 그래프를 그려보는 활동을 통해 그래프의 성질을 이해하고 다양한 문제풀이에 적용하는 뛰어난 모습을 보임.

통합과학 : 질문에 과학적 근거를 바탕으로 정답을 설명하는 모습을 통해서 과학적 기본개념이 탄탄하다는 것을 알 수 있음. 학업성취력이 뛰어나고 교과의 핵심개념을 잘 찾아냄. 가끔식 논리에 기초한 질문을 하는 것을 보면 예리하다고 판단됨. 활동수업이 이루어지는 가운데 흐름과 함께 과학적 원리가 딱맞아 떨어지는 결과를 발견하는 순간 희열을 느끼는 것을 보며 연구자의 자세가 엿보임. 가끔 활동을 먼저 하고 주제를 찾아보라 하였을 때도 가장 먼저 수업목적을 찾아내는 감각을 지님. 학습활동을 빠르게 완성하는 집중력을 보임. 다양한 활동의 대표 발표자로서 수업에 눈에 띄는 학생임. 파스퇴르의 생물속생설 실험 결과를 교실에 준비해 놓고 관찰하고 일지를 작성하여 아이들과 공유함. 산과 염기의 성질을 확인하는 실험을 수행한 뒤 실험 결과에 대해 보고서를 유일하게 올바로 작성한 학생임.

과학과제 연구 : 부유성 수생식물의 생활하수 정화 능력을 과제연구 주제로 선정하여 조원과 함께 협동하여 적극적인 태도로 실험을 설계함. 과학적 지식과 아이디어가 풍부하여 수업에 대한 흥미도가 높고, 항상 적극적인 태도로 실험에 임함. 실험에 사용되는 물을 하천의 상류, 중류, 하류에서 직접 채수해오는 열정을 보여주었고, 수질검사 키트도 직접 구매하여 연구의 질을 높이는데 기여함. 실험과정 중 똑같은 실험이 계속적으로 반복되는 과정이 많아서 어려움이 있었지만, 조원과 협동하여 성실하고 끈기 있게 끝마침. 이해력과 통찰력이 뛰어나 새로운 지식을 전달해 주면 더욱 풍부한 내용으로 발전시켜 이해하는 경향을 보임. 컴퓨터 활용 능력이 뛰어나고, 자료검색 능력이 탁월하여 다양한 문헌과 자료수집을 할 수 있고, 자료 정리 및 보고서를 작성하는 데 있어서 이해력과 습득력이 빠름. 데이터를 표와 그래프로 변환하는 데 있어서 본인의 능력을 한껏 발휘하여 가장 완성도 높은 보고서를 완성함.

1학년 때 배우는 과목은 필수 과목으로 대부분의 학생들이 수강하는 과목이다. 필수 과목이다 보니 학생의 선택권이 많이 없지만 그 속에서도 해당 학생은 모든 과목에서 열심히 해 왔다는 것을 특기사항을 통해 확인할 수 있다.

　　국어에서는 **독서를 이용한 교과 특기사항**이 눈에 띈다. 국어에서는 독서 교육을 활성화하여 학생이 책을 통한 배움이 많이 기대되는 게 좋을 것 같다. 그런 점에서 본다면 '진로독서신문만들기'에서는 학생의 희망진로를 드러낼 수 있는 적절한 활동으로 볼 수 있다.

　　수학에서는 '매우 성실한 ~ 예와 방법으로 도왔음.'을 통해서 학생이 학업이 우수하며 수업시간의 또래멘토링을 통해 친구와 함께 공부하며 나눔의 의미를 실천하고 있음을 확인할 수 있다. 또한, 이어지는 특기사항 내용을 통해서도 학생의 역량이 뛰어났음을 확인해 볼 수 있다. 특히 '잘 설명함.', '쉽게 설명함.', '뛰어난 모습을 보임.'이라는 **서술어**는 학생을 높게 평가하고 있는 근거라고 할 수 있겠다.

　　통합과학에서는 '질문에 ~ 예리하다고 판단됨.'이라는 것으로 과학의 성취도가 높은 학생임을 확인할 수 있다. 또한, '활동 수업이 ~ 감각을 지님.'을 통해서는 **미래 과학자**를 꿈꾸려는 학생에게는 매우 적합한 특기사항이다. 의학계열 역시 전공의가 되어서 연구를 많이 하기 때문에 적절한 특기사항이라고 할 수 있겠다.

　　과학과제연구에서는 학생이 하고 싶어 하는 주제를 선정하여 실제 연구하는 모습을 작성하였다. '부유성 수생식물의 생활하수 정화 능력'을 주제로 보고서를 작성하는 학생의 특기사항이 바로 그것이다. '실험에 사용되는 물을 ~ 끈기 있게 끝마침.'이라는 특기사항으로 문제 상황이 생겼을 때 어떻게 대처하고 해나가는지를 확인할 수 있다. 또한 이후 보고서를 작성하는 학생의 모습을 잘 표현했고, '가장 완성도 높은 보고서를 완성함.'이라는 내용을 통해 수업에서 탁월한 역량을 발휘했음을 표현하였다. 해당 활동을 기반으로 학생이 실험 능력이 뛰어남을 확인할 수 있으며, 1학년을 마친 후 2, 3학년에서도 실험에 대한 학생의 관심과 관련 활동이 입증되었음을 파악할 수 있다.

2학년 🔖 **독서** : 존 스튜어트 밀의 '여성의 종속'을 발췌하여 읽고 '이미 차별로 격차가 생긴 일이라도 자유 경쟁에 맡겨야 한다'라는 논제의 찬성 측 최종발언자로 토론에 참여함. 개인의 노력이 지니는 사회적 가치를 언급하며, 차별로 생긴 격차와 노력의 차이로 생긴 격차는 구별해야 함을 강조함. 찬성 측 발언을 간명하게 종합한 최종 발언이 급우들에게 호평을 받음. '자율주행차의 사고 책임은 기업에게 있는가?, 운전자에게 있는가?'라는 논제의 토론에서는 기업에 있다는 입장의 토론자로 참여하였음. 토론 중 상대측과 합의하지 못한 전제와 정의를 확인하며 논리정연하게 주장을 이어 나가는 모습이 매우 인상적임. 다른 모둠의 토론도 경청하며 토론 후 질문에 적극적임. 독서토론에 필요한 전체적 역량이 매우 뛰어난 학생임. 학기 중 토론 내용을 바탕으로 논술문을 쓰는 활동에서 주장에 대한 타당한 근거와 적합한 사례, 강조점을 찾아 유기적으로 서술하여 썼으며 그 성과가 우수함. 1학기 1권 책 읽기 활동을 바탕으로 서평을 쓰는 활동에서 '의사와 수의사가 만나다(바버라 내터슨)'를 읽고 작가 및 작품에 대해 다양한 측면을 서술하고, 책의 줄거리를 일목요연하게 요약한 뒤, 책을 추천하는 이유를 논리적으로 밝혀 씀.

수학Ⅱ : 매사 성실하고 모범적인 학생으로 수업시간에 활용한 모든 학습자료와 과제를 성실한 자세로 해결하여 제출함. 학업에 대한 열정이 뛰어나고 꾸준히 탐구하고 스스로 문제를 해결하려고 노력하며 다양한 문제를 풀어보며 문제 해결력을 높임. 함수의 극한과 연속, 미분과 적분의 정의를 정확히 이해하고 있으며, 문제풀이 발표에도 적극적으로 참여하여 친구들이 어려워하는 문제를 풀어주고 설명을 잘해줌. 주어진 주기함수가 실수 전체의 집합에서 연속이 되도록 미정계수와 함수를 구하는 과정을 잘 설명함. 함수의 최대와 최소를 활용하여 도형의 부피와 관련된 문제를 해결하는 과정을 도형을 그리며 친구들이 이해하기 쉽게 풀이과정을 깔끔히 정리하며 설명함. '의학 속 미적분'을 주제로 적분이 이용되는 CT와 심박출량 측정, 미분방정식을 이용한 전염병 모형과 미분방정식을 이용한 수학적 모델을 기반으로 동물실험과 임상실험 간 차이가 발생하는 원인을 밝히고 그 해결책을 제시했다는 기사를 찾아 소개함.

영어 II : 영어콘텐츠에 대한 관심이 많아 생명과학과 관련된 영상을 자막 없이 보면서 내용을 파악하고 전문용어는 영상의 대본을 검색해 찾아서 이해하는 등 수업 이외에 자신의 영어능력을 활용하는 시간을 많이 가지고 효과적인 방법에 대해 교사와 많은 이야기를 나누며 자기능력개발을 꾸준히 수행함. 인상 깊은 교과서 독해 지문으로 '세상을 바꾸는 작은 움직임'을 선택함. 얀 바밍(뜨개질로 거리를 장식)이 전 세계적으로 영향력 있는 운동이 되었음을 알게 되었고 자신도 사람들의 인식을 바꾸는 일을 하고 싶다고 함. 특히 자신의 관심 분야인 주비퀴리(수의학과 인간의학의 관계와 경계를 재정립하는 접근법)와 관련한 운동을 전개하고 싶다는 생각을 발표함. '수의사는 의사가 모르는 어떤 것을 알고 있을까?'라는 영어 영상을 보고 수의학과 의학이 서로 도우며 발전할 수 있다는 것을 알고 자신도 동물과 사람 모두를 이롭게 하는 수의사가 되고 싶다는 소감을 발표함. '동물은 어떻게 생각하고 느끼는가?'라는 주제의 영어 영상을 보고 사고와 감정은 인간만의 전유물이 아니라는 것을 알게 되어 동물의 권리와 윤리문제에 대해 인식하는 기회가 되었다고 활동기록지에 작성함.

화학 I : 화학 부장으로 교사의 수업 및 실험준비에 도움을 주어 수업이 원활하게 진행될 수 있었음. 수업 태도가 바르고, 화학 원리에 대한 이해력이 빠르며 문제해결력이 탁월함. 탄산 칼슘과 염산을 반응시키는 실험과정을 이해하고 이산화 탄소 기체의 양을 정량적으로 측정할 수 있으며, 이 과정을 잘 이해하지 못하는 친구들에게 친절하게 설명해주었음. 다른 조건의 반응에서 한계 반응물을 찾을 수 있으며 생성물의 양을 추론하는 능력이 뛰어남. 제시된 조건을 가지고 수소원자의 전자 전이에서 방출, 흡수하는 에너지의 양을 계산하고 서술함. 수의사를 꿈꾸는 학생으로 동물에게 필수적이거나 동물의 치료에 사용되는 혹은 질병을 유발하는 물질을 탐구하고자 자료를 조사하던 중 인간과 동물 모두 칼륨이 생명 유지에 필수적이고 과다하거나 부족할 때 질병을 유발할 수 있다는 것을 알게 되어 '칼륨'을 화학 탐구 주제로 선정함. 특히 체내에 칼륨이 과다할 때와 부족할 때 일어나는 현상에 대하여 친구들에게 설명함.

생명과학Ⅰ : 실험 설계 시 변인을 명확히 구분하고 통제하며 오차를 줄이기 위해 여러 번 실험을 진행하여 평균값을 사용함. 운동 강도에 따른 호흡량과 맥박수를 측정하는 실험에서 표와 그래프의 종류를 적절히 선택하고 항목을 정확히 표시함. 응집원, 응집소의 응집반응으로 혈액형 판정 원리와 수혈관계를 잘 설명함. 뉴런에서 흥분이 전도될 때 이온 통로의 개폐로 일어나는 막전위 변화를 설명함. 동물에 관심이 많고 관련 진로를 탐색 중이라 아프리카 돼지 열병에 대한 뉴스를 접하고 이에 대해 조사하여 원인, 증상, 전파 방법, 인간에게 미치는 영향 등에 관한 PPT를 제작하여 발표하고 바이러스성 질병에 대해 꾸준히 공부하고 싶다고 함. 요양원 봉사를 다니면서 여러 환자를 보고 유전성 신경 질환에 대한 관심이 생겨 이를 조사하여 증상, 원인, 치료 방법 등을 PPT를 제작하여 발표하고 활동지를 작성하여 제출함.

정리!

독서에서는 학생의 **토론 능력**이 뛰어남을 확인할 수 있다. 이는 앞서 자율과 동아리 활동 등에서 토론에 대한 연습과 준비, 활동을 즐겨하였고, 잘한다는 것을 한 번 더 확인시켜 준다. 1학기 1권 책읽기 활동으로 학생의 진로 방향을 알 수 있는 특기사항을 작성하였다. 따라서 생활기록부 전반에 걸쳐 토론에 대해 우수함과 의학계열에 관심 있는 학생의 특기사항이라 할 수 있겠다.

수학Ⅱ에서는 '매사 성실하고 ~ 문제해결력을 높임.'이라는 특기사항으로 학생의 **훌륭한 수업 태도**에 대해 평가해 보았다. '미적분과 적분의 정의를 ~ 정리하며 설명함.'을 통해서 수학에 대한 성취 수준이 높다는 것을 알 수 있다. 또한 '의학 속 미적분' 활동으로 학생의 관심사도 볼 수 있는 잘 쓰인 특기사항이다.

영어Ⅱ에서는 '영어콘텐츠에 대한 ~ 꾸준히 수행함.'이라는 특기사항을 통해서 자기주도성이 높은 학생임을 알 수 있다. 그리고 교과서 독해 지문부터 시작하여 학생의 관심 분야까지 작성된 특기사항은 수업 시간에 꼭 활용해 보기 바란다. 단순한 교과서 지문 독해를 잘한다는 것이 아닌 좀 더 확장하여 학생 **개개인의 진로 관련 특기사항**도 작성할 수 있다. 영상 수업에서도 모든 학생이 같은 영상을 볼 텐데 학생의 느끼는 바는 다를 것이다. 이를 발표 또는 자기평가서 등을 이용하여 수업의 내용을 특기사항에 작성하기보다 학생의 느낀 점을 토대로 작성하길 바란다.

화학Ⅰ에서는 화학 부장이며 수업에 착실하게 참여하는 모습을 중심으로 작성해 보았다. '탄산칼슘과 ~ 에너지의 양을 계산하고 서술함.'이라는 특기사항은 학생의 화학 성취도가 높음을 알 수 있게 해준다. '수의사를 꿈꾸는 ~ 친구들에게 설명함.'이라는 특기사항은 수업 시간 **진로와 연관된 교과 발표**가 있었기에 작성해 보았다. 학생의 높은 수준과 관심 분야를 한 번에 알 수 있는 유의미한 특기사항이라 할 수 있겠다.

생명과학Ⅰ에서는 '실험 설계 시 ~ 평균값을 사용함.'을 통해 실험했을 때 어떻게 진행하였는지 알 수 있는 내용을 중심으로 특기사항을 작성해 보았다. 이후 '운동 강도에 ~ 막전위 변화를 설명함.'까지는 생명과학Ⅰ의 지식을 잘 습득하였다는 것을 알 수 있게 해주는 특기사항을 작성하였다. '동물에 관심이 많고 ~ 공부하고 싶다고 함.'이라는 특기사항을 통해 학생의 동물 연구 및 인수공통바이러스에 관심이 있다는 것을 확인할 수 있다. 또한, '요양원 봉사 ~ 보고서를 작성하여 제출함.'을 통해 **학생의 열심히 한 봉사를 통해서도 진로 선택 방향**에 도움이 되었다는 것을 확인할 수 있는 특기사항이다. 실험 능력부터 지적수준과 학생의 진로를 확인할 수 있는 훌륭한 내용이라고 할 수 있을 것 같다. 또한, 봉사 활동은 어떤 것이든 가치가 있고 그 속에서 학생이 진실한 무엇인가를 느껴 보길 바란다.

2학년의 특기사항은 학생의 **각 교과 내 성취 수준**을 확인할 수 있으며 해당 학생의 **진로 방향**을 알 수 있는 유의미한 특기사항들이다.

3학년 🔵 **심화 영어 독해 I** : 영어부장을 맡아 수업분위기 정돈, 수업활동 준비 보조, 과제물과 유인물 관리 및 안내사항 전달 등 영어부장으로서 맡은 일을 책임감을 가지고 모범적으로 수행함. 평소 관심 있는 분야의 글을 읽고 생각발표하기 활동에서 '어휘선택'에 관한 자료를 읽고, 어휘 지식은 문장이나 문단 단위의 의미를 넘어 전반적인 글에 대한 통찰력을 제공하며, 글의 분위기와 어조를 결정함을 강조함. 이전에는 '애완동물'이라고 언급했지만, 점점 '반려동물'이라는 용어가 사용되고 있으며, 이러한 용어의 차이가 우리들의 동물들에 대한 시각에도 상당한 영향을 미칠 것임을 적절한 어휘와 정확한 어법을 사용하여 발표함. 영어 에세이쓰기 활동에서 '인간과 다른 동물이 공유하는 기본적인 특성'이란 주제로 인간은 만물의 척도가 아니라 다른 동물과 특성을 공유하는 동물에 불과하다는 점을 분사구문과 접속사를 정확히 사용하여 서술함. 흑인인권운동과 관련된 영상시청 후, 소감문 발표하기 활동에서 인권운동가 마틴루터킹과 말콤엑스에 대하여 조사하여 발표함. 인권수호에서 적극적인 자세와 비폭력적인 방법이 중요한 것처럼 동물권과 동물 해방을 위한 운동에서도 평화적이고 비폭력적인 방법의 중요성을 강조함.

여행지리 : 호기심이 많은 학생으로 수업에 예의바르게 임하며 교사와 소통할 줄 아는 멋진 학생임. 여행지리 부장으로서 쉬는 시간에 수업에 필요한 물품들을 챙겨감으로서 수업이 원할이 진행될 수 있도록 조력함. '죽기 전에 꼭 가보고 싶은 나라 5개국' 발표수업에서 몇 년 전부터 태국 북부 지역에 배회동물이 늘어나고 있고, 우리나라의 버려진 동물을 위한 수의사회의 수의사들이 태국에 봉사하러 간다는 기사를 보고 본인도 봉사 여행을 하고 싶다는 포부를 밝힘. 동물을 좋아하여 케냐와 탄자니아 국경 부근에 마이사마라국립보호지역을 방문하여 많은 동물을 만나고 싶다고 희망함. 자연환경에 관심이 많고 밤하늘을 보는 것을 좋아하여 캐나다 옐로 나이프에서 오로라를 보고 싶어 캐나다를 선택함. 환경문제에도 관심이 많은 학생으로 환경 도시 프라이부르크를 방문하고자 독일을 선택하여 각각의 지역을 자신의 관심을 중심으로 지역성이 선명하게 드러나도록 인상적인 발표를 함.

생명과학 II : 생명과학에 대한 관심과 흥미가 많아 수업 시간에 집중해서 학습에 임함. 문제해결력능력이 뛰어나고, 교과와 관련된 심화 내용에 대해 책이나 인터넷을 통해 조사하여 정리하고 궁금한 점은 수시로 질문하는 등 적극적인 학습 태도를 보임. 세포의 구조와 기능에 관한 수행평가에서 엽록체와 미토콘드리아의 공통점과 차이점을 비교하고 두 소기관에서 일어나는 에너지 전환 과정을 바르게 설명하였으며, 식물세포에 존재하는 액포와 동물세포에 존재하는 중심체의 기능에 대해 바르게 설명. 세포막을 통한 물질 이동에 대한 탐구 활동에서 원형질 분리가 일어난 식물세포를 저장액에 넣었을 때 식물세포의 상대적 부피에 따른 삼투압, 팽압, 흡수력의 관계를 자세하게 서술함. DNA 복제에 관한 수행평가에서 세 가지 복제 모델(보존적, 반보존적, 분산적 복제)을 따를 때 2세대 대장균의 DNA 원심 분리 결과 나타나는 DNA 띠의 위치를 정확하게 표시함. 중심 원리에 따른 유전 정보 흐름에 대한 탐구 활동에서 리보솜, mRNA, tRNA의 작용을 바르게 서술하였으며, 주어진 DNA 주형 가닥으로부터 합성된 폴리펩타이드의 아미노산을 지정하는 mRNA의 코돈과 아미노산을 운반하는 tRNA의 안티코돈을 바르게 설명함.

중국어 II : 학급 교과반장으로 수업시간에 필요한 각종 자료 준비를 돕고 전달사항을 칠판에 미리 적어 준비하게 하며, 수업 분위기가 산만할 때 적극적으로 나서 급우들을 독려하여 수업에 참여시키려 노력하는 등 바람직한 수업 분위기 형성에 역할이 큼. 기초적인 회화표현을 잘 알고 이를 정확한 상황에서 활용하는 것도 탁월함. 수업시간에 다루어지는 문화 관련 영상자료를 주의 깊게 청취하고, 중국신문 만들기 활동에서 조장을 맡아 주도적으로 조원들의 역할을 배분하고, 자신은 중국 사회주의 시장 경제, 개혁개방 전과 후의 경제 변화 및 발전 현황, 중미 무역전쟁의 전망, 경제 관련한 중국어 표현 등을 소개하며 느낀 점을 적어 기사를 작성하고, 이 내용을 PPT로 제작하여 조원들과 함께 발표를 진행하여 자신이 속한 조가 흥미롭고 유익한 발표를 진행하는데 기여함. 수의사가 되기를 희망하는 학생으로 중국 현황 활동지 쓰기에서 평소 관심을 가지고 있던 중국의 반려동물과 수의사를 주제로 자료를 조사하여 중국 반려동물 수의 증가와 동물 관련 법안, 중국에서 수의사가 되는 방법과 전망 등을 소개하고 조사 과정에서 느낀 점을 기술한 활동지를 작성함.

정리!

    심화 영어 독해 I 에서는 '영어부장'의 역할을 하며 수업에 도움이 되는 활동을 통해 **공동체에 기여**하는 모습을 보여주는 특기사항이 있다. 이후 '생각 발표하기 활동'에서 '어휘지식은 문장이나 ~ 발표함.'이라는 것을 통해 반려동물에 대한 관심이 높다는 것을 잘 드러낸 특기사항이다. 이후 '영어 에세이 쓰기 활동'과 '흑인 인권 운동 관련 소감문 발표하기' 활동을 통해서 모두 동물에 대한 내용을 계속 언급해줌으로써 학생의 **진로 방향**을 확실하게 알려주는 특기사항이다.

    여행지리에서는 여행지리 부장 역할을 하면서 역시 수업에 도움 되는 활동을 하였고, 수업시간에 바른 태도를 강조하면서 인성부분에서 높이 평가할 수 있는 특기사항을 작성하였다. 또한 '죽기 전에 꼭 가보고 싶은 나라 5개국 발표수업'에서 **학생의 관심사**를 잘 나타내고 있는 활동이다. 봉사 여행이라는 주제로 왜 하고 싶은지 어떤 활동을 하고 싶은지를 학생의 소감을 바탕으로 쓴 매력적인 특기사항이다.

    생명과학 II 에서는 '생명과학에 대한 관심과 ~ 적극적인 학습 태도를 보임.'을 통해서 학업능력에 대함과 계열적합성에서 높은 학생임을 표현한 특기사항이다. 이후 특기사항을 통해서는 학생이 생명과학 II 지적 수준이 뛰어남을 알 수 있다. 성취도가 높음을 강조한 특기사항으로도 면접 문항을 충분히 추출할 수도 있다. 따라서 **대입 면접을 준비할 때도 스스로 배운 내용을 꼭 점검**해야 한다.

    중국어 II 에서는 교과 학습 반장으로 수업에 기여하는 바를 자세히 작성하였다. 이후 '기초적인 ~ 탁월함.'이라는 특기사항을 통해서도 중국어 능력이 높다는 것과 '수업시간에 ~발표를 진행하는데 기여함.'이라는 특기사항을 통해서 모둠 속에서도 공동 결과를 이끌어가는 **리더십**을 표현해 보려고 했다. 이후 '수의사가 되기를 ~ 활동지를 작성함.'이라는 특기사항을 통해 학생의 진로 분야를 위해 노력한 모습까지 잘 나타나 있는 매우 의미 있는 특기사항이라고 할 수 있겠다.

    3학년의 특기사항을 통해서 학생이 수업 시간에 **기여한 바**가 크다는 것을 알 수 있다. 이에 따라 학생이 **3학년에 표창장(모범상)**을 탈 수 있었던 충분한 개연성을 교과 세부능력 및 특기사항에서 확인해 볼 수 있다.

7) 독서 활동 상황 ✦

독서 활동 상황은 2024 대입부터는 상급학교 진학 자료에 반영되지 않는다. 이에 따라 독서가 중요하지 않다고 생각할 수 있지만, 독서 활동이 교과나 학교 활동으로 들어 올 수 있다. 독서를 통해 학생이 배우는 것이 많으므로 독서는 지속적으로 하길 추천한다.

1학년 ● 10대와 통하는 독립운동가 이야기(김삼웅), 흐르는 북(최일남), 당신들의 천국(이청준), 야간비행(생텍쥐베리), 아우를 위하여(황석영), 우리 역사 속 수학 이야기(이장주), 수학, 인문으로 수를 읽다(이광연), 3일만에 읽는 수학의 원리(고바야시 미치마사), 인생은 불친절하지만 나는 행복하겠다(자일스 브랜드리스), 나도 복지 국가에서 살고 싶다(오건호), 왜 세계의 절반은 굶주리는가(장 지글러), 분노하라(스테판 에셀), 도마뱀의 발바닥은 신기한 테이프(마쓰다 모토코 외), 이기적 유전자(리처드 도킨스), 내 몸안의 작은 우주 분자 생물학(하기와라 기요후미), 과학은 논쟁이다(이강영 외), 유쾌한 수의사의 동물병원 24시(박대곤), 내가 유전자 쇼핑으로 태어난 아이라면(정혜경), 쥐(아트 슈피겔만), 너를 놓아줄게(클레어 맥킨토시)

2학년 ● 위대하고 위험한 약 이야기(정진호), 헬렌 올로이(레스터 델 레이), 수학으로 이루어진 세상(키스 데블린), 케미가 기가 막혀(이희나), 화학, 알아두면 사는데 도움이 됩니다(씨에지에양), 뇌, 인간을 읽다(마이클 코벌리스), 내 몸 속의 우주(롭 나이트, 브랜던 불러), 생물 다양성, 얼마나 더 희생해야 하는가(요제프 H. 라이히홀프), 바이러스, 삶과 죽음 사이(이재열), 왜 인공지능이 문제일까?(조성배), 랩걸(호프 자런), 동물을 위한 윤리학(최훈), 살아 있는 것들의 눈빛은 아름답다(박종무), 야생동물병원 24시(전북대학교 수의과대학 야생동물의학실), 수의사가 말하는 수의사(김영찬 외), 미중전쟁의 승자, 누가 세계를 지배할 것인가?(최병일)

3학년 ● 이방인(알베르 카뮈), 새빨간 거짓말, 통계(대럴 허프), 화학에서 인생을 배우다(황영애), 세포(잭 챌로너), 오늘도 우리 몸은 싸우고 있다(캐서 린 카버),

그린피스(폴 브라운), 동물원에 동물이 없다면(노정래), 동물원 동물은 행복할까?(로브 레이들로), 뇌가 지어낸 모든 세계(엘리에저 스턴버그), 인수공통 모든 전염병의 열쇠(데이비드 콰먼), 바이러스(메릴린 루싱크)

★★
정리!

　해당 도서들은 화학, 생명 관련 분야의 책들이다. 앞선 국어, 독서 등 교과에서 독서 활동을 하여 특기사항을 작성하였다. 단순 독서+독서가 아니라 **독서에서 시작하여 보고서를 작성하거나, 독서를 통해 배움의 심화 확장**해보길 추천한다. 교과뿐 아니라 자율, 동아리, 진로 활동에도 독서 계획만 잘 수립하면 작성할 수 있으므로 이점을 참고하길 바란다.

8) 행동특성 및 종합의견 ✦

> 행동특성 및 종합의견으로 **담임교사의 추천서**이다.
>
> 이전 입시에서는 담임교사, 교과 교사 등이 해당 학생의 전반적인 학업역량, 자질 등을 높게 평가하여 원서를 넣는 대학교에 추천서를 같이 접수하였다. 그러나 대부분의 대학에서 추천서가 사라졌기 때문에 학생을 전체적으로 평가할 수 있는 서류가 사라진 것이다. 이를 대체하는 것이 행동특성 및 종합의견이다.

1학년 ◉ 학급자치회장으로서도 학급의 청결 및 게시물 정리를 맡아 책임감 있는 자세로 역할을 담당해 주어 학급 청결에 커다란 기여를 하는 등 봉사정신이 뛰어남. 또한 학급 청결을 위해 나설 때 아이들을 잘 통솔하는 리더쉽을 보여줌. 꾸준히 노력하는 학습태도를 가져 전 교과 성적이 우수하고 골고루 좋은 성적을 유지함.

수학교과가 부족하다며 고민을 이야기한 적이 있었는데 학업계획을 세우고 노력하면서 수학 선생님과의 대화를 통해 개선시켜나가는 모습에서 학습역량을 갖추고자 노력함을 알 수 있음. 아침 자습 시간이나 쉬는 시간에 주변 친구들의 분위기에 휘둘리지 않고 자신이 세운 공부 계획을 치열하게 실현해 나가는 모습을 보여 전 과목에서 높은 성취를 이룩함.

심지가 굳고 소신을 가진 꾸준한 행동을 보여 친구들이 많이 의지하고 투정을 부리기도 하는데 받아 줄 수 있는 품성을 지님. 항상 긍정적인 생활 태도를 보이고 있으며 품행이 방정하고 예의가 바른 학생으로 여러 교과 선생님의 칭찬을 받음. 특히 믿음직하고 변하지 않는 굳은 마음이 보이기에 신뢰가 가는 학생이라고 두루두루 이야기함.

2학년 ◉ 학급자치회 회장으로서 학급을 이끌어나가는 리더십이 있고 청소 관리를 도맡아 하였으며, 올바른 학급문화 정착을 위한 의견을 제시하여 학급에 대한 애정이 남다름을 보여줌. 체육한마당에서 사용할 학급 깃발을 제작하는데 참신한 아이디어를 제공하고 협업을 통해 완성해냈으며, 주제별체험학습에서 친구들을 위해 일찍 일어나 방을 정리하고, 발목을 다친 친구를 숙소에 도착

할 때까지 부축하는 모습이 인상적임.

예의바르고 타인에 대한 배려심이 많으며 신중한 언행으로 믿음직스러움. 집중력이 좋고 수업에 임하는 자세가 누구보다 진지하며 전 교과목의 학업성취도가 뛰어나 교과 선생님들이 입을 모아 칭찬함.

의료계열 분야를 탐구하고 생명과학 관련 지식을 넓히기 위해 스터디그룹을 결성하여 다양한 주제로 토론함으로써 자기주도적으로 과학지식을 구조화하고 비판적 사고력을 키웠으며, 다양한 분야의 독서 활동으로 과학뿐만 아니라 인문학 관련 상식도 풍부함. 동물과 인간에게 모두 이로운 수의사가 되겠다는 확고한 진로목표를 설정하고 학업에 정진함.

정리!

1, 2학년 특기사항을 통해서 학급자치회장을 하였고, 인성이 뛰어나며, 학업 준비 및 학생의 진로 분야까지 한 번에 알 수 있게 해준다.

학급자치회장 분야는 자율 활동에 작성하지만, 글자 수 제한으로 자율 활동에 기록하지 못할 수 있다. 따라서 행동특성 및 종합의견에 작성하는 것도 하나의 방법이다.

각 학년 모두 '여러 교과 선생님의 칭찬함.'이 있다. 학생 1명이 졸업할 때 적어도 20명의 교사를 만나고, 많으면 40명 가량의 교사와 함께 공부한다. **모든 교사가 칭찬**한다는 것은 학생의 인성 및 예절에서 최고의 평가를 받았다고 할 수 있는 부분이다.

학생이 **학습법**을 고민하고 상승시켰다는 내용은 해당 생기부에서 찾기가 쉽지 않다. 이를 담임교사가 평소 관찰하였다면 행동특성 및 종합의견의 특기사항에 작성할 수 있다. 또한 2학년 때 스터디그룹과 토론에 대한 학생의 강점을 부각시키기 위해 특기사항을 작성할 수 있다.

학생을 최종적으로 담임교사가 평가하는 행동특성 및 종합의견으로 학생의 모습을 작성하길 바란다.

2024학년도 입시에서 *사라지는*
자소서 예시문의 활용 방법

　자기소개서(이하 '자소서')는 2024학년도 입시부터는 사라지기 때문에 2023학년도 입시를 치르는 학생이 아니라면 제시된 예시들이 더는 필요 없다고 생각할 수 있을 것이다. 하지만 필자의 입장에서 볼 땐 학생부 기록을 위해 학생들이 자주 쓰게 되는 자기평가서 작성 능력을 기르는 데 활용 가치가 있을 것 같다. 자소서가 없다는 것은 그만큼 지원자를 평가할 때 학생부의 중요성이 커졌다고 볼 수밖에 없으며 이는 결국 학생부에 기재된 내용들이 자소서에서 기재했던 내용들과 연관성이 깊다는 것을 의미하기 때문이다.

　현재 많은 고등학교에서 과목별 세특을 기재할 때 학생 개개인의 특성이 잘 드러날 수 있게끔 이른바 맞춤형으로 기록하기 위해 자기평가서를 활용하고 있는데 양식이나 형태는 다르지만 교과 활동에서 흥미로웠던 경험, 심화 탐구활동, 배우고 느낀 점, 진로 계획이나 목표 등을 확인하는 질문을 활용하고 있는 것으로 알고 있다. 예를 들면, '교과 활동이나 수행 평가 등에서 가장 의미 있는 경험은 무엇인지?', '수업 시간에 배운 내용을 기반으로 더 깊이 있게 탐구해 보고 싶었던 것은 무엇인지?', '교과목 시간에 배운 내용을 학교생활이나 자신의 삶과 관련지은 경험이 있는지?', '특정 주제에 대해 궁금했던 것을 스스로의 힘으로 해결해보려는 노력을 한 적이 있는지?', '○○ 활동을 하면서 어려움을 어떻게 극복했고, 배우고 느낀 점이 있다면 무엇인지?' 등이 바로 그것이다.

그런데 전교생을 대상으로 세특을 기재해야 하는 선생님의 입장에서 학생들의 경험이나 생각을 평소 꼼꼼하게 관찰해 누가 기록으로 정리해 놓지 않는 한 개별 학생이 만족할 수 있을 만큼의 파악은 불가능한 실정이다.

일반적으로 학생부에 기재된 내용을 보면 '○○에 관심이 많은', '○○에 흥미가 있는', '○○을 희망하는' 등의 문구로 시작해 기준 글자수를 최대한 활용해 양적인 풍부함을 추구한 후 '참여함', '발표함', '알게 됨' 등으로 마무리하는 경우가 많은 것이 현실이다. 선생님의 입장에서만 썼을 경우 자주 볼 수 있는 내용일 텐데 학생의 의도에 부합하지 못하거나 만족도에 미치지 못하는 경우가 많을 것으로 안다.

결국 이런 한계를 뛰어넘어 경쟁력 있는 학생부를 만들고 싶다면 자신이 교과목 시간에 배운 내용 가운데 의문이나 호기심이 생긴 것을 기반으로 탐구(연구), 실험 활동 등을 통해 '지적 역량을 길러나간 경험'이 담긴 자기평가서를 작성해 봐야 한다.

이런 자기평가서를 작성하기 위해 참고할 수 있는 최선의 자료가 바로 자기소개서라고 할 수 있는데 이는 '활동 동기 - 활동 과정 - 활동 결과 - 배우고 느낀 점'이 드러나게 기술해나가는 자소서의 특성 때문이다. 자신의 진로 분야와 관련 있는 잘 쓴 자소서를 참고해 보면 자기평가서를 작성하는 요령과 방향성을 명확하게 파악할 수 있고, 자신의 역량을 잘 보여줄 수 있는 양질의 학생부를 만드는 데 큰 도움이 될 수 있을 것이다.

2024학년도 이후 입시를 준비하는 학생들이 자소서를 작성할 일은 없겠지만 이와 비슷한 성격을 가진 자기평가서를 작성하는 경험은 최소한 한 번쯤은 하게 될 것이기 때문에 이런 친구들이라면 이 책에 수록된 자소서 예시 내용들을 꼼꼼하게 읽어보고, 도움이 될 만한 부분들을 적극적으로 활용해 보기 바란다.

수의예과
자기소개서

1. 재학 기간 중 지원한 분야와 관련하여 어떤 노력을 해왔는지 본인에게 의미가 있는 학습경험과 교내활동 등을 중심으로 기술해 주시기 바랍니다.

사람과 동물의 질병 원인에 관심을 가져 내린 결론이 있습니다. 질병의 원인은 세균 및 바이러스와 같은 '미생물'에 의한 면역체계의 붕괴와 유전, 생활 습관, 외부 오염원 노출 등에 의한 '체내 균형'의 깨짐이라고 생각했습니다. 이중 미생물에 의한 질병에 관심을 가졌고 특히 살균, 소독에 흥미를 느껴 탐구했습니다. 코로나19로 어려웠던 시기, 엘리베이터 등에 부착하는 '항균필름'이 과연 효과적인지 의문을 가지고 이를 검증했습니다. 바이러스를 대상으로 실험해야 하나 여건상 세균을 가지로 실험했습니다. 우선 식약처 등에서 미생물 검출 실험에 대한 자료를 보고 여러 가지 미생물 검출법을 알게 되었고 특히 '건조필름법'은 실험의 여건에 구애되지 않고 쉽게 할 수 있는 방법임을 알았습니다. 기존 실험 방법으로는 배지, 고압멸균기, 항온조, 마이크로피펫 등 고가의 기자재가 필요하지만 건조필름법은 저렴하고 쉽게 미생물을 검출한다는데 매력을 느껴 '3M 페트리필름'을 이용하였고 대상으로는 대장균을 선택했습니다. 대장균은 '지표세균'으로서 위생의 척도가 되며 지표세균으로 다른 세균들의 존재 유무도 예측할 수 있기에 식품 및 수돗물의 위생 평가 지료로도 활용된다는 사실을 알았습니다. 대장균을 얻기 위해 화장실 변기 등에서 시료를 채취했지만 위생적으로 너무 '깨끗'해서 검출하지 못하고 결국 상가 건물의 공중 화장실 중 악취가 나는 '깨끗하지 않은' 화장실 변기에서 대장균을 확보했습니다. 이를 통하여 시중에 판매되는 여러 항균필름을 대장균과 반응시켜 살균율을 확인했습니다. 결론적으로 대부분 항균필름은 처음 사용할 때는 효과가 있었지만 반복 사용할 때는 살균효과가 없었습니다. 이 실험에서 가장 어려웠던 일은 48시간 35도씨를 유지해야 하는 항온조가 없어 인터넷을 찾아 '아두이노 항온기' 세트를 구입하여 실험했지만 몇 번 실험 했더니 회로가 타버려서 실패했습니다. 결국 온도조절기가 있는 전기방석과 헌 옷을 이용하여 온도를 유지할 수 있었습니다. 여건이 어려워도 극복하고자 하는 아이디어가 있다면 실험을 완수할 수 있다는 경험을 쌓았습니다. 탐구과정을 보고서로 정리하고 발표하여 주제발표대회에서 좋은 결과를 얻었습니다.

미생물에 대한 관심은 '인수공통 감염병'을 탐구하는 계기가 되었습니다. 최근에 발생하는 인간의 전염병이 대부분 동물에서 유래한다는 사실을 알게 되었고 그 원인을 찾았습니다. 여러 논문자료와 언론 기사, 관련 보고서를 읽으면서 인간에 의한 서식지 파괴 및 생태계의 불균형이 인간과 야생동물의 불필요한 접촉을 가져와 바이러스가 전파되고 변이를 일으켜 질병의 원인이 됨을 알았습니다. 이를 극복하기 위하여 우선 생태계 복원이 중요하고 더 나아가 수의학, 의학, 보건학 등이 공동으로 인수공통전염병을 연구하고 이에 대응하는 종합적인 대응 방안으로 '원헬스' 개념이 대두되고 있음을 알았습니다. 수의사로서 동물의 질병과 인간으로의 전파에 대해 연구하여 예방 및 치료는 물론 보건 정책에도 참여하여 인수공통감염병 해결에 이바지하고 싶습니다.

2. 고등학교 재학 기간 중 타인과 공동체를 위해 노력한 경험과 이를 통해 배운 점을 기술하시오.

공통 화제를 가지고 대화하다 친해진 친구가 있습니다. 고2 때 맞춤형 강좌 '영어토론반'에 참여하여 '애완동물의 필요성'을 주제로 토론했습니다. 평소 집에서 '짱이'라는 푸들 종 강아지를 키우고 있고 '짱이'를 통해 기쁨과 슬픔을 나누다 보니 자연스럽게 가족으로서 반려동물에 대한 애정을 갖고 있습니다. 이를 토대로 '애완동물이 고등학생의 우울증과 불안 수준에 미치는 영향'이라는 주제를 선정하고 설문조사를 했습니다. 객관식 문항과 주관식 문항으로 나누어 설문지를 만들어 학급 친구들에게 답변을 받았습니다. 객관식 문항은 대부분 잘 작성해 주었지만 주관식 문항은 대부분 작성하지 않아 친구 하나하나 직접 인터뷰하기로 했습니다. 그 과정에서 학급에서 다른 친구들과 잘 어울리지 않고 늘 혼자 다니는 친구도 인터뷰했습니다. 자신도 강아지를 키운다는 얘기를 하여 강아지를 주제로 설문이 시작되었습니다. 처음에는 준비된 설문에 대한 응답만 들었지만, 차츰 강아지가 공통 관심사가 되어 계속 얘기했습니다. 강아지가 있어 즐거웠던 일, 힘들거나 슬펐던 일을 얘기하다 보니 어느새 서먹했던 사이도 풀렸고 말동무가 되었습니다. 그 친구는 학교에서 다른 친구들과 대화하기 어려웠는데 다행히 강아지를 좋아하는 친구를 만나 대화하는 일이 즐거웠고 덕분에 학교에서 말할 수 있는 친구가 생겨 좋다고 했습니다. 결국 설문조사에서 원하던 결과를 얻었고 이를 바탕으로 토론에 참석하여 반려동물의 필요성을 주장할 수 있었습니다. 토론에서 나의 반려동물이 다른 사람에게 피해가 되지 않게 '반려동물 에티켓'도 중요하다는 사실을 다시 깨닫게 되었습니다.

나. 수의예과 자소서 분석 및 평가

제시된 자소서는 수의예과 지원을 고려해 작성해 본 것인데 '2학년 수상 경력 (주제발표대회)', '2~3학년 동아리 활동', '2학년 생명과학 I 교과 세부능력 및 특기사항', '3학년 자율 활동', '3학년 진로 활동'을 소재로 1번 문항을 기술했고, '2학년 자율 활동'을 기반으로 2번 문항을 기술했다. **학생부에 기재된 내용 중 희망 진로를 고려한 활동들을 기반으로 자소서를 기술해나가고 있는데** 잘된 점과 아쉬운 점을 중심으로 자소서 예시문을 평가해 보려고 한다. 수상 경력의 경우 학생부에서 수상명이나 등위만을 기재하기 때문에 구체적인 활동 내용은 자소서를 통해 밝힐 수밖에 없다. 이 학생 역시 1번 문항을 기술하기 위해 수상 경력을 소재로 선정했지만 학생부의 다양한 항목에서 해당 글과 직간접적으로 연관성이 있는 내용들이 기재되어 있다. 수의예과를 지원하는 학생들은 교내 활동을 활용해 진로나 전공 분야에 대한 관심과 역량을 보여주려는 경우가 많은데 앞으로 자소서를 쓰게 될 학생들이라면 이런 점을 고려해 소재를 선정한 후 글을 작성해 보면 좋을 것 같다.

또한 이 학생의 학생부 기재 내용과 자소서를 꼼꼼하게 비교해 가면서 읽어보고, 본인의 자소서 작성 방향과 소재 선정 등에 대해 고민해 본 다음 초안을 작성해 보기 바란다.

수의예과 지원자의 자소서

1. 고등학교 재학 기간 중 자신의 진로와 관련하여 어떤 노력을 해왔는지 본인에게 의미가 있는 학습 경험과 교내 활동을 중심으로 기술해 주시기 바랍니다.
(띄어쓰기 포함 1,500자 이내 *검정고시 출신자는 중학교 졸업 후 고등학교 재학 기간에 준하는 기간의 경험 기술)

　① 사람과 동물의 질병 원인에 관심을 가져 내린 결론이 있습니다. 질병의 원인은 세균 및 바이러스와 같은 ② '미생물'에 의한 면역체계의 붕괴와 유전, 생활 습관, 외부 오염원 노출 등에 의한 ③ '체내 균형'의 깨짐이라고 생각했습니다. 이중 ④ 미생물에 의한 질병에 관심을 가졌고 특히 살균, 소독에 흥미를 느껴 탐구했습니다. 코로나19로 어려웠던 시기, 엘리베이터 등에 부착하는 '항균 필름'이 과연 효과적인지 의문을 가지고 이를 검증했습니다. 바이러스를 대상으로 실험해야 하나 여건상 세균을 가지고 실험했습니다. 우선 ⑤ 식약처 등에서 미생물 검출 실험에 대한 자료를 보고 여러 가지 미생물 검출법을 알게 되었고 특히 '건조필름법'은 실험의 여건에 구애되지 않고 쉽게 할 수 있는 방법임을 알았습니다. 기존 실험 방법으로는 배지, 고압멸균기, 항온조, 마이크로피펫 등 고가의 기자재가 필요하지만 건조필름법은 저렴하고 쉽게 미생물을 검출한다는데 매력을 느껴 '3M 페트리필름'을 이용하였고 대상으로는 대장균을 선택했습니다. ⑥ 대장균은 '지표세균'으로서 위생의 척도가 되며 지표세균으로 다른 세균들의 존재 유무도 예측할 수 있기에 식품 및 수돗물의 위생 평가 자료로도 활용된다는 사실을 알았습니다. 대장균을 얻기 위해 화장실 변기 등에서 시료를 채취했지만 위생적으로 너무 '깨끗'해서 검출하지 못하고 결국 ⑦ 상가 건물의 공중 화장실 중 악취가 나는 '깨끗하지 않은' 화장실 변기에서 대장균을 확보했습니다. 이를 통하여 ⑧ 시중에 판매되는 여러 항균 필름을 대장균과 반응시켜 살균율을 확인했습니다. 결론적으로 대부분 항균 필름은 처음 사용할 때는 효과가 있었지만 반복 사용할 때는 살균효과가 없었습니다. 이 실험에서 ⑨ 가장 어려웠던 일은 48시간 35℃를 유지해야 하는 항온조가 없어 인터넷을 찾아 '아두이노 항온기' 세트를 구입하여 실험했지만 몇 번 실험 했더니 회로가 타버려서 실패했습니다. 결국 온도조절기가 있는 전기방석과 헌 옷을 이용하여 온도를 유지할 수 있었습니다. 여건이 어려워도 극복하고자 하는 아이디어가 있다면

실험을 완수할 수 있다는 경험을 쌓았습니다. 탐구과정을 보고서로 정리하고 발표하여 주제발표대회에서 좋은 결과를 얻었습니다.

⑩ **미생물에 대한 관심은 '인수공통 감염병'을 탐구하는 계기**가 되었습니다. ⑪ **최근에 발생하는 인간의 전염병이 대부분 동물에서 유래한다는 사실을 알게 되었고 그 원인을 찾았습니다.** 여러 논문자료와 언론 기사, 관련 보고서를 읽으면서 **인간에 의한 서식지 파괴 및 생태계의 불균형이 인간과 야생동물의 불필요한 접촉을 가져와 바이러스가 전파되고 변이를 일으켜 질병의 원인**이 됨을 알았습니다. ⑫ **이를 극복하기 위하여 우선 생태계 복원이 중요하고 더 나아가 수의학, 의학, 보건학 등이 공동으로 인수공통 전염병을 연구하고 이에 대응하는 종합적인 대응 방안으로 '원헬스' 개념이 대두되고 있음**을 알았습니다. 수의사로서 동물의 질병과 인간으로의 전파에 대해 연구하여 예방 및 치료는 물론 보건 정책에도 참여하여 인수공통감염병 해결에 이바지하고 싶습니다.

학생이 생각하는 ①에서의 결론이 ②와 ③으로 표현되어 있는데 1번 문항이 요구하는 의도나 학생의 희망 분야를 고려한다면 이런 문제에 관심을 갖게 된 동기나 이유를 밝히는 방식으로 첫 문장을 수정해 보는 것이 더 낫지 않았을까 하는 생각이 든다. 첫 문단에서 수행한 탐구활동이 글의 마지막 문장에 있는 주제발표대회 경험임을 고려해 참가 동기를 제시해 보는 것도 괜찮을 것 같다.

④는 '미생물' 분야 중에서 '살균'과 '소독'으로 탐구 범위를 한정한 후 우리 주변에서 흔히 볼 수 있는 '항균 필름'의 효과를 검증했다는 사실을 소개하고 있다. 특히 ⑤에서 보이는 것처럼 '건조필름법'에 대한 지식을 쌓은 후 '3M 페트리필름'과 '대장균'을 활용했는데 학생 수준에서 좀더 쉽게 실험을 진행해 나가는 방법을 찾으려고 했던 점이 눈에 띈다. 또한 ⑥에서는 바로 앞에서 대장균을 선택하게 된 이유가 제시되어 있는데 이런 경우엔 자료의 출처를 통해 해당 내용을 기술하는 것이 적절할 것 같다.

⑦~⑨는 대장균을 확보한 후 실험하는 과정을 기술했는데 그 과정에서 생긴 어려움을 극복하는 방법, 실험을 통해 도출한 결과까지 무난하게 정리했다.

⑩은 ①~⑨에 있는 탐구활동을 통해 좀더 깊이 있는 활동을 수행한 사실에 해당할 텐데 '인수공통 감염병'의 원인(⑪)과 이를 극복하기 위한 방안(⑫)이 제시되긴 했으나 글자수의 제약 때문인지 출처 제시가 미흡했고, 문제의 원인을 고려해 학생이 생각할 수 있는 수준의 극복 방안을 제시하지 못했다는 점은 아쉽게 느껴진다.

수의예과 진학을 고려해 소재를 선정하고 심층 활동을 수행해나간 경험을 제시한 것은 적절해 보이지만 2개의 큰 범주를 활용해 글을 쓰고자 했다면 글자 수의 조건을 고려해 내용을 재구성해 볼 필요가 있을 것 같다.

1번 문항 기반이 된 생기부 기재 내용

▲ **2학년 수상경력**
주제발표대회(최우수상)

▲ **2학년 동아리 활동**
진로수업시간에 '진로계획 선정하기' 활동을 통해 수의사가 되고 싶은 자신의 꿈에 대해 발표함. 수의사가 진출하는 직업분야, 수의사가 되기 위해 거쳐야 하는 과정 등에 대해 자세하게 설명함. 인간과 동물의 신경계 질환에 대해 연구하는 생명과학 분야의 연구원을 희망하였으나 동아리 활동을 통해 동물의 질병 중 인간이 걸리는 질병과 유사한 질병이 많으며, 인간의 질병 중 대다수가 동물에서 7유래했다는 것에 흥미를 느끼고 수의사가 하는 일에 관심을 갖게 되어 직업을 선정했음을 발표함. 진로를 위해 수의학 관련 자율활동, 생명공학 관련 그룹스터디 등에 참여하여 적극적으로 활동하는 등의 구체적 노력을 기울이고 있음.

▲ **2학년 생명과학 I 교과 세부능력 및 특기사항**
동물에 관심이 많고 관련 진로를 탐색 중이라 아프리카 돼지 열병에 대한 뉴스를 접하고 이에 대해 조사하여 원인, 증상, 전파 방법, 인간에게 미치는 영향 등에 관한 PPT를 제작하여 발표하고 바이러스성 질병에 대해 꾸준히 공부하고 싶다고 함. 요양원 봉사를 다니면서 여러 환자를 보고 유전성 신경 질환에 대한 관심이 생겨 이를 조사하여 증상, 원인, 치료 방법 등을 PPT를 제작하여 발표하고 활동지를 작성하여 제출함.

▲ 3학년 자율 활동

생명과학 관련 지식을 더 넓히기 위한 스터디그룹 '생명토론반'을 자발적으로 조직하여 개고기를 먹는 한국의 음식문화, 일반 의약품의 소매점 판매, 동물 복제, 인체 면역 결핍 바이러스 등의 주제에 대해 토론을 진행함.

독서토론에 참여하여 의료분야의 진로를 꿈꾸는 친구들과 함께 모둠별 공통 도서 2권을 읽고 토론한 결과를 토론의 벽에 전시한 후 질의응답 포스팅 활동을 통해 지적 역량을 키움. 1, 2차 토론 과정에서 바이러스에 관심을 가지게 되어 3차 도서와 여러 편의 관련 보고서를 읽으며 바이러스와 인간을 포함한 다양한 동물의 전염병에 대해 탐구하는 시간을 가짐.

▶ 3학년 동아리 활동

(과학반3) 과학적 지식을 탐색하고, 양식에 맞추어 보고서를 작성하여 공유하는 과정을 배워나감. 스스로 정한 탐색 주제인 '박쥐가 숙주인 인수공통 바이러스가 많은 이유', '우리나라 외래종 문제와 해결방안'에 대해 알아보며 여러 매체를 통해 조사한 내용을 출처와 함께 체계적으로 정리해봄. 이를 통해 박쥐의 독특한 면역체계를 조사하며 사이토카인 폭풍과 인터페론에 대해 흥미를 보였으며, 박쥐와 같은 바이러스 숙주에 적합한 동물을 탐구해보고 싶다는 소감을 발표함. 외래종에 대한 조사에서 귀화종과 침입외래종의 차이를 알고 외래종 침입의 위험성과 처리 방안에 관심을 가짐. 생명과학과 관련된 관심 분야의 심화 주제에 대해 조사하고 발표하는 활동을 통해 생명과학의 지식을 넓히고 질의응답을 통하여 의사소통의 기회를 가짐. 심화 주제로는 플라스틱 분해방법, 역인수 공통전염병, 뉴럴링크, 바이러스의 기원, 줄기세포와 나노기술을 이용한 약물전달 시스템을 선택하여 토론함.

▲ 3학년 진로 활동

전공주제검색하기 활동에서 수의학분야에 관심을 보였으며 인수공통감염병 관련 보고서를 검색해 봄. 빅데이터를 활용한 진로탐색하기활동을 통해 수의예과를 조사하고 학과의 특성을 나타내는 학과 키워드 및 유사학과를 찾아 기록해 봄.

1번 문항에서 '진로와 관련하여'라는 의미는 지원자가 작성한 학습 경험이나 교내 활동 등이 자신의 진로와 연관성이 있는지를 묻고자 함이다. 지원 동기나 향후 진로 계획에 초점을 맞추라는 것은 아니기 때문에 글을 작성하기 전이나 초고 작성 후에 이런 부분을 점검해보아야 한다. 이 학생이 쓴 글은 희망 진로와의 연관성을 드러내기 위해 노력한 점이 인상적이고 전체적으로 무난하게 정리한 것 같다. 추가로 잘된 점과 아쉬운 점을 요약해보면 다음과 같다.

잘된 점 공식적으로는 학생부에 기재된 수상 경력이 1번 문항을 기술하는 핵심 소재라고 할 수 있지만 자소서에 기술한 내용들을 보면 학생부의 다양한 항목에서 글에 쓴 내용과 관련된 근거들을 찾아볼 수 있다. 무엇보다도 이런 내용들을 종합해 학생이 희망하는 분야에 대한 관심과 역량을 보여주려고 했던 점이 인상적이었는데 이는 학생부를 보완하는 자소서의 취지에도 부합하는 방식이라고 할 수 있을 것 같다. 특히 이런 부분들은 면접이 진행되는 과정에서 지원자의 역량을 확인하기 위해 질문할 수 있는 여지가 크기 때문에 이에 대한 대비도 필요할 것 같다.

아쉬운 점 전체적으로 기본적인 탐구활동 + 심화 활동의 방식으로 기술한 것이라면 구조적인 안정감이 부족해 보인다. 특히 심화 활동으로 볼 수 있는 '인수공통 감염병'에 대한 탐구활동은 구체적인 출처를 밝히지 않은 상황에서 단순히 지식을 정리하는 수준으로 내용을 구성했다. 차라리 앞에서의 탐구활동 내용을 좀더 보완해 보는 것이 좋았을 것 같다. 예를 들면 '살균이나 소독에 흥미를 느끼게 된 계기나 이유는 무엇인지', '대장균 시료를 어떤 방법으로 채취했는지', '스스로 도출한 결론의 이상 여부에 대한 추가적인 검증은 했는지' 등을 중심으로 내용을 재구성해 보았으면 어땠을까 하는 아쉬움이 남는다.

탐구활동을 했다는 사실을 소개한 문장과 결과만을 제시하는 방식은 글자 수의 제한이 있다는 점을 고려하면 어쩔 수 없는 선택일 수 있겠지만 내용을 재구성하게 된다면 탐구활동 과정이나 내용에 대한 추가적인 언급이 있으면 좋을 것 같다.

2. 고등학교 재학 기간 중 타인과 공동체를 위해 노력한 경험과 이를 통해 배운 점을 기술해 주시기 바랍니다.

(띄어쓰기 포함 800자 이내 *검정고시 출신자는 중학교 졸업 후 고등학교 재학 기간에 준하는 기간의 경험 기술)

공통 화제를 가지고 대화하다 친해진 친구가 있습니다. ① **고2 때 맞춤형 강좌 '영어 토론반'에 참여하여 '애완동물의 필요성'을 주제로 토론**했습니다. 평소 집에서 '짱이'라는 푸들 종 강아지를 키우고 있고 '짱이'를 통해 기쁨과 슬픔을 나누다 보니 자연스럽게 가족으로서 반려동물에 대한 애정을 갖고 있습니다. 이를 토대로 ② **'애완동물이 고등학생의 우울증과 불안 수준에 미치는 영향'이라는 주제를 선정하고 설문조사**를 했습니다. ③ **객관식 문항과 주관식 문항으로 나누어 설문지를 만들어 학급 친구들에게 답변을 받았습니다.** 객관식 문항은 대부분 잘 작성해 주었지만 ④ **주관식 문항은 대부분 작성하지 않아 친구 하나하나 직접 인터뷰**하기로 했습니다. ⑤ **그 과정에서 학급에서 다른 친구들과 잘 어울리지 않고 늘 혼자 다니는 친구도 인터뷰**했습니다. 자신도 강아지를 키운다는 얘기를 하여 **강아지를 주제로 설문이 시작**되었습니다. 처음에는 준비된 설문에 대한 응답만 들었지만, **차츰 강아지가 공통 관심사가 되어 계속 얘기**했습니다. 강아지가 있어 즐거웠던 일, 힘들거나 슬펐던 일을 얘기하다 보니 어느새 ⑥ **서먹했던 사이도 풀렸고 말동무가 되었습니다.** 그 친구는 학교에서 다른 친구들과 대화하기 어려웠는데 다행히 강아지를 좋아하는 친구를 만나 대화하는 일이 즐거웠고 덕분에 학교에서 말할 수 있는 친구가 생겨 좋다고 했습니다.

결국 ⑦ 설문조사에서 원하던 결과를 얻었고 이를 바탕으로 토론에 참석하여 반려동물의 필요성을 주장할 수 있었습니다. ⑧ 그리고 토론을 통해 나의 반려동물이 다른 사람에게 피해가 되지 않게 '반려동물 에티켓' 또한 중요하다는 사실을 다시금 깨닫게 되었습니다.

①은 학생부에 기재된 활동으로 뒤에 이어지는 내용을 보면 반려동물을 키우는 자신의 상황과 부합하는 주제임을 알 수 있고, 이를 기반으로 설문조사를 진행하는 과정을 ②~④를 통해 제시하고 있다. 그 과정에서 특정한 친구와의 일화를 소개(⑤와 ⑥)하고 있는데 공동의 관심사를 통해 관계를 형성할 수 있었던 경험을 무난하게 정리했고, 토론 활동에서 자신이 주장한 바와 이를 통해 배운 점(⑦과 ⑧)까지 마무리를 잘한 것 같다.

2번 문항 기반이 된 생기부 기재 내용

▲ **2학년 자율 활동**
맞춤형강좌 '영어토론반'에 참여하여 '애완동물이 고등학생의 우울증과 불안 수준에 미치는 영향'이라는 주제를 선정한 뒤 설문을 하고 결과를 분석함. 또한, '동물실험 찬성과 반대' 과제의 경우 본인의 생각을 정리하여 논리적으로 작성한 점이 돋보임.

총평

2번 문항은 말 그대로 '타인'과 '공동체'를 위해 노력한 경험이라는 의미에 부합하는 내용을 기술하면 되는데 지원자의 인성을 기술할 때 흔히 볼 수 있는 사례는 아니지만 이 학생이 기술한 '토론 활동', '설문조사' 과정에서의 '관계 형성'과 '배려' 등은 문항의 의도를 잘 보여주는 것들이다. 2번 문항의 잘된 점과 아쉬운 점을 요약해보면 다음과 같다.

잘된 점 '설문조사' 과정에서 있었던 사례를 활용해 친구와 좋은 관계를 형성해 나가는 과정을 잘 정리했고, 이를 활용해 토론 활동에서 '배려'의 의미를 추출해 낸 것도 질문의 의도에 부합하기 때문에 전체적으로 무난한 자소서로 평가받을 수 있을 것 같다.

아쉬운 점 첫 문장을 보면 '공통 화제를 가지고 대화하다 친해진 친구'라는 표현이 나오는데 글의 흐름상 꼭 필요해 보이지는 않는다. 2번 문항에 기술된 내용을 보면 토론 주제에 맞는 근거를 찾기 위해 설문조사를 진행했고, 그 과정에서 교우 관계 형성, 설문 조사를 토대로 토론에 참석하여 자신의 주장 피력, 반려동물과 관련해 타인에 대한 배려심 자각 등을 중심으로 내용을 정리했기 때문에 위에 기술한 문장보다는 바로 뒤에 이어지는 '○○을 주제로 토론했다'는 사실을 소개하든지, '○○을 주제로 토론한 경험은 ○○을 배울 수 있는 기회였다.'는 정도의 문장으로 시작해 보는 것이 좋을 것 같다.

다. 약학과 세부능력 및 특기사항

학생의 진로희망은 약사이며, 약학과를 준비한 생활기록부를 만들어 보았다.

1) 수상경력 ✦

수상경력에서는 학생의 관심사와 해왔던 노력의 결실을 확인할 수 있다. 2023학년도 대입에서 학기당 수상 1개 제공을 끝으로 이후 대입에서는 상급학교에 수상경력을 제공하지 않는다. 즉, 2024학년도 대입부터는 대학에서 학생의 수상 경력을 볼 수 없다. 이에 따라 학교에서 주최하는 대회 참가가 의미 없다고 생각할 수 있다.

하지만 **생활기록부가 대입만을 위한 기록물이 아니며, 수상을 위해 학생이 노력하여 발전하는 것은 교육적인 면에서 매우 긍정적**이다. 또한 대회 형식이 아니라 학교 행사 형식으로 진행해 볼 수 있기에 수상에 관한 내용을 정리하였다.

1학년 ◑ 표창장(봉사상) / 진로포트폴리오대회(최우수상)
2학년 ◑ 과학경시대회(우수상) / 과학실험대회(최우수상)
3학년 ◑ 표창장(모범상)

정리!

수상에서 1학년 때는 **표창장**과 **포트폴리오대회 최우수상**을 통해서 학생의 인성을 주변 사람들이 높게 평가한다는 것과 학생이 자기 진로에 확신을 가지고 구체적으로 정리를 잘 한다는 것을 드러내고자 상을 작성하였다. 상을 받을 수 있던 개연성으로는 교과 특기사항과 행동특성 및 종합의견, 진로특기사항을 통해 확인할 수 있다.

2학년과 3학년 때는 **과학수상과 표창장**이다. 약학과를 준비하는 학생에게는 모든 과목이 중요하지만, 특히 수학과 과학의 역량을 높게 평가한다. 이때 실험과 과학 관련 활동을 학생의 생활기록부 내에서 많이 확인할 수 있다. 따라서 과학 관련 수상이 자연스럽게 연결이 된다.

또한 **표창장**을 3학년에 작성하였다. 모든 계열에서도 표창은 중요하다. 그런데 특히 의료계열에서는 **봉사, 모범 등의 표창장의 가치가 높게 평가**되기 때문에 수상이 추후 반영되지 않더라도 학생의 인성을 드러낼 수 있는 긍정적 활동을 해보길 바란다.

2) 자율 활동 ✧

자율활동은 학교에서 자치, 적응, 학교 특색활동에 학생이 참여한 모습을 기록하는 곳이다. 학교에서 주도하여 시작하기 때문에 학생의 자기주도성이 다른 영역에 비해 적게 드러날 수 있다. 하지만 각 활동에서도 **뚜렷하게 보이는 기록**이 어떻게 되어야 할지 아래 내용을 참고하길 바란다.

1학년 ◉ 1학기 학급자치부회장으로서 학급회의를 진행하였으며 학급의 의견을 모아 학생회의에서 토론함. 스포츠클럽와 주제별 체험학습에서 반 친구들이 즐겁게 참여하도록 분위기를 이끎. 어울림한마당 교내 합창체에서 곡 선정과 율동에 대한 의견을 모으고 대형과 율동을 만들어나갔으며 연습을 주도하고 친구들을 독려함.

2학기 학급자치회장으로서 선거에서 내세웠던 공약을 지켜나감. 체육한마당에서 입장식의 노래와 율동을 선정하고 연습을 주도하였으며 반티선정, 점심 식사 등의 세세한 부분까지 꼼꼼하게 챙김.

융합과학실에서 진행하는 실험 활동(화학 반응속도, 세포분열, 전기분해, 효소반응)에 모두 참여하여 실험 기구 조작법을 익히고 모둠원과 협력하여 탐구를 수행함. 탐구과정에서 실패의 원인을 찾아 실험을 반복하여 문제를 해결하고, 변인 통제, 실험 데이터 처리, 실험 보고서 작성법 등을 익힘으로써 탐구능력이 향상됨. 특히 생명과학에 관심이 많은 학생으로 세포분열을 관찰할 때 재미를 느끼고 열정적으로 참여함.

2학년 ◉ 학급자치회장으로서 모두의 의견을 존중하며 학급회를 이끌어 가는 배려의 리더십을 보여줌.

학급별 특색활동을 통해 어울림한마당에서 의예과를 다니는 선배와 진로상담을 함.

또래멘토링에 멘토로 참여하여 급우의 화학과 생명과학 학습을 돕고, 학습 계획의 필요성과 기본기의 중요성을 알게 되었으며 멘티와 협력적으로 문제를 해결하는 능력을 기름.

꿈구두초청강연 '줄기세포, 미래 의학의 새로운 패러다임'에 참여하여 줄기세포의 종류와 특징, 응용 분야에 대해 알게 됨. 실제 연구 결과를 보며 줄기세포가 재생의학 및 조직공학에서 핵심적인 역할을 수행함을 이해하였고, 생명윤리적 문제점을 인식하고 미래 의학 기술의 발전 방향에 대해 생각해 봄. 실험 설명을 듣던 중 텔로미어라는 것이 무엇인지에 대한 궁금증이 생김. 또한 줄기세포가 질병 치료뿐만 아니라 배양육 제조 등 다양한 분야에서 응용됨을 알고 줄기세포의 미래 전망에 대해 생각해 봄.

생명존중 및 생명살림교육을 받고 따뜻한 말 한마디, 작은 도움의 손길도 생명을 존중하고 살릴 수 있다는 것을 깨닫고 나를 포함한 주변의 모든 것에게 관심과 배려를 주겠다는 다짐을 함. 더불어 소중한 생명을 보호하기 위해서는 제도적 차원의 문제해결도 동반되어야 한다는 생각을 밝힘.

3학년 ● 학급자치회장으로 학급원들과 담임교사 간의 원활한 소통을 위한 중간다리 역할을 훌륭하게 수행함. 학급회의를 주도적으로 이끌어나가며 학급원들의 의견을 최대한 수용하고 투표를 통한 민주적인 방법으로 결론을 도출해내고, 개인별 선택과목을 반영한 시간표를 제작해서 나눠주고, 중요한 공지 사항을 매일 학급 메신저에 게시하는 등 학급의 리더로서, 서포터로서 최고의 찬사가 아깝지 않을 만큼 자신의 역할에 최선을 다함.

한마음교육 강의를 듣고 휴전선이 무너지면 다양한 일자리가 창출되고 그 가운데 의료, 보건 종사자의 수요가 증가할 것이라는 부분이 같은 업계를 진로로 희망하는 입장에서 인상 깊게 받아들임. 남한의 체계적인 보건, 행정 체제를 북한과 공유하고 북한의 부족한 의료진 수요를 늘리면 건강한 한반도를 만들 수 있을 것이라는 기대감을 밝힘.

자살예방교육을 통해 생명윤리의식을 가지고 모든 생명이 존엄하고 존중받을 가치가 있음을 깨우치게 하고자 VR 체험을 통해 자살하는 사람의 그 당시 상황과 느끼는 감정들을 체험하게 하고 이를 통해 자살행위에 대한 경각심을 불러일으키고 직접 영상연출가가 되어 생명윤리의식 함양을 주제로 영상연출 계획을 세워봄.

학생은 자율활동기록은 크게 **학급 임원과 과학에 관심, 생명존중 교육**으로 정리할 수 있다.

학생은 **학급 임원**을 1학년부터 3학년까지 꾸준히 했다는 것을 특기사항을 통해 알 수 있다. 특히, 1학년 특기사항에서는 학생이 학급자치부회장과 회장을 역임하면서 실시했던 내용을 구체적으로 확인해 볼 수 있는 유의미한 특기사항이다. 3학년 특기사항에서는 '학급의 리더로서 ~ 최선을 다함.'이라는 특기사항을 작성하여 학생이 학급 경영에 매우 힘썼다는 것을 알 수 있다.

과학에 대한 관심은 1학년 융합과학실, 2학년 꿈구두 초청 강연이 있다. 수상에서도 언급하였지만, 수학과 과학에 강점이 있는 것이 평가에 유리하다. 따라서 학교에서 할 수 있는 실험과 관련된 특기사항을 작성해 보았다.

생명존중 교육은 의료-보건 계열 진학하는 학생에게는 매우 중요하다. 모든 학생이 영상시청만 했다 하더라도 학생들의 느낀 점은 각기 다를 수 있다. 생명존중 교육 후에 자기평가서 또는 발표를 통해 학생의 생각을 알아보길 추천한다. 생명존중과 관련된 내용은 이후 생활기록부 여러 곳에서 볼 수 있으니 이점을 참고하길 바란다.

3) 동아리 활동 ✦

1학년 ◉ **(화약고1)** 화학 분야에 관심이 많고 약학 분야로 진로를 희망하여 동아리 활동에 능동적으로 참여하고 매시간 활동일지를 매우 꼼꼼하게 작성하는 모습이 인상적임. 3학년 선배들과 모둠을 구성하여 어려움을 느낄 수 있음에도 항상 먼저 선배들에게 조언을 구하고 경청하며 적극적으로 활동하는 태도가 돋보임. 모둠 발표 실험으로 아스피린 합성과 신호등 반응 실험을 기획하고 사전 실험을 진행하며 실험 과정과 관련 이론을 정리하는 등 발표 활동을 철저하게 준비하고 진행함. 진로와 관련 있는 아스피린 합성 과정에 큰 흥미를 나타내었으며, 신호등 반응 실험 활동은 초중고 연계 활동으로 진행된 동아리에 추가 실험 활동을 부탁받아 진행에 도움을 줌. 암모니아 분수, 나일론 합성, 물 극성과 우유 표면장력, 사라지는 잉크 실험 활동과 식의약품전문가 초청 특강, 천연 비누 만들기 체험 활동, DDT 사용 금지에 관한 찬반 토론 등 다양한 활동을 통해 화학 관련 지식을 확장해나감. 동아리 발표회에 '손난로 만들기' 홍보 포스터를 제작하고 부스 운영에 적극적으로 참여함.

2학년 ◉ **(화약고2)** 활동 계획 수립 및 부원들 사이의 단합, 동아리 활동 진행 등 모든 부분에서 부장의 역할을 훌륭히 수행해 냄. 섬기는 리더십, 따뜻한 배려심으로 1년 동안 이루어지는 모든 동아리 활동을 성공적으로 이끎. 카페인 추출 실험을 기획하여 실험을 진행할 때 철저한 준비성으로 실험 준비에 소홀함이 없는 책임감을 보임. 실험 기구 및 시약의 부족으로 원활한 실험 수행이 어려운 상황일 때, 실험 방법을 개선하여 결과를 도출해 낸 점에서 학생의 뛰어난 과학적 사고력과 탐구 수행 능력, 창의성을 엿볼 수 있었음. 개인 탐구 실험에서 아이오딘을 활용한 산화 환원 반응으로 비타민 음료에 포함된 비타민 C를 검출해 보는 실험을 하고 항산화제와 관련된 내용을 자발적으로 조사하는 발전된 모습을 보임. 주제 탐구 발표 시간에 나노 소자를 활용한 신약 개발 기간 및 비용을 절감하는 방안을 조사하여 발표함. 은거울 반응 실험에서 반응물의 농도가 정확하지 않아 오류가 있자 새로이 실험을 설계하며 끝까지 탐구를 수행하여 문제를 해결하는 과제집착력을 보임. 실험의 실패와 오류를 해결하는 과정에서 과학적 탐구력이 돋보였음.

3학년 🧪 **(화약고3)** 약학 분야의 진로를 희망하는 학생으로 코로나 백신 접종이 시작되고 백신에 대한 관심이 높아져 백신의 효능을 주제로 한 신문기사를 스크랩함. 이를 통해 소수를 대상으로 한 임상 시험의 결과만으로 백신의 효능을 섣불리 판단해서는 안 된다는 것을 알게 되었고 임상 시험과 백신효능 검증의 상관관계에 대해 더 자세히 알아보기로 함. 동물권과 생명윤리의식에 대한 관심이 높아져 체외수정 키메라 배양을 주제로 한 신문 기사를 스크랩함. 이를 통해 생명과학기술의 발전과 생명윤리적 문제는 불가피한 대립 관계에 있다는 사실을 알게 되었고, 이번 연구가 생명의학기술의 진보라는 긍정적 측면도 있지만, 인간의 생명연장 욕구로 동물들이 희생되는 생명윤리적 문제도 발생시킬 것이라는 의견을 밝힘. 생명공학기술을 둘러싼 과학자와 생명윤리학자의 논쟁을 주제로 한 기사를 통해 생명공학기술은 인간의 존엄성을 크게 훼손시킬 수 있는 분야임과 동시에 질병 치료에 사용될 수 있는 잠재력이 무궁무진한 분야라는 양면성을 가진다는 것을 알게 돼 과학자와 윤리학자의 공감대 형성이 중요함을 강조함.

3년간 화약고(화학+약학+고등학생) 동아리에서 열심히 활동한 특기사항을 작성하였다.

1, 2학년 때는 동아리 활동에서 **실험에 대한 내용**을 강조하였고, 실험을 **어떻게 수행**했는지를 자세히 관찰하고 작성한 특기사항이다. 해당 실험 등을 통해서 과학에 대한 관심과 역량이 높음을 알 수 있으므로, 학생의 2학년 과학 수상을 받은 근거를 충분히 설명할 수 있을 것이다. 또한, 2학년 특기사항 중 '실험 기구 및 시약의 ~ 엿볼 수 있었음.'과 '은거울반응 ~ 돋보였음.'은 능숙한 학생의 실험 능력과 집중력을 알 수 있는 특기사항으로 매우 유의미하다.

3학년 특기사항에서는 실험 부분을 빼고 **생명윤리** 관련 활동으로 작성해 보았다. 과학 동아리에서 실험이 주된 활동이 될 수 있지만, 신문 스크랩과 해당 연구의 발표 활동 등을 통해서도 학생의 관심사를 충분히 드러낼 수 있다. 생명윤리 내용은 앞선 자율에서 언급한 것처럼 의료보건계열을 준비하는 학생이라면 자기 생각이 있어야 한다. 이를 잘 정리하여 학교생활 또는 대입 면접 준비도 잘 해 나가길 바란다.

4) 봉사 활동 ✣

봉사 활동의 특기사항은 기본적으로 작성하지 않는다. 또한 2024 대입부터는 학생이 외부에서 한 개인 봉사 활동은 상급학교에 제공하지 않는다. 따라서 학교 계획에 따른 알찬 봉사 활동이 중요하다. 그리고 오해하면 안 되는 부분이 어떤 봉사 활동이 해당 학과에 가장 적합한 봉사 활동인지 질문이 많은데 그런 봉사 활동은 있을 수 없다. 학생이 하는 **모든 봉사 활동이 다 의미가 있다는 점**을 꼭 유념하고 내용을 참고하길 바란다.

1학년 🍴 교내 환경정화활동 3시간
　　　　분리수거 도우미 10시간
　　　　무료급식봉사 10시간

2학년 🍴 교내 환경정화활동 3시간
　　　　특수학급도우미 10시간
　　　　도서관도우미 10시간

3학년 🍴 교내 환경정화활동 3시간
　　　　급식 배식 및 질서지도 10시간
　　　　헌혈 8시간

기본적으로 학교에서 열심히 봉사했을 때 받는 봉사시간과 분리수거 및 특수학급도우미, 급식 배식 질서 지도처럼 자진해서 신청한 봉사활동을 토대로 작성하였다. 그리고 무료급식봉사와 도서관도우미, 헌혈을 개인봉사로 작성하였다.

무료급식과 도서관 봉사 등도 좋은 **취지의 프로젝트 봉사**를 만들어 실제 해보길 바란다. 헌혈은 1년에 봉사 시간으로 인정되는 것이 한정되어있다. (2022년 기준 : 1회 헌혈 인정 4시간 최대 3회까지 인정) 이점을 유의하여 봉사 활동을 계획하길 바란다.

5) 진로 활동 ✣

1학년 ✍ 나의 강점과 진로계발 시간에 밝은 웃음, 긍정적 마음가짐, 열정을 자신의 강점으로 소개하고 앞으로 이러한 강점을 키울 수 있는 분야에서 진로를 계발해 가겠다고 발표함.

직업정보탐색활동에서 관심 직업으로 약사에 대해 조사하고 하는 일, 준비방법, 관련 직업 등 세부 진로정보를 정리하여 활동 보고서를 제출하며 수리논리력, 대인관계능력, 정밀성 등 요구되는 핵심 직무능력을 갖추어 가기 위해 노력하기로 함.

꿈구두학과정보탐색활동에서 약학과, 화학과에 대해 탐색하고 배우는 과목, 졸업 후 진출분야 등 구체적인 진로진학정보를 조사하여 제출. 활동을 통해 더욱 주체적인 진로와 목표를 설정하고 이를 달성하기 위한 노력의 계기가 되었다고 소감을 밝힘. 추가로, 학과정보와 주요 전형 사항을 통해 미래에 진학하고 싶은 대학과 학과를 자세히 알게 되어 진로를 계획하는 데 많은 도움이 되었다는 소감문을 작성함.

꿈구두진로탐색검결과에서 관습형, 사회형의 진로유형을 선호하며 세무회계, 행정, 문헌정보, 전산계열에서 상대적으로 높은 진로 관심도를 보임.

학교생활 반성과 꿈 발표 시간에 앞으로 약사, 화학공학자 등 화학 관련 진로를 위해 관련 캠프, 특강 등 다양한 활동에 참여하여 진학역량을 높이겠다는 자신의 포부를 발표함.

주제 탐구 발표에서 '약사'를 주제로 PPT를 구성하여 발표하였으며 롤모델을 통해 자신의 진로를 명확히 하며 제약연구에 대한 포부와 열정을 밝혔으며, 이후 약에 대한 기본 지식에 대한 보고서를 제출함.

2학년 ● 나의 꿈 프로젝트에서 '친절함이 가득한 단골이 많은 동네 약국의 미녀 약사'로 자신을 자신감 있게 소개하고 미래의 약사가 된 자신이 모습을 스토리텔링 형식으로 묘사하고 그림을 그려 시각적으로 나타내어 설명한 점이 인상적임.

관심직업 탐색 시간에 약사가 갖추어야 할 자질을 탐색한 결과 '사교성, 커뮤니케이션, 약과 함께 긍정적인 에너지를 전달하는 능력'이 필요함을 알고 이를 진로탐색보고서에 작성함.

진로잡지제작활동에서 약사로서의 윤리 의식, 약국 운영방침을 조사하여 자신만의 신념을 나타내어 수준 높은 결과물을 제출함. 또한, '얼리어답터 정신을 활용한 신제품 알리미, 신뢰를 주는 약국, 복용법에 대한 상세한 설명'이라는 자신만의 3가지 약국 운영방침을 발표함.

마인프로젝트에서 '소화제 소화효소 분석 실험'을 진행함. 사전 지식 부족으로 실패한 실험으로 효소 활성에 큰 영향을 미치는 요인 등 관련 지식을 다시 공부하고, 3가지의 가설을 설정하여 증명하는 실험을 진행함. 소화제 속에 아밀레이스, 펩신, 라이페이스 존재 여부 및 온도, pH 영향 정도에 따른 변화 진행 과정에서 자료의 신뢰성과 통제 변인 설정 및 유지 등에 어려움을 겪었으나 포기 하지 않고 끈기 있게 수행하여 유의미한 결과를 도출한 점이 크게 인상적임. 또한, 프로젝트 이후 자발적으로 실험 보고서를 작성하여 논리정연하게 정리하는 능력이 돋보였으며, 실험실 담당 선생님께 사전 허락을 받아 실험실을 빌리는 등 적극적인 태도를 보임.

3학년 ● 약대 진학을 목표로 신약 개발을 조사할 때마다 임상실험 과정에서의 윤리적 문제에 대한 의구심을 갖게 되어 심층적 탐구활동을 전개하여 신약 개발 과정에서 더욱 정확한 인체의 반응을 얻기 위해 생체모사 시스템과 같은 첨단 기술을 도입하면 동물실험에서 발생하는 비윤리적인 문제들을 대체하고 해결 가능하다는 것을 알게 됨. 탐구과정에서 '약동력학시험', '약력학시험' 등 심층적인 약학 관련 용어를 접하면서 다양한 전문용어에 대한 탐구 동기가 부여되어 약대 진학에 대한 목표를 재확인하는 계기를 마련함.

사회 이슈 알아보기 활동에서 코로나19 완치자가 백신을 맞으면 어떻게 되는지를 조사하여 발표함. 코로나19에 걸렸다가 회복된 사람이 백신을 맞으면 면역력이 더욱 강화되는 이유를 면역 반응과 관련하여 과학적으로 설명하고, 이와 관련된 최신 연구를 자세히 소개해주었기에 코로나 백신에 대한 유용한 정보를 획득할 수 있어 학생들의 큰 호응을 얻음. 발표를 위해 학생이 준비한 시간과 노력이 상당했음을 발표 내내 느낄 수 있을 만큼 일목요연한 내용 정리와 청중을 사로잡는 발표가 인상 깊었음. 코로나 치료제에 관심을 갖고 효소의 기질 특이성을 응용해서 체내의 코로나 바이러스를 분해 하여 파괴하는 방법을 심층적으로 조사하여 프로테아제라는 단백질 분해 효소의 기능을 억제하여 바이러스 증식을 억제할 수 있다는 것을 알게 됨. 연구 과정을 통해 전문적인 생화학적 지식을 공부해 자신의 발상들이 연구로 연계될 것을 희망하게 됨.

정리!

진로 특기사항은 학생이 자신의 진로를 구체화하기 위해 했던 **모든 활동**을 작성할 수 있다.

1학년 때는 다양한 진로 체험 활동, 진로 검사, 입시 전형 이해 등을 통해 자기 관심 분야가 무엇인지 찾으며 이를 이루기 위해 **전략을 짜는 단계**이다. 1학년의 다양한 활동을 통해 약사에 대한 진로 로드맵을 잘 그렸을 것이고 이를 통해 1학년 진로포트폴리오 대회 수상도 납득이 가는 부분이다.

2, 3학년 특기사항에는 프로그램 참여보다는 진로 교과시간에서의 활동을 주로 작성하였다. 학생의 모습이 좀 더 구체화된 특기사항이다. 해당 특기사항을 참고하여 진로시간을 진행 또는 활동해 보기를 바란다.

특히 '**마인프로젝트**'는 나만의 프로젝트 활동으로 학생이 궁금한 내용을 스스로 실험 설계 및 결론까지 내는 활동을 작성하였다. 학생 단독으로 실험실을 빌리는 것은 쉽지 않다. '실험실 담당 ~ 태도를 보임.'이라는 특기사항은 역경이 있는 환경 속에서 꼭 해내고 마는 학생의 적극성을 엿볼 수 있다. 이는 학생의 발전가능성을 매우 높게 평가할 것으로 예상해 볼 수 있는 활동에 해당된다.

6) 교과 세부능력 및 특기사항 ✛

학교에서 학생이 과목을 배울 때, 수업하는 선생님께서 학생을 서술형으로 평가를 해 놓은 부분이다. 학교 수업에서는 교과 수업의 비중이 가장 크기 때문에 생활기록부 기록에서 많은 부분을 차지한다.

1학년 🔵 **한국사** : 풍요와 다산을 상징하는 연꽃을 표현하여 앞으로의 삶이 풍요롭길 바라는 서민들의 염원을 담아 민화로 그리고 색칠까지 마무리하는 완성도를 보임. 조선 후기 모내기법의 등장으로 벼 수확량이 증가하고 광작이 가능하게 되었지만, 탐관오리들의 횡포 또한 심해져 힘겹게 생계를 이어가는 농민들의 애환을 담아 '먼지 농사'란 제목의 사설시조를 작성함. 자신의 진로분야와 연결하여 '동의보감은 현대 약학 및 의학에 어떤 영향을 주었는가?'를 주제로 자유주제탐구발표를 함. 동의보감은 동아시아에서 축적해온 의학이론뿐 아니라, '예방의학'과 '국가에 의한 공공의료'라는 개념을 도입함으로써 동아시아의 의학기술과 지식의 발달을 대변하며, 나아가 세계의 의학과 문화에 남긴 발자취라고 평가함. 교과서에서 수록되고 전 세계적으로 유명한 동의보감에 관해 탐구하면서 동의보감의 우수성과 현대의학에 미친 영향을 알게 되었고, 자신의 진로에 대해 확신을 가지게 되었다고 발표함. 깊이 있는 탐구를 위하여 인터넷을 통해 관련 보고서 및 단행본을 검색하고, 다양한 기사를 찾아가는 과정이 훌륭함.

국어 : 10구체 향가의 형식적 특징을 부각해 제망매가를 설명하는 수업을 진행함. 배경설화를 통해 흥미를 유발하였으며, 특히 3단구성과 낙구를 친구들이 잘 이해할 수 있도록 발표자료를 체계적으로 준비하여 활용한 것이 인상적이었음. 정보전달 말하기 활동에서는 약학과를 소재로 자진하여 발표함. 약학과에서 배우는 것과 직업의 전망 등을 설명하였고, 학급 친구들을 고려한 언어와 몰입도 높은 시청각 자료를 활용하여 청중을 사로잡는 탁월한 발표능력을 보임. 또한, 시조 형식의 이해를 토대로 콘서트 예매 성공을 기원하는 상황을 재치 있게 사설시조로 표현하는 등 주체적으로 문학을 향유하는 모습을 보

임. 그리고 설득하는 글쓰기 활동에서 약사의 근무 환경에 대해 문제를 제기한 후 이에 대한 구체적인 해결방안과 논거를 통해 논리적으로 글을 전개함. 지필평가를 앞두고는 친구들이 어려워하는 고전소설을 골든벨 형식의 문제풀이를 통해 익힐 수 있게 도와줌. 기출문제를 분석한 후 본인이 직접 준비한 예상문제를 공유하여 학생들에게 큰 호응을 얻음.

영어 : '자신의 진로관련 분야의 저명한 인사에 대한 소개하기' 활동에서 약학 분야에 큰 관심이 있어 한 생물학자에 대해 영어로 밀도 있게 조사하여 활동지를 제출함. 1학기 중 본문독해 후 부정사, 접속사, 분사구문, 관계대명사 등의 문법공부를 위한 어법정리 시간에 5번 교실 앞에 나와 여러 가지 예문들을 읽고 해석한 후 해당 어법을 친구들이 이해하기 쉽게 자세히 설명함. 친구들이 뽑은 학급 발표왕으로 선정됨. 1년 동안 도우미를 맡아 평가안내, 분류 등을 하여 친구들의 학습에 도움을 줌. 영어 감상문 평가에서 자신이 읽은 책의 인상적인 장면과 문장, 삶에 적용, 느낀 점을 적절한 어휘와 정확한 어법으로 완성도 높게 표현함. 수업에서 배운 내용 중 궁금한 것은 질문을 하여 해결하려는 적극적인 자세가 돋보임. 수업의 주를 이루는 모둠형 독해 활동에서 모둠원들과 협력하여 어려운 구문 분석, 주제문 찾기, 요지작성을 하는 등 주도적으로 참여함.

통합과학 : 평소 중화 반응의 실생활 이용에 관심이 많아 제산제를 비롯한 의약품에 중화반응을 이용하는 제품이 무엇이 있는지 스스로 자료를 탐색하여 정리함. 또한 생체촉매 역할을 하는 효소를 활용한 의약품에는 어떤 것이 있는지 관련 자료를 탐색하여 이를 수업 시간에 친구들과 공유함. 이를 더 알아보기 위해 관련 도서 '재미있어 밤 새 읽는 원소 이야기(사마키 다케오)', '하리하라의 과학 24시(이은희)' 등의 책을 읽고 내용을 정리함. 화학변화 중화반응, 발전과 신재생 에너지 연료전지를 주제로 발표에 참여함. '5대 기후대관'의 생태 해설을 통해 생태계 구성요소 간의 상호작용을 이해하고 환경과 생물 사이의 상호작용을 예를 찾아봄. 화학실험캠프에서 아이오딘화칼륨과 티오황산나트륨을 이용한 산화-환원 적정을 이용하여 황산구리 수용액의 농도를 구함. Beer-Lambert 법칙을 활용한 색도계(MBL 실험장치)로 황산구리 수용액의 농도를 구하는 실험을 실시하고 2가지 방법을 비교함.

과학탐구실험 : 생물해부실험에 대한 자신의 찬반 입장을 근거와 함께 상세히 서술함. 물체의 낙하 운동을 비교하는 실험을 하고 결과를 분석하여 물체의 운동 법칙을 이해함. 알약이 물, 사과주스, 우유, 탄산음료 중 어느 액체 속에서 빨리 녹는지를 실험을 통해 확인하고 그 결과를 정리하여 탐구보고서로 제출함. 실험군과 대조군을 나누어 소화제의 종류에 따른 영양소 분해 정도를 비교하는 실험을 설계하고 생체촉매로서의 효소의 작용 기전과 그 역할, 활용 사례를 이해함. 혈액형의 개념과 항원항체반응의 원리를 이해하고 있으며, 혈액형 판정실험을 실시하고 반응 결과를 분석함. 현미경을 이용한 혈액세포 관찰을 실시하고 보고서를 제출함. 나노미래수업에 참가하여 나노 기술 연구실 견학과 강연을 듣고 나노 기술의 발달에 따른 미래 세계를 조망하고 관련 직업군을 탐색함. 댄싱 로봇 만들기를 실시한 후 작품을 설명하고 시연함으로써 창의적 사고력을 높임.

기술·가정 : 신생아기 발달 특징과 돌보기 방법에 대한 자료를 정리하고 비주얼씽킹으로 제작하여 급우들에게 친절하게 설명하였으며, 신생아기 발달 특징을 이해하고 돌봄의 필요성을 인식하는 계기가 됨. 태교란 '편안한 마음으로 태아와 교감하는 것'을 알고, 애착인형이 아이에게 심리적 안정감을 줄 수 있음을 이해하여, 애착인형 만들기를 수행함. 바느질이 익숙하지 않아 만드는 과정이 어려웠으나, 조금씩 완성되어 가는 인형을 보며 뿌듯함을 느꼈다는 소감을 작성함. 주제별 발표 과제에서 신약 개발 기사를 접하면서 바이오 의약품 분야에 관심이 생겨 주제로 선정함. 바이오 의약품은 사람이나 다른 생명체에서 유래된 원료로 하는 의약품으로 특정 환자군을 대상으로 효과적이고 부작용이 적은 신약들이 개발되고 있는 상황을 발표함. 환자 맞춤형 치료제로서 수요가 높고 유전자 재조합 기술로 치료용 단백질 성분을 대량 생산하여 의약품으로 활용하는 등 발전 가능성이 크고 부작용이 적어 퇴행성 및 난치성 질환으로 고생하는 사람들에게 큰 희망이 줄 수 있다고 발표함.

정리!

1학년 때 배우는 과목은 필수 과목으로 대부분의 학생이 수강하는 과목이다. 필수 과목이다 보니 학생의 선택권이 많이 없다. 하지만 그 속에서도 **해당 학생은 모든 과목에서 열심히 한다는 것을 특기사항**을 통해 알 수 있다.

한국사에서는 '풍요와 다산을 ~ 사설시조를 작성함.'을 통해 학생의 창의력이 높고 수업에 열심히 임하는 학업태도를 확인할 수 있는 특기사항이다. '자신의 진로분야와 ~ 과정이 훌륭함.'이라는 내용은 **학생의 진로**를 드러내면서 학생이 특정 주제를 어떻게 해결해나가는지 잘 보여주어 학생의 전공적합성과 발전가능성을 같이 확인할 수 있는 특기사항이다.

국어에서는 '10구체 ~ 인상적이었음.' 특기사항은 역시 수업시간의 제시된 과제를 수행할 때 **적극성**을 확인할 수 있는 부분이다. '정보전달 말하기 활동'과 '설득하는 글쓰기 활동' 경우에는 학생의 진로와 말하기, 쓰기 능력이 높다는 것을 함께 보여주는 유의미한 특기사항이다. '지필평가를 ~ 큰 호응을 얻음.' 특기사항은 학생의 인성을 알 수 있으며 이를 통해 혼자가 아닌 공동체에 기여하는 모습을 볼 수 있다.

영어에서는 '인사 소개하기' 활동에서 학생의 진로를 확인할 수 있는 특기사항이다. '1학기 중~ 발표왕으로 선정됨.'과 '영어 감상문 평가 활동'인 특기사항은 **학생의 영어 실력**을 가늠할 수 있으며 수업 참여가 높다는 것을 알 수 있다. 또한 '1년 동안 ~ 학습에 도움을 줌.'이라는 내용을 통해 약사를 생각하면서 영어 수업 참여가 높고 학급 친구를 잘 도와준다는 것은 수업에 기여하는 바가 큰 학생이라는 것을 구체적으로 확인할 수 있는 기록이다.

통합과학에서는 첫 문장에서 **의약품에 관심 있는 학생**임을 확인할 수 있다. 이후 생체촉매에서 효소 의약품은 학생의 1학년 자율특기사항에서 융합과학실에서 진행한 효소 실험 활동에 인상적이었음을 드러고 있는데 이를 확장하기 위해 독서를 했다는 것은 매우 유의미한 특기사항이라고 하겠다. 또한, '화학실험캠프' 특기사항은 MBL실험 장치를 다루어 봄에 따라 학생이 실험기구에 관심이 생길 것이라 예상할 수 있는 특기사항이다.

과학탐구실험은 다양한 과학실험을 했다는 것을 확인할 수 있는데, 학생의 스토리상 '실험군과 대조군~이해함.'이라는 내용은 1학년 때 효소에 대한 학생이 관심이 매우 높았음을 알 수 있게 해 주는 특기사항이다. **학생의 효소에 대한 관심은 학년이 거듭될수록 심화**되니까 앞에 내용을 꼭 기억한 후 뒤에 있는 내용을 확인하길 바란다.

기술·가정에서는 '신생아기 ~ 계기가 됨.'과 '태교란 ~ 소감을 작성함.'이라는 특기 사항을 작성했는데 학생의 심성이 고우며 제시된 과제가 아무리 힘들어도 잘 이겨나가면서 완성하는 모습을 보여주고 있다. 또한 '주제별 발표 과제'는 **학생이 의약품에 관심**이 높다는 것을 알려주는 특기사항으로 해당 특기사항을 통해서 약사지만 어떤 분야의 약사를 지원하고 싶은지 가늠할 수 있게 해준다.

각 과목에서의 **성취 수준**을 잘 이행하고 있다는 점과 **학생의 진로**를 확인할 수 있는 특기사항으로 볼 수 있다.

2학년 🔵 **언어와 매체** : '약물 오남용 예방'을 주제로 한 광고 스토리보드 제작 활동을 성실히 수행함. 광고의 주제를 '단 한 번의 돌이킬 수 없는 실수'라는 카피로 제시하였고, 자신의 구상을 유사한 발음의 단어, 직유법, 대구법 등의 방법으로 펼치며 효과적인 메시지 전달에 있어 창의적인 언어 표현의 중요성을 생각해보는 자세가 바람직함. 문장의 짜임과 종류에 대한 이해도가 매우 높고 자기 생각을 글로 표현할 때 문장을 짧게 혹은 길게 처리한 이유를 표현 의도와 관련지어 설명하는 모습이 대견함. 모든 문법 요소에 대한 이해도가 매우 높고 제시된 대화문에 적용된 문법 요소를 표현 의도와 관련지어 설명하는 모습이 양호함. 음운 변동의 네 가지 유형에 대해 정확하게 이해하여 음운 변동에 대해 학생들이 이해하기 쉽게 논리적으로 설명할 줄 앎. 제시된 예문의 품사에 대해서는 품사를 분류하는 기준을 바탕으로, 제시된 단어의 짜임과 형성 과정에 대해서는 어근과 접사에 대한 개념을 바탕으로 학생들이 이해하기 쉽게 국어사전 사이트를 활용하여 잘 설명함.

수학Ⅰ : 미생물의 성장을 수학을 이용하여 분석하고 설명함. 미생물이 최고 속도로 성장하는 지수적 성장에서 성장곡선을 로그와 유사하게 표현되는 것을 설명하고 이를 로그 단계라 불리는 이유를 분석함. 수업 집중력이 좋으며 특히 수학적 사고가 뛰어나 복잡한 문제를 쉽게 이해함. 수업 시간이 끝나더라고 어려운 문제가 있으면 마무리를 하고 쉬는 시간을 가지는 모습에서 수학적 열정이 우수함을 알 수 있음. 특히 복잡한 문제를 단순화하기를 하여 해결하는 능력이 우수하며 수학적 개념 정리를 잘하여 어려운 문제나 새로운 유형을 접근하는 방식이 창의적임. 수업 시간 발표를 열심히 하고 특히 친구들과 질문하고 답하기를 통해 문제를 해결하려고 노력함. 수열, 등차수열, 등비수열의 뜻을 알고 일반항과 합을 구할 수 있으며, 시그마의 뜻을 알고 여러 가지 수열의 합을 구함. 수열의 귀납적 정의, 수학적 귀납법의 원리를 이해하고, 수학적 귀납법을 이용하여 명제를 증명하는 과정을 정당화함. 주어진 조건 및 정보를 파악하여 수열과 관련된 문제를 해결하였음.

수학Ⅱ : '혈류의 속도와 미적분'을 주제로 수학과 다른 분야를 융합하여 친구들이 쉽고 재미있게 이해할 수 있도록 발표를 함. 문제해결 능력이 뛰어나고 연속과 관련된 의미를 체계적으로 이해하고 설명하며 적합한 공학적 도구와 수학적 모델링을 이용하여 함수의 극한과 연속에 관한 다양한 문제를 해결함. 미분과 관련된 문제 상황을 수학적으로 분석하고 해석하여 최적의 해결 방안을 탐색하였음. 부정적분, 정적분과 관련된 수학적 표현의 의미를 이해하고 적분과 관련된 기호를 활용하여 문제 상황을 적절하게 표현함. 속도와 거리에 관한 문제 상황을 수학적으로 분석하고 해석하여 최적의 해결 방안을 탐색함. 설명을 준비하고 다른 친구들이 훌륭한 내용이었다고 말할 정도로 깊이 있는 내용과 친구들이 이해할 수 있게 다양한 자료준비를 하였으며 친구들이 모르는 내용을 즉석에서 질문하여도 논리적으로 설명을 잘 할 수 있을 정도로 열심히 함.

영어Ⅱ : '약이 섞이면 무슨 일이 일어날까?'라는 주제의 영상 강연을 보고, 약의 종류와 다른 약을 섞었을 때 긍정적인 효과를 얻는 약과 부정적인 효과를 얻는 약에 대해 알게 되었고, 어떤 종류의 약들이 그러한 효과를 내는지 더 탐구해보고 싶다는 의욕을 고취함. '한번 사는 인생, 미래에 대해 걱정하지 말고 지금 이 순간을 즐겨라.'라는 욜로의 기본 아이디어에 대해, 현재의 행복을 추구하는 행동은 우울증 예방, 스트레스 해소 등 좋은 결과를 내므로 지나치지 않을 정도라면 욜로 삶에 긍정적이다는 의견을 제시함. 새로운 형태의 자금 모집 방법인 크라우드펀딩에 대해 학습 후, 끊임없이 진화하는 바이러스에 대해 인류가 대응할 수 있는 수단이 필요하기 때문에 슈퍼바이러스에 대응할 수 있는 '슈퍼백신'개발 프로젝트를 하고 싶다는 포부를 밝힘.

화학 I : 물의 전기분해 실험에서 염화나트륨을 전해질로 사용할 수 없는 이유를 전위차와 금속의 이온화 경향성 등으로 자세히 설명함. 약사를 꿈꾸는 학생으로 평소 우리 주변의 의약품에 많은 관심이 있어 생활 속의 화학 주제로 아스피린에 대해 조사함. 아스피린의 함량에 따라 쓰이는 용도와 효과를 나누어 설명하고 아스피린과 함께 투여 시 상호작용을 일으키는 약물과 부작용을 일으킬 수 있는 약을 제시하여 학생들이 약물을 오남용하지 않도록 제시함. 동아리 개인 탐구 실험 이후 항산화제에 대해 심화 조사하고 교과 시간에 이를 발표함. 항산화제의 정의와 작용원리, 종류, 부작용 및 활용법 등을 자세히 설명함으로써 친구들이 항산화제에 대한 지식을 형성하는 데 도움을 줌. 발표 내용에 대한 정확한 이해 능력과 우수한 의사소통 능력을 엿볼 수 있었음. 또, 관련 분야에 대한 탐색을 게을리하지 않고 '약국에 없는 약 이야기(박성규)'를 화학 독서 활동 시간에 읽으며 자신의 진로 분야에 대한 지식을 확장하며 꿈을 더욱 확고히 함. 학기 초부터 말에 이르기까지 한 치의 흐트러짐 없이 수업에 집중하고 모든 활동에 적극적이고 최선을 다해 교사는 물론 학급의 모든 친구로부터 모범생으로 인정받음.

생명과학 I : 대사성 증후군에 관심이 있어 생명과학 자유주제 탐구 수행평가에서 대사성 증후군의 증상과 합병증에 대한 자료를 조사함. 그중 비만, 당뇨의 원인과 이를 치료하기 위한 전략의 원리에 대하여 자신이 학습했던 물질대사와 에너지 생산과 소비의 균형 개념을 적용하여 이해함. 대사성 증후군 치료에 사용되는 천연 의약품에 흥미를 느끼고 이를 동료에게 소개함. 진로 관련 독서활동에서 '면역에 관하여(율라비스)'를 읽고 백신이 우리의 면역체계

에 진정한 도움을 주는지에 대해 다시금 생각하며 미래 직업인으로서의 자질을 보여줌. 이를 통해 자유주제 탐구활동에 참여하여 이슈화되고 있는 백신을 대주제로 '코로나19 치료제 개발 동향'에 대해 탐구함. 바이러스의 특징, 유형, 치료제의 원리에 대해 설명하고 백신의 원리를 교과 시간에 배운 면역 반응과 관련지어 발표함. 또한 4차 산업 기술 발달에 따른 백신 기술의 개발을 제시함으로써 청중으로부터 의미 있는 주제였다는 평가를 받음. 과학적 탐구력과 배움에 대한 즐거움을 아는 학생으로 2학기 교과부장을 맡아 성실히 봉사하고, 친구들이 어려워하는 유전 단원의 멘토를 맡아 자신의 학습 방법을 나눔.

일본어 I : 수업 중에 교사의 질문에 늘 친절하게 알려주고 수업 흐름에 도움이 되는 아이디어를 자주 제안해서 수업의 혼란을 줄여주고 흥미로운 수업이 되는 데 도움. 일본어로 꿈 말하기 활동에서 '노력 없이 이루어지는 것은 없다.'는 말을 좋아한다고 소개하고, 장차 약사가 되기 위해 관련 책을 찾아보고 공부도 열심히 하고 있다고 소개하였는데 유창한 발음으로 발표를 잘해서 칭찬받음. 일본 주제 조사 수업에서는 '일본의 상비약 가이드'이라는 흥미로운 주제로 깔끔하게 정리한 결과물을 제출하였으며 발표 때는 정중한 자세로 전문적인 내용을 포함하였음에도 어렵지 않게 발표를 잘하여 진지한 조사 활동을 진행했음을 느끼게 함. 글씨를 성의 있고 깔끔하게 잘 쓰며 필기를 할 때 다양한 색깔을 사용하여 눈에 잘 띄게 구조화하는 학습법이 학업성취도로 이어짐. 수업 복습 시간에는 동사 종류나 대화문 읽기에 자원하여 급우들에게 설명을 잘해주는 적극성을 보임.

정리!

언어와 매체에서 '광고 스토리보드 제작 활동' 특기사항은 학생의 관심사를 확인할 수 있으며 학생의 수업태도가 바람직하다는 것도 알 수 있게 해 준다. 또한 제작 활동을 통해서 학생의 **글쓰기 능력**이 높다는 것을 확인할 수 있는데 이는 1학년 때의 국어와 이어지며 학생의 우수성을 증명하는 특기사항으로 볼 수 있다. 그리고 '모든 분법 요소 ~ 잘 설명함.'이라는 내용은 학생이 국어문법을 정확히 알고 발표 준비를 하였고, 높은 수준의 발표를 했음을 확인할 수 있는 유의미한 특기사항이다.

수학Ⅰ, Ⅱ에서는 '미생물의 성장 ~ 분석함.'과 '혈류의 속도와 ~ 발표를 함.'이라는 특기사항이 나오는데 학생의 관심사를 알 수 있게 해 준다. 이후 수학의 특기사항은 수학에 성취 수준이 높음과 높은 수준의 문제해결력을 가지고 있다는 내용이다. **진로와 학생의 학업성취 수준을 같이** 할 수 있는 가치 있는 특기사항이다.

영어Ⅱ에서는 주제의 **영상 강연, 수업시간의 주제**를 통해서 학생이 의약분야에 관심이 있다는 것을 확인할 수 있다. 어문계열의 수업에서는 다양한 주제를 가지고 수업이 가능하다. 이때 학생마다 관심사를 확인하기 위한 소감문 작성 및 평가서를 통하여 학생의 수준과 느낀 점을 계속하여 평가하길 바란다.

화학Ⅰ에서는 **실험 능력이 높다**는 특기사항을 작성하였고, **생활 속의 화학** 주제 수업으로 학생의 관심사를 알 수 있게 해 주는 내용으로 특기사항을 작성하였다. 해당 지식을 확장하기 위한 독서활동은 매우 높이 평가하기 때문에 교과에서 독서활동을 계획하여 특기사항으로 작성해보길 권장한다. 또한, '학기 초 ~ 인정받음.'이라는 내용은 통해 학생의 수업태도를 알 수 있는데 능력과 관심, 인성까지 확인할 수 있는 잘 쓴 특기사항이다.

생명과학Ⅰ에서는 '생명과학 자유주제 탐구 수행평가' 활동을 통해서 **학생의 관심사를 확인할 수 있으며 확장된 독서활동까지** 작성한 잘 쓴 특기사항이다. 이후 학생의 '자유주제탐구'까지 이어서 발표한 특기사항은 수업을 잘 구조화하였기에 가능하다. 학생의 진로분야 공부를 수업에서 실시하였다는 것은 매우 의미 있는 특기사항이라고 할 수 있겠다. 또한 '과학적 탐구력 ~학습 방법을 나눔.'이라는 특기사항을 통해서 지적호기심이 높으며 인성도 뛰어남을 확인할 수 있다.

일본어Ⅰ에서는 '수업 중에 ~ 도움.'과 '수업 복습 ~ 적극성을 보임.'이라는 특기사항은 기술했는데 학생이 수업에 일조하고 있다는 것과 학습 태도를 확인할 수 있는 부분이다. 또한 '일본어 꿈 말하기 활동', '일본 주제 조사 수업 활동'은 학생의 관심사가 약사임을 알 수 있게 해 주는 특기사항이다. **열려있는 수업 디자인**을 통해 학생의 관심사를 특기사항에 적을 수 있도록 시도하길 바라며, 학생은 이에 따른 수업에서 자신의 관심분야를 마음껏 펼쳐 보이길 바란다.

또한 학생의 진로와 학업 성취수준 그리고 인성까지 잘 담아내는 특기사항을 작성하길 추천한다.

3학년 ◐ 독서 : 학급 반장으로 학습에 참여하지 않는 학생들을 위하여 학습자료를 공유하고 학습을 독려하는 등 이타적인 학생임. '진로 독서' 활동에서 '두 얼굴의 백신'을 읽음. 코로나 백신 접종이 시작된 후 보도되는 여러 부작용을 보며 백신의 안전성에 대한 의문을 해소하기 위해 생명공학 관련 도서를 선정함. 면역체계가 활성화되는 과정에 따라 자연획득과 인공획득 면역체계로 구분됨을 파악하고, 백신은 인공획득 면역체계를 전제로 함을 이해함. 특히 백신을 경제적 관점으로 파악하고, 의료영역이 공공적 성격과 사적 성격을 모두 가지고 있는 이중적인 영역임을 인상 깊게 파악함. 백신은 이윤이 적고 책임 부담이 크기 때문에 정부와 제약회사의 협조가 이루어져야 하며, 이는 공동체를 보호하기 위한 과정임을 공부함. 아울러 개인들은 백신에 대한 통찰력을 가지고 스스로 백신과 관련된 의사결정을 할 수 있어야 함을 주장함. 코로나19 진단키트에 사용되는 PCR기법에 관한 자료를 분석함. 시료에서 RNA를 추출한 후 역전사 과정을 통하여 단일 가닥 cDNA로 변환하고, 코로나바이러스 유전자를 표적으로 하는 프라이머로 검사하여 코로나바이러스 cDNA의 존재 여부를 통하여 판단하는 과정을 정리하여 훌륭하게 발표함.

미적분 : 생체리듬을 이용하여 내 몸속의 시계라는 주제로 수학적으로 분석하고 응용하는 발표를 함. 특히 수면 주기, 배꼽시계, 약물의 투여 시간을 설명하고 이를 수학과 융합하여 생체시계를 미분 방정식을 통해 수학적인 모델링을 함. 피리어드2의 분해속도 조절을 미분 방정식을 통해 소개하면서 수학이 다른 분야에서 어떻게 활용되고 있는지 설명함. 생명윤리와 신약 개발에 대한 주제로 발표를 함. 신약 개발에서의 생명 윤리적 측면을 강조하고 설명하는 시간을 가짐. 수리적 모델을 통해 임상시험과 동물실험의 차이를 줄여야 한다고 발표함. 효소반응속도론을 미적분학을 통해 소개함. 특히 0차 반응, 1차 반응, 2차 반응의 과정을 대수적으로 표현하고 수학적 측면으로 과정을 발표함. 수열의 극한과 관련된 수학적 표현의 의미를 이해하고 적합한 공학적 도구와 수학적 모델링을 이용하여 수열의 극한에 관한 다양한 문제를 해결하는 과정을 보여줌. 수열의 극한에 대한 수학적 아이디어와 개념을 탐구하고, 문제

상황을 수학적으로 분석하고 해석하여 최적의 해결 방안을 발표함. 미분법의 수학적 표현의 의미를 이해하고 이를 활용할 수 있음. 수학의 전 영역에 걸쳐 문제 상황을 구조화하고 해결하는 능력이 뛰어나 발전이 기대됨.

영어 독해와 작문 : 영어부장으로서 친구들이 수업준비를 원활히 할 수 있도록 기여하였고, 책임감과 수행력이 매우 뛰어나 칭찬함. 영어 배움노트 작성 활동에서 모든 항목의 응답 수준이 우수하고, 자기 생각을 표현함에 있어 비판적 사고력, 논리력, 비슷한 사례와 연결 짓는 능력 등이 매우 우수함. 주제심화탐구발표활동에서 첫 번째 발표자로서 미국인의 우유 섭취에 관한 지문을 선택 후 어휘, 어법, 문장 구조 등에 대해 PPT를 활용하여 설명하였고 전 시간에 배웠던 영어 표현을 친구들에게 상기시키며 설명한 점이 돋보임. 우유가 면역력을 증가시킨다는 점에 호기심을 느껴 유당분해효소에 대해 심층 조사하였고 유당불내증의 원인을 설명하고 보충제 복용으로 병을 예방할 수 있다고 덧붙임. 생명과학시간에 학습했던 연역적 탐구와 귀납적 탐구를 지문의 내용과 연관시키는 노력이 돋보임. 백신의 발달과 박테리아의 빠른 번식 속도에 대한 지문을 읽고, 관련된 전문 영어 표현을 정리하였고 '신종 코로나 바이러스 변이 추세와 백신'이라는 주제로 조사한 내용을 제출함.

여행지리 : 관심 있는 분야나 자신의 진로와 관련된 이슈가 있는 나라를 선정해 여행 계획을 세워보는 진로여행계획 세우기 활동에서 약학 분야에 관심이 높아 최근 변종바이러스 확산으로 어려움을 겪고 있는 인도를 선정하여 봉사 여행이라는 주제로 활동에 참여함. 인도의 기후를 지역별  로 나누어 설명하고 기후에 따라 주민들의 음식과 의복 등의 생활 모습이 어떻게 달라지는지 설명함. 인도의 지정학적 위치와 직접 그린 인도 지도, 진로 여행 경로를 포함한 인포그래픽 형태의 발표 자료를 직접 제작하여 학급 친구들의 호응을 얻음. 열악한 의료 시스템을 가진 인도에서 기본적인 위생관리법을 포함한 다양한 감염병 예방에 필요한 보건 교육을 현지인들에게 하고, 채식 위주의 식단을 많이 하는 인도 주민들을 위해 철분 섭취를 도와주고 싶다는 구체적인 진로계획을 밝힌 점이 인상적임. 또한 변종바이러스 확산이 심각한 상황

에서 산소통이 부족한 인도의 상황을 알려주면서 이를 해결하기 위해 산소를 운반하는 체내의 헤모글로빈 등을 최대로 활성화해주는 약을 개발하고 싶다는 포부를 밝힘.

생명과학Ⅱ : 아디이어 전시회 활동에서 팀장을 맡아 '주사(injection)의 원리'를 주제로 전시물을 제작함. 전시물 내용과 모둠원 역할 분배, 디자인 구성까지 전 과정에 참여하고, 백신용 주사기에 대해 주도적으로 조사함. 백신 부작용 보도 기사로 예방 접종에 대한 불안감이 커졌다는 사전 조사에 답변하고자 '면역의 힘(제나 마치오키)'을 읽은 후 과학자의 시선으로 코로나19에 대한 집단면역 형성에 효과적인 백신 접종이 중요함을 발표하고, 그 외 대중이 갖는 백신에 대한 오해와 진실을 정리하여 제시함. 또한 이와 연계하여 나만의 강의 프로젝트에서 '약물전달시스템(DDS)'을 주제로, DDS의 정의와 3가지 기준별 분류, 활용 사례와 전망 등을 탐구하여 강의함. 심화 탐구활동에서 교과 시간에 배운 DNA 복제과정을 기반하여 'RT-PCR'을 주제로 강의함. 중합효소연쇄반응(PCR)의 정의, 필요한 요소(물질), 과정을 제시하여 배운 내용을 복습하고, RNA를 주형으로 한 역전사 중합효소연쇄반응(RT-PCR) 기술을 소개함. 특히 RT-PCR 기술의 활용 사례인 코로나19 진단 과정과 진단에 소요되는 시간을 감소시킨 신속 PCR기술 등을 설명함으로써 생명공학 연구의 중요성과 필요성을 설득력 있게 제시함.

일본어Ⅱ : 문법을 이해하고 활용하는 능력은 물론, 문법적 틀을 벗어난 예외적 활용에 대해서도 유연하게 수용하여 습득하여 활용하는 탁월한 언어적 감각을 보여줌. 오사카의 관광지와 먹거리 등을 조사하여 2박 3일 여행계획서를 작성하고 발표함. 조사 과정에서 오사카의 공공시설 안내와 길거리 표지판에 한국어로 표기되어 있다는 것과 도톤보리 밤거리에 길거리 음식 문화가 발달되어 있는 장면이 인상 깊었음을 이야기함. 여행지 회화를 조사하던 중 예기치 못한 응급상황이 발생될 수 있다는 것을 고려하여 병원이나 약국에서 사용할 수 있는 회화도 조사하였음을 강조함. 교과연계 독서활동에서 '누구나 알지만 아무도 모르는 731부대(15년 전쟁과 일본의 의학 의료연구회)'를 선택하여 감상문을 작성함. 소감 발표에서 731부대 가해자들의 잔인한 행위는 절대 용서받을 수 없는 악독한 짓임을 강조함. 당시 가해자들의 생명윤리의식 부재에 안타까움을 느끼고, 이런 비극이 재발하지 않기 위해서는 올바른 생명 윤리의식이 사회에 널리 퍼져야 한다고 주장함. 나 자신부터 올바른 생명윤리 의식을 가져야 함을 다짐하고, 친구들에게 책 내용을 소개함으로써 생명윤리 의식을 밀 깨우고자 하는 의지를 보임.

독서에서는 '학급 반장 ~ 학생임.'이라는 특기사항을 기술했는데 **학생의 인성**을 알 수 있게 해 주는 내용이다. 또한 '진로 독서' 활동으로 학생이 **관심 있는 분야**에 어느 수준까지 공부하였는지 잘 알 수 있는 특기사항이 기재되어 있다. '코로나19 ~ 발표함.'이라는 내용은 수업 시간에 공부한 지문의 주제를 활용하여 심화 정리한 내용을 알 수 있는 특기사항이다. 수업 시간에 같은 지문을 공부하고 이후 학생이 심화하여 발표할 기회를 교사는 주길 바라며, 학생 자신의 진로에 맞는 발표 분야를 선택하여 도전하길 바란다.

미적분에서는 주목할 것은 '생명윤리와 신약 개발 주제 발표'이다. 수학과 연관이 없을 듯한 생명윤리를 미적분 교과에서도 작성할 수 있다. 학생이 신약 개발에서 수학 요인을 설명하고 이후 윤리적인 것을 발표에서 강조하였다면 충분히 미적분 특기 사항에도 작성할 수 있는 것이다. 앞에서도 **의생명계열에서는 생명윤리가 중요함**을 강조하였다. 다양한 교과 활동 및 창체활동에서 생명윤리를 강조하는 것은 매우 의미가 있다. '효소반응'은 학년이 올라갈수록 계속해서 관심이 있다는 것을 미적분 교과에서도 확인할 수 있다. 이를 통해서 수학의 성취 수준도 높을 뿐만 아니라 학생의 '효소반응'에 심화된 지식을 배워나가는 학생의 모습을 확인할 수 있는 유의미한 특기사항이다.

영어 독해와 작문에서는 '영어부장으로서 ~ 매우 우수함.'이라는 특기사항으로 **학생의 수업 참여도와 성취 수준을 한꺼번에 알 수 있는 특기사항**이 기재되어 있다. 이후 '주제심화탐구발표활동'으로서 학생의 효소에 대한 관심을 역시 확인할 수 있다. 이때 '생명과학시간에 ~ 노력이 돋보임.'은 연구자의 모습을 드러내는 특기사항으로 잘 융합하여 작성하였다.

여행지리에서는 '진로여행계획 세우기 활동'을 하였다. 많은 수업에서 시도해보길 바라며 해당 학생은 **'봉사여행'**이라는 매우 의미 있는 주제로 활동을 하였다.

생명과학Ⅱ 특기사항에서는 아이디어 전시회 활동에서 출발하여 학생이 전시회 준비를 위해 독서 활동을 하였고 이후 나만의 강의 프로젝트까지 자연스럽게 작성한 유의미한 특기사항으로 볼 수 있다. 학생의 전체 생명과학 수업에서 흐름을 확인할 수 있으며, 배움의 수준이 어느 정도인지 확인할 수 있게 해 주는 내용이다.

일본어Ⅱ에서는 '문법을 이해하고 ~ 조사하였음을 강조함.'이라는 특기사항을 통해 일본어 **학업성취가 뛰어나다는 것**과 **수업참여도가 높다**는 것을 알 수 있다. 일본어Ⅱ 특기사항 중 교과 연계 독서활동을 주목해야 한다. 앞에서 강조한 생명윤리의식을 역시 일본어Ⅱ 특기사항에서도 확인할 수 있다. 다양한 활동 및 교과에서 생명윤리의식의 고민을 통해 자신이 정리한 내용을 발표 또는 대입면접에서 정확히 말해야 할 것이다.

이 글을 읽는 교사와 학생은 **수업에서 어떻게 독서를 통해 진로 연계 및 학생의 지적 향상**을 가져올지 고민하길 바란다.

7) 독서 활동 ✧

독서 활동 상황은 2024 대입부터는 상급학교 진학 자료에 반영되지 않는다. 이에 따라 독서가 중요하지 않다고 생각할 수 있지만, 독서 활동이 교과나 학교 활동으로 들어올 수 있다. 독서를 통해 학생이 배우는 것이 많으므로 독서는 지속적으로 하길 추천한다.

1학년 ◉ 100℃(최규석), 독립운동가가 된 고딩(이진미), 엄마를 부탁해(신경숙), 소년이 온다(한강), 수학으로 힐링하기(이수영), Holes (Louis Sachar), The Giver(Lois Lowry), 왜 세계의 절반은 굶주리는가?(장 지글러), 니코마코스 윤리학(아리스토텔레스), 가루와 함께 일주일만 놀아보자(최희규), 생어가 들려주는 인슐린 이야기(고문주), 퀴네가 들려주는 효소 이야기(이흥우), 동물농장(조지오웰)

2학년 ◉ 페르마의 마지막 정리(사이먼 싱,박병철 옮김), 통계학-빅데이터를 잡다(조재근), 통계의 미학(최제호), Tuesday with Morrie(Mitch Alborm), 화학으로 이루어진 세상(K. 메데페셀헤르만 외), 위험하고 위대한 약이야기(정진호), 같기도 하고 아니 같기도 하고(로알드 호프만), 이중나선(제임스 왓슨), 침묵의 봄(레이첼 카슨), 세상을 바꾼 전염병(예병일), 약사가 말하는 약사(흥성광), 꿈을 찾는 약대생(박정원)

3학년 ◉ 누구나 읽을 수 있는 뉴턴의 프린키피아(정완상), 가볍게 읽는 유기화학(사이토 가쓰히로), 인류에게 필요한 11가지 약 이야기(정승규), 화학으로 바라본 건강세상(이주문), 신약 오딧세이(심재우), 바이오 의약품의 시대가 온다(김시언 외), 새로운 약은 어떻게 창조되나(교토대학대학원약학연구과), 생명 윤리 이야기(권복규), 가능성의 발견(야마나카 신야 외 1인), 미적분의 쓸모: 미래를 예측하는 새로운 언어(한화택)

8) 행동특성 및 종합의견 ✦

1학년 ◉ 전 과목의 우수한 성적내에서도 꾸준히 학습 능력이 향상되는 모습으로 적절한 학습전략을 갖춘 자기주도적인 모습을 키워나감. 모든 수업 시간에 항상 최선을 다하며 친구들과 협력하여 문제를 해결해나가며 새로운 주제에 호기심을 가지고 탐구하려는 열정이 높음. 자신의 진로에 대한 목표가 뚜렷하고 앞으로의 계획을 구체적으로 설정하여 이에 맞는 능력을 갖추기 위해 꾸준히 노력함. 진로와 관련되어 심화한 내용을 친구들과의 토론을 통해 탐구하여 전공소양을 기르기 위해 노력함. 학교의 다양한 활동이나 행사에 적극적으로 참여하였으며 한정된 시간 동안 많은 역할과 활동을 완벽히 수행해나가는 모습으로 타의 추종을 불허함. 1학기에는 학급자치부회장, 2학기에는 학급자치회장을 맡아 반 친구들에게 학급을 위한 봉사심과 리더십에서 높은 평가를 받음. 학급에서 소수의 의견을 놓치지 않으며 다양한 의견을 조율하여 하나의

의견으로 모으는 민주적인 리더십을 갖춤. 학급에서 필요한 역할을 찾아 능동적으로 수행해나가는 모습으로 학급의 궂은일에도 항상 웃는 모습으로 다른 친구들의 몫까지 봉사함.

2학년 🌀 학급에서 가장 훌륭하고 완벽하다는 이야기를 할 수 있는 유일한 학생으로 1년간 담임교사로서 이 학생들을 만나게 되어 기쁘게 생각함. 무엇보다 자신의 역할을 완벽하게 수행할 뿐만 아니라 주변 친구들의 마음을 품는 학생으로 학급에서 리더십이 가장 뛰어나며 학급에서 가장 인기가 많은 학생으로 모든 학생이 이 학생의 말에 경청하고 존중하는 모습을 보여줌. 인성적으로 너무 훌륭하여 타의 모범이라는 말을 적용할 수 있으며 친구들만 생각하는 것이 아니라 주변 어른에 대한 예의와 부모님들 생각하는 마음 등 인간적인 모습에서 완벽함을 보여줌. 1학기 때 학급자치회장을 하면서 급우들에게 인정받아 2학기 때에도 연임하였음. 학급회의 때 진행하는 모습을 보면 모든 학생의 의견을 합리적으로 조율하는 모습은 아름답다고 느껴짐. 자신과 학급을 위해 힘든 결정을 할 때로 먼 미래를 보고 도움이 된다면 결정할 수 있는 학생임. 또한 담임교사의 마음을 이해하고 학급의 발전을 위해 희생을 하는 학생으로 1년간 담임교사보다 더 학급을 훌륭하게 만들고 이끌어나간 학생임.

정리!

1학년 특기사항을 보면 '전 과목의 ~ 열정이 높음.'까지의 특기사항을 통해서 학생의 **성적이 우수함**과 동시에 친구들과 협력해서 같이 하는 학습에서의 **리더십**을 보이는 내용이 드러나 있다. 그리고 '자신의 ~ 타의 추종을 불허함.'까지는 학생이 뚜렷한 **진로 목표**가 있음을 보여주는 것으로 학교생활의 적극성을 통해서 미래에 긍정적인 결과를 가져올 것이라는 좋은 평가가 담겨 있는 특기사항이다. '1학기에는 ~ 봉사함.'까지 특기사항은 학급 자치임원으로서 고생하였으며 학급을 잘 이끌었다는 것을 학급 교사가 칭찬하는 것으로서 모범상을 수상할 수 있었던 이유를 다시 한 번 확인할 수 있다.

2학년 특기사항은 **긍정적인 모습**을 한껏 담은 특기사항이다. 학급에서의 뛰어난 리더십을 통해 학급 경영을 잘 이루어 내었고 교사와 학생 간의 가교역할을 훌륭히 해왔다는 것을 작성하였다. 해당 특기사항은 과한 기제라고 판단하기보다는 담임교사의 1년간 관찰을 통해 결론을 내린 매우 훌륭한 인성과 리더십을 가진 학생의 특기사항으로 평가된다.

약학과
자기소개서

1. 재학 기간 중 지원한 분야와 관련하여 어떤 노력을 해왔는지 본인에게 의미가 있는 학습경험과 교내활동 등을 중심으로 기술해 주시기 바랍니다.

통합과학 수업 중 중화반응의 실생활 이용 사례를 알아보는 활동에서 과도하게 분비된 위산을 제산제가 포함된 소화제가 중화시킬 수 있다는 사실을 알게 되었습니다. 또한, 과학탐구실험 활동에서 소화제의 종류에 따라 영양소의 분해 정도를 비교하는 실험을 통해 생체 촉매로서의 효소의 역할에 대해 이해할 수 있었습니다. 이후 효소의 기능에 흥미를 느낀 저는 '퀴네가 들려주는 효소 이야기'라는 책을 읽고 효소에는 한 가지 효소가 하나의 기질에만 결합하여 반응하는 기질 특이성이 있다는 사실을 알게 되었습니다. 이처럼 독서 활동으로 얻은 지식을 확인하고자 진로 프로젝트로 소화제 소화효소 분석 실험을 진행하였습니다. 효율적인 소화제 분석을 위해 총 3가지의 가설과 실험을 설계했습니다. 우리가 먹는 음식의 구성 성분인 3대 영양소 탄수화물, 단백질, 지방을 각각 분해하는 아밀레이스, 펩신, 라이페이스가 소화제에 포함되어 있는지 증명하는 가설을 첫 번째로 설정하였습니다. 다음으로 효소의 기질 특이성 활성화 정도에 가장 영향을 끼치는 온도와 pH를 조작 변인으로 설정하여 각각 두 번째와 세 번째 가설을 세웠습니다. 이후 실험을 진행하는 과정에서 예상 결과와 다른 반응을 보이는 위기를 겪기도 했지만, 좌절하지 않고 침착하게 원인을 분석하려고 노력했습니다. 그 결과, 세 번째 실험의 통제 변인인 온도의 유지가 제대로 이루어지지 않았다는 사실을 깨달았고 재실험을 진행하여 결론을 도출해낼 수 있었습니다. 이 실험 활동을 통해 소화제 속 다양한 소화효소가 각자 하나의 영양소와 기질 특이적으로 분해반응을 일으킨다는 것을 실제로 확인할 수 있었습니다. 또한, 소화제별 효소의 차이에 따라 탄수화물, 단백질, 지방 등의 영양소 소화에 차이가 발생할 수 있음을 파악할 수 있었습니다. 독서를 통해 접하게 된 효소의 개념을 직접 실험을 통해 원리를 이해하고 반응을 분석함으로써 하나의 과학적 사실로부터 비롯된 궁금증을 능동적으로 해결해나가는 자세를 배울 수 있었습니다.

갑작스러운 코로나바이러스의 전파로 백신이나 치료제 개발이 어려운 현재 상황에서 '효소의 기질 특이성을 응용해서 체내의 코로나바이러스를 분해하여 파괴하는 방법은 없을까?'라는 생각이 들었습니다. 이 의문점을 해결하기 위해 코로나바이러스의 복제를 억제하는 방법을 주제로 한 보고서로 탐구활동을 하였습니다. 바이러스 복제에 핵심적인 역할을 하는 프로테아제라는 단백질 분해 효소를 억제하는 기질을 설계하는 것이 주 원리임을 알 수 있었습니다. 이처럼 여러 질병을 퇴치하는 치료제 대부분에 효소가 포함되어 중요한 역할을 한다는 것을 깨달을 수 있었습니다. 이러한 활동들을 통해 효소를 탐구한 경험은 대학에 진학하여 전문적인 생화학, 약학 지식을 공부한 후 다양한 효소를 활용한 치료제를 연구하고 개발하여 질병 퇴치에 기여하고 싶다는 꿈을 꾸게 해주었습니다.

2. 고등학교 재학 기간 중 타인과 공동체를 위해 노력한 경험과 이를 통해 배운 점을 기술하시오.

진정한 리더십이란 소통을 통하여 구성원의 역량을 이해하고 역량에 맞는 역할을 스스로 찾아가는 과정을 함께하는 것에서 비롯된다고 생각합니다. 지체 장애를 가진 친구의 학교생활을 도와주는 또래 도우미 봉사활동을 통해서 이를 배울 수 있었습니다. 처음에는 학교생활의 모든 부분에서 장애인 친구에게 도움을 주어야 한다는 생각에 부담을 느끼기도 했습니다. 하지만 2년 동안 도우미로서 이 친구와 생활하면서 친구가 스스로 할 수 있는 것을 찾을 수 있도록 이끌어주는 것이 진정한 도움임을 깨달았습니다. 이는 3년 동안의 학급회장, 그리고 동아리 부장으로서 공동체를 이끌어나가는 데에 있어 어떤 태도로 임해야 하는지 깨닫고 이를 실천하는 계기가 되었습니다. 그 예로 동아리 실험을 준비하는 과정에서 동아리원과 힘을 합쳐 위기를 극복한 적이 있었습니다. 실험을 준비하던 중 한 가지 시료를 미처 준비하지 못했다는 사실을 알게 되었습니다. 동아리원들과 대응 방안을 상의한 후 실험 과정을 수정하자는 결론이 나왔습니다. 실험 계획, 시료 및 도구 준비, 정보 처리 등 필요한 역할 목록을 작성하고, 분야별 역량을 고려하여 동아리원 친구들과 역할을 분담하였습니다. 각자 역할을 부여받은 친구들이 책임감을 느끼고 도와주었기에 빠르게 새로운 실험 도구와 시료들을 마련하여 성공적으로 실험을 끝마칠 수 있었습니다. 혼자였다면 해결하지 못했을 위기를 동아리원과의 협력으로 극복해내면서 리더십의 의미를 공동체 구성원들과의 소통을 통해 이해할 수 있었습니다.

라. 약학과 자소서 분석 및 평가

  제시된 자소서는 약학과 지원을 고려해 작성해 본 것인데 '1학년 교과 세부능력 및 특기사항', '1학년 독서 활동', '2~3학년 진로 활동'을 소재로 1번 문항을 기술했고, '1~3학년 자율 활동'과 '2학년 동아리 활동', '1~2학년 행동 특성 및 종합의견'을 소재로 2번 문항을 기술했다. 학생부에 기재된 내용 중 희망 진로를 고려한 활동들을 기반으로 자소서를 기술해나가고 있는데 잘된 점과 아쉬운 점을 중심으로 자소서 예시문을 평가해 보려고 한다. 약학 계열을 희망하는 학생들의 경우 대부분 과학 교과나 동아리 활동을 통해 진로나 전공 분야에 대한 관심과 역량을 보여주려는 경향을 보이기도 하는데 약학과를 지원하려는 학생이라면 자소서 작성 시 이런 점을 고려해 소재를 선정한 후 글을 작성해 보면 좋을 것 같다.

  또한 이 학생의 학생부 기재 내용과 자소서를 꼼꼼하게 비교해 가면서 읽어보고, 본인의 자소서 작성 방향과 소재 선정 등에 대해 고민해 본 다음 초안을 작성해 보기 바란다.

약학과 지원자의 자소서

1. 고등학교 재학 기간 중 자신의 진로와 관련하여 어떤 노력을 해왔는지 본인에게 의미가 있는 학습 경험과 교내 활동을 중심으로 기술해 주시기 바랍니다.

(띄어쓰기 포함 1,500자 이내 *검정고시 출신자는 중학교 졸업 후 고등학교 재학 기간에 준하는 기간의 경험 기술)

① **통합과학 수업** 중 중화반응의 실생활 이용 사례를 알아보는 활동에서 **과도하게 분비된 위산을 제산제가 포함된 소화제가 중화시킬 수 있다는 사실을 알게 되었습니다.** 또한, ② **과학탐구실험 활동**에서 소화제의 종류에 따라 영양소의 분해 정도를 비교하는 실험을 통해 **생체 촉매로서의 효소의 역할에 대해 이해할 수 있었습니다.** 이후 효소의 기능에 흥미를 느낀 저는 ③ **'퀴네가 들려주는 효소 이야기'라는 책을 읽고 효소에는 한 가지 효소가 하나의 기질에만 결합하여 반응하는 기질 특이성이 있다는 사실을 알게 되었습니다.** 이처럼 독서 활동으로 얻은 지식을 확인하고자 ④ **진로 프로젝트로 소화제 소화효소 분석 실험을 진행**하였습니다.

⑤ **효율적인 소화제 분석을 위해 총 3가지의 가설과 실험을 설계**했습니다. 우리가 먹는 음식의 구성 성분인 3대 영양소 탄수화물, 단백질, 지방을 각각 분해하는 ⑥ **아밀레이스, 펩신, 라이페이스가 소화제에 포함되어 있는지 증명하는 가설**을 첫 번째로 설정하였습니다. 다음으로 ⑦ **효소의 기질 특이성 활성화 정도에 가장 영향을 끼치는 온도와 pH를 조작 변인으로 설정하여 각각 두 번째와 세 번째 가설을 세웠습니다.** 이후 실험을 진행하는 과정에서 ⑧ **예상 결과와 다른 반응을 보이는 위기**를 겪기도 했지만, 좌절하지 않고 침착하게 원인을 분석하려고 노력했습니다. 그 결과, ⑨ **세 번째 실험의 통제 변인인 온도의 유지가 제대로 이루어지지 않았다는 사실을 깨달았고 재실험을 진행하여 결론을 도출**해낼 수 있었습니다. 이 실험 활동을 통해 ⑩ **소화제 속 다양한 소화효소가 각자 하나의 영양소와 기질 특이적으로 분해반응을 일으킨다는 것을 실제로 확인**할 수 있었습니다. 또한, ⑪ **소화제별 효소의 차이에 따라 탄수화물, 단백질, 지방 등의 영양소 소화에 차이가 발생할 수 있음을 파악**할 수 있었습니다.

독서를 통해 접하게 된 효소의 개념을 직접 실험을 통해 원리를 이해하고 반응을 분석함으로써 하나의 과학적 사실로부터 비롯된 궁금증을 능동적으로 해결해나가는 자세를 배울 수 있었습니다.

①과 ②를 통해 과학 교과목에서 자신의 관심 분야와 관련해 지식을 쌓았던 경험을 소개한 후 여기서 생긴 흥미를 독서 활동을 통해 해결한 사실이 ③에 제시되어 있다.

④에서는 바로 앞에서 획득한 경험들을 실제 실험을 통해 확인해 보려는 의도를 표현하고 있는데 ⑥과 ⑦을 통해 실험에 필요한 가설을 설정한 후 진행 과정에서 생긴 어려움(⑧)을 극복하고 재실험(⑨)을 통해 도출한 결론을 ⑩과 ⑪을 통해 제시하고 있다.

실험이나 탐구활동에서 흔히 볼 수 있는 '준비 과정 - 진행 과정 - 결과 - 배운 점'의 형태로 글을 정리했는데 약학과 진학을 희망하고 있는 학생이라는 점을 고려해 보면 소재 선정과 글쓰기 형식 모두 무난해 보인다.

1번 문항 첫 번째 사례 기반이 된 생기부 기재 내용

▲ **1학년 통합과학 교과 세부능력 및 특기사항**
평소 중화 반응의 실생활 이용에 관심이 많아 제산제를 비롯한 의약품에 중화반응을 이용하는 제품이 무엇이 있는지 스스로 자료를 탐색하여 정리함. 또한 생체촉매 역할을 하는 효소를 활용한 의약품에는 어떤 것이 있는지 관련 자료를 탐색하여 이를 수업 시간에 친구들과 공유함.

▲ **1학년 과학탐구실험 교과 세부능력 및 특기사항**
실험군과 대조군을 나누어 소화제의 종류에 따른 영양소 분해 정도를 비교하는 실험을 설계하고 생체촉매로서의 효소의 작용 기전과 그 역할, 활용 사례를 이해함.

▲1학년 독서 활동

퀴네가 들려주는 효소 이야기(이흥우)

▲ 2학년 진로 활동

마인프로젝트에서 '소화제 소화효소 분석 실험'을 진행함. 사전 지식 부족으로 실패한 실험으로 효소 활성에 큰 영향을 미치는 요인 등 관련 지식을 다시 공부하고, 3가지의 가설을 설정하여 증명하는 실험을 진행함. 소화제 속에 아밀레이스, 펩신, 라이페이스 존재 여부 및 온도, pH 영향 정도에 따른 변화 진행 과정에서 자료의 신뢰성과 통제 변인 설정 및 유지 등에 어려움을 겪었으나 포기 하지 않고 끈기 있게 수행하여 유의미한 결과를 도출한 점이 크게 인상적임. 또한, 프로젝트 이후 자발적으로 실험 보고서를 작성하여 논리정연하게 정리하는 능력이 돋보였으며, 실험실 담당 선생님께 사전 허락을 받아 실험실을 빌리는 등 적극적인 태도를 보임.

⑫ 갑작스러운 코로나바이러스의 전파로 백신이나 치료제 개발이 어려운 현재 상황에서 '효소의 기질 특이성을 응용해서 체내의 코로나바이러스를 분해하여 파괴하는 방법은 없을까?'라는 생각이 들었습니다. ⑬ 이 의문점을 해결하기 위해 코로나바이러스의 복제를 억제하는 방법을 주제로 한 보고서로 탐구활동을 하였습니다. (탐구 활동 과정이 앞의 사례와 비교해 보면 매우 미흡 글자수 때문) ⑭ 바이러스 복제에 핵심적인 역할을 하는 프로테아제라는 단백질 분해 효소를 억제하는 기질을 설계하는 것이 주원리임을 알 수 있었습니다. 이처럼 ⑮ 여러 질병을 퇴치하는 치료제 대부분에 효소가 포함되어 중요한 역할을 한다는 것을 깨달을 수 있었습니다.

이러한 활동들을 통해 효소를 탐구한 경험은 대학에 진학하여 전문적인 생화학, 약학 지식을 공부한 후 다양한 효소를 활용한 치료제를 연구하고 개발하여 질병 퇴치에 기여하고 싶다는 꿈을 꾸게 해주었습니다.

두 번째 활동 역시 희망 진로를 고려한 소재 선정과 이를 활용해 쓴 글인데 ⑫를 보면 첫 번째 활동과 마찬가지로 '효소'라는 키워드를 일관되게 활용하고 있는 점이 눈에 띈다. 의문을 해결하는 방식으로 탐구 보고서 작성 경험을 소개(⑬)한 후 이를 통해 알게 된 내용을 ⑭와 ⑮처럼 정리했는데 두 가지 모두 '효소'의 중요성을 고려해 내용을 정리한 것으로 보인다.

무엇보다도 약학 분야에서 자신의 포부를 '효소를 활용한 치료제 연구'로 구체화한 점이 인상적이다.

1번 문항 두 번째 사례 기반이 된 생기부 기재 내용

▲ 3학년 진로 활동

코로나 치료제에 관심을 갖고 효소의 기질 특이성을 응용해서 체내의 코로나 바이러스를 분해 하여 파괴하는 방법을 심층적으로 조사하여 프로테아제라는 단백질 분해 효소의 기능을 억제하여 바이러스 증식을 억제할 수 있다는 것을 알게 됨. 연구 과정을 통해 전문적인 생화학적 지식을 공부해 자신의 발상들이 연구로 연계될 것을 희망하게 됨.

총평

1번 문항에서 '진로와 관련하여'라는 의미는 지원자가 작성한 학습 경험이나 교내 활동 등이 자신의 진로와 연관성이 있는지를 묻고자 함이다. 지원 동기나 향후 진로 계획에 초점을 맞추라는 것은 아니기 때문에 글을 작성하기 전이나 초고 작성 후에 이런 부분을 점검해보아야 한다. 희망 학과와의 연관성이 잘 드러나 있고, 전체적으로 무난하게 정리했는데 추가로 잘된 점과 아쉬운 점을 요약해보면 다음과 같다.

잘된 점 학생부에 기재된 다양한 내용들을 기반으로 글을 정리해 나가고 있는 점이 인상적이다. 특히 글쓰기 과정에서 '효소'라는 키워드를 일관성 있게 활용하고 있는데 이를 통해 약학 분야에 대한 관심과 지적 역량을 키워나가려고 하는 모습을 무난하게 기술했다. 무엇보다 관심 분야에 대한 탐구활동을 스스로의 노력을 통해 해나가고 있는 점이 돋보인다.

아쉬운 점 첫 번째 활동의 구체적인 내용 정리에 비해 두 번째 활동은 상대적으로 부족한 느낌이 든다. 탐구 보고서 작성을 했다는 사실을 소개한 문장과 결과만을 제시하고 있는데 글자 수의 제한이 있다는 점을 고려하면 어쩔 수 없는 상황으로도 보인다. 내용을 재구성하게 된다면 탐구활동 내용이나 과정에 대한 언급이 필요할 것 같다.

2. 고등학교 재학 기간 중 타인과 공동체를 위해 노력한 경험과 이를 통해 배운 점을 기술해 주시기 바랍니다.

(띄어쓰기 포함 800자 이내 *검정고시 출신자는 중학교 졸업 후 고등학교 재학 기간에 준하는 기간의 경험 기술)

① 진정한 리더십이란 소통을 통하여 구성원의 역량을 이해하고 역량에 맞는 역할을 스스로 찾아가는 과정을 함께하는 것에서 비롯된다고 생각합니다. 지체 장애를 가진 친구의 학교생활을 도와주는 또래 도우미 봉사활동을 통해서 이를 배울 수 있었습니다. 처음에는 학교생활의 모든 부분에서 장애인 친구에게 도움을 주어야 한다는 생각에 부담을 느끼기도 했습니다. 하지만 ② 2년 동안 도우미로서 이 친구와 생활하면서 친구가 스스로 할 수 있는 것을 찾을 수 있도록 이끌어주는 것이 진정한 도움임을 깨달았습니다. 이는 3년 동안의 학급회장, 그리고 동아리 부장으로서 ③ 공동체를 이끌어나가는 데에 있어 어떤 태도로 임해야 하는지 깨닫고 이를 실천하는 계기가 되었습니다. ④ 그 예로 동아리 실험을 준비하는 과정에서 동아리원과 힘을 합쳐 위기를 극복한 적이 있었습니다.

실험을 준비하던 중 한 가지 시료를 미처 준비하지 못했다는 사실을 알게 되었습니다. 동아리원들과 대응 방안을 상의한 후 실험 과정을 수정하자는 결론이 나왔습니다. 실험 계획, 시료 및 도구 준비, 정보 처리 등 필요한 역할 목록을 작성하고, 분야별 역량을 고려하여 동아리원 친구들과 역할을 분담하였습니다. 각자 역할을 부여받은 친구들이 책임감을 느끼고 도와주었기에 빠르게 새로운 실험 도구와 시료들을 마련하여 성공적으로 실험을 끝마칠 수 있었습니다.

혼자였다면 해결하지 못했을 위기를 동아리원과의 협력으로 극복해내면서 ⑤ 리더십의 의미를 공동체 구성원들과의 소통을 통해 이해할 수 있었습니다.

①은 자소서를 작성한 학생이 생각하는 '리더십'의 의미를 집약해서 표현한 문장으로 봉사활동 경험(②)을 이를 뒷받침하는 근거로 제시하고 있으며 거기서 얻은 깨달음(③)을 확장된 경험으로 표현하려는 모습이 ④의 동아리 활동에서 구체화되어 있다.

고등학교 재학 중 리더로서의 다양한 경험을 활용해 '타인과 공동체를 위해 노력한 점'을 보여주려고 한 것에서 눈에 띄는 자소서라고 할 수 있을 것 같다.

▲ 1학년 자율 활동

1학기 학급자치부회장으로서 학급 회의를 진행하였으며 학급의 의견을 모아 학생회의에서 토론함. 스포츠클럽와 주제별 체험학습에서 반 친구들이 즐겁게 참여하도록 분위기를 이끎.

2학기 학급자치회장으로서 선거에서 내세웠던 공약을 지켜나감. 체육한마당에서 입장식의 노래와 율동을 선정하고 연습을 주도하였으며 반티 선정, 점심식사 등의 세세한 부분까지 꼼꼼하게 챙김.

▶ 2학년 자율 활동

학급자치회장으로서 모두의 의견을 존중하며 학급회를 이끌어 가는 배려의 리더십을 보여줌.

▲ 3학년 자율 활동

학급자치회장으로 학급원들과 담임교사 간의 원활한 소통을 위한 중간다리 역할을 훌륭하게 수행함. 학급 회의를 주도적으로 이끌어나가며 학급원들의 의견을 최대한 수용하고 투표를 통한 민주적인 방법으로 결론을 도출해 내고, 개인별 선택과목을 반영한 시간표를 제작해서 나눠주고, 중요한 공지사항을 매일 학급 메신저에 게시하는 등 학급의 리더로서, 서포터로서 최고의 찬사가 아깝지 않을 만큼 자신의 역할에 최선을 다함.

▶ 2학년 동아리 활동

(화약고2) 활동 계획 수립 및 부원들 사이의 단합, 동아리 활동 진행 등 모든 부분에서 부장의 역할을 훌륭히 수행해 냄. 섬기는 리더십, 따뜻한 배려심으로 1년 동안 이루어지는 모든 동아리 활동을 성공적으로 이끎. 카페인 추출 실험을 기획하여 실험을 진행할 때 철저한 준비성으로 실험 준비에 소홀함이 없는 책임감을 보임. 실험기구 및 시약의 부족으로 원활한 실험 수행이 어려운 상황일 때, 실험 방법을 개선하여 결과를 도출해 낸 점에서 학생의 뛰어난 과학적 사고력과 탐구 수행 능력, 창의성을 엿볼 수 있었음.

▲ 1학년 행동 특성 및 종합의견

학교의 다양한 활동이나 행사에 적극적으로 참여하였으며 한정된 시간 동안 많은 역할과 활동을 완벽히 수행해나가는 모습으로 타의 추종을 불허함. 1학기에는 학급자치부회장, 2학기에는 학급자치회장을 맡아 반 친구들에게 학급을 위한 봉사심과 리더십에서 높은 평가를 받음. 학급에서 소수의 의견을 놓치지 않으며 다양한 의견을 조율하여 하나의 의견으로 모으는 민주적인 리더십을 갖춤. 학급에서 필요한 역할을 찾아 능동적으로 수행해나가는 모습으로 학급의 궂은일에도 항상 웃는 모습으로 다른 친구들의 몫까지 봉사함.

▶ 2학년 행동 특성 및 종합의견

자신의 역할을 완벽하게 수행할 뿐만 아니라 주변 친구들의 마음을 품는 학생으로 학급에서 리더십이 가장 뛰어나며 학급에서 가장 인기가 많은 학생으로 모든 학생이 이 학생의 말에 경청하고 존중하는 모습을 보여줌. 인성적으로 너무 훌륭하여 타의 모범이라는 말을 적용할 수 있으며 친구들만 생각하는 것이 아니라 주변 어른에 대한 예의와 부모님들 생각하는 마음 등 인간적인 모습에서 완벽함을 보여줌. 1학기 때 학급자치회장을 하면서 급우들에게 인정받아 2학기 때에도 연임하였음. 학급회의 때 진행하는 모습을 보면 모든 학생의 의견을 합리적으로 조율하는 모습은 아름답다고 느껴짐. 자신과 학급을 위해 힘든 결정을 할 때로 먼 미래를 보고 도움이 된다면 결정할 수 있는 학생임.

2번 문항은 말 그대로 '타인'과 '공동체'를 위해 노력한 경험이라는 의미에 부합하는 내용을 기술하면 되는데 이 학생이 소재로 활용한 '리더로서의 경험'은 '주도성', '협업 능력' 등을 잘 보여주는 활동이다. 대부분 학급 임원이나 동아리 부장을 역임하면서 경험했던 내용을 활용해 리더십 자체를 강조하거나, 협업 경험을 소개하는 방식으로 내용을 정리해 나가는 경우가 많은데 2번 문항의 잘된 점과 아쉬운 점을 요약해보면 다음과 같다.

잘된 점 학생부에 기재되어 있는 다수의 임원 활동 경험이 글쓰기의 소재로 활용되고 있는 점이 눈에 띈다. 그중에서도 동아리 부장으로서 협력을 통해 어려움을 극복해 나가는 과정이 사례 중심으로 상세하게 제시되어 있다.

아쉬운 점 글의 시작 부분에서 임원 경험을 소개하는 모습이 제시되어 있는데 구체적인 사례 없이 임원 경험을 많이 했다는 사실만을 제시하는 것은 알맹이가 빠진 원론적인 수준의 글이라는 인상을 심어줄 수 있을 것 같다. 특히 학생부에서 명확하게 언급되지 않은 '또래 도우미 봉사활동'과 관련해 구체적인 근거를 제시하지 않았는데 이를 증명해 줄 수 있는 내용이 추가된다면 좋을 것 같다.

단원을 마치며 ✦

학교생활기록부에서 학생의 개인 기록이 많이 있는 것이 세부능력 및 특기사항이다. 학교생활기록부는 오로지 한 학생만의 특기사항이 담겨있는 기록물이다. 학생은 저마다의 수업과 활동을 통해 새로운 것을 배우고 자신의 것을 만들기 위해 생각하고 고민한다. 교사는 이런 학생을 면밀히 관찰하고 기록한 결과를 학교생활기록부에 작성한다.

하지만 학생마다 다른 특기사항을 작성하기는 쉽지 않다. 빡빡한 학교 일정과 행정 업무 등으로 교사는 학생을 일일이 꼼꼼히 볼 시간이 없다. 더불어 학교생활기록부 지침에는 모든 학생에게 특기사항을 작성하도록 요구하고 있다.

패닉상태에 교사는 지쳐있다. 어떤 방향성으로 나가야 할지, 어떻게 기록해야 할지 교사는 어려워한다. 학생은 **내가 어떤 활동을 해야 하며, 어떤 기록이 도움이 될지** 고민되고 궁금해한다.

해당 단원을 통해 교사와 학생, 학부모 등에게 유의미하며 가치 있는 생활기록부는 어떤 것인지 제시해보았다. 이제는 움직여야 한다.

교사는 학생의 자기평가서와 동료평가서, 수행평가 결과물을 적극적으로 활용하길 바란다. 그리고 각 교과 활동 및 창의적 체험활동에서 독서를 장려하며, 주제 및 진로 보고서 활동을 할 수 있도록 수업을 설계하길 바란다. 또한 수업 성취 수준을 이용한 교과 세부능력 및 특기사항 작성도 좋은 방법이다. 본문에 제시된 세부능력 및 특기사항을 통해 활동의 힌트와 방향을 찾고, 특기사항을 작성할 때 도움이 되길 바란다.

학생은 자신의 활동 기록을 자세히 작성하고, 교사에게 지속된 피드백을 받아야 한다. 모든 것을 교사가 알 것이라는 점은 착각이다. 수업과 활동에서 계속해서 교사에게 보여주어야 한다. 그리고 교사가 제시한 과제를 충실히 하며 해당 결과물을 모아야 한다. 본문에서 제시된 세부능력 및 특기사항을 통해 스스로 어떤 활동을 해야 할지 설계하길 바란다.

이제 생활기록부 기록까지 함께 알아보고 공부하였다. 이어서 공부할 것은 면접이다. 대학입시에서는 면접제도가 있다. 학교생활기록부는 제삼자인 교사의 시각에서 학생을 객관적으로 평가하여 만들어진 서류이다. **면접은 1인칭 시점인 학생에게 질문을 통하여** 학교생활기록부에 있는 내용을 질문하고 해당 역량이 있는지 판단한다.

다양한 면접방식이 있지만, 가장 일반적인 것은 학교생활기록부를 기반으로 하는 면접이다. 학생이 활동하고 이를 토대로 교사가 기록한 것이기 때문이다. 면접 문항의 답을 물어보는 사람이 있다. 당혹스러운 질문이다.

면접 문항에 대한 답은 학생 본인만이 알고 있다.

6단원에서는 5단원에 있는 학교생활기록부 및 자기소개서(서류)를 이용하여 면접 문항을 추출하였다. 어떠한 이유로 면접 문항이 만들어졌는지 확인하고 자신의 서류에서 면접 문항을 스스로 추출해보기 바란다.

6

합격 면접

합격 면접

가. 대입 면접의 기초

1) 면접의 중요성

학생부종합전형(학종)은 학생부, 자기소개서를 통하여 고등학교 생활의 전반을 파악하고 이를 통하여 대학에서 수학 가능한지의 학업역량, 진로역량, 공동체역량 등 여러 가지 요소를 종합적으로 파악한다. 고등학교에서 활동한 모든 내용이 학교생활기록부에 기록되고 이를 바탕으로 학종의 서류 전형이 진행되고 있다. 학생을 선발하려는 대학에서는 이렇게 기록된 정보를 바탕으로 학생의 능력을 평가하지만 이를 정확히 확인할 필요성도 느낀다. 이때 면접이 중요한 판단 요소로 작용한다. 면접을 통하여 기록의 사실성을 확인할 수 있다. 실제 그 활동을 기록된 것처럼 열정적, 주도적으로 하였는지 면접 질문을 통하여 확인하고 이를 바탕으로 학생의 열정과 의지를 정확히 확인하기 위하여 면접이 진행된다. 아울러 학생부종합전형의 핵심축이던 자기소개서가 2023학년도 대입 이후 전면 폐지되는 상황에서 면접은 더 중요하다. 자기소개서를 통하여 학생의 활동과 생각을 읽었는데 이제는 면접이 그 역할까지 담당해야 해서 그 역할이 더 커졌다.

대학에서 면접으로 평가하고자 하는 요소는 각 대학교의 입학 요강 및 학생부 종합전형 안내문에 제시되어 있다. 전공 적합성, 인성, 발전 가능성, 의사 소통 능력 등 공통적인 평가 요소를 제시하고 있다. 하지만 대학에 따라 평가하고자 하는 요소 및 중요도가 다를 수 있기 때문에 자신이 희망하는 대학의 요강과 여러 자료를 면밀히 분석하여 면접에 대비하여야 한다. 다음은 일부 대학에서의 면접 평가항목이다.

경희대

평가요소(비율)	평가항목	특징
인성(50%)	창학이념 적합도	창학이념 추가
	인성	
전공적합성(50%)	전공 기초소양	
	논리적 사고력	

건국대

평가요소(비율)	평가항목	특징
전공적합성(30%)	전공에 대한 관심과 이해 전공 관련 활동과 경험	발전가능성에 많은 비중
인성(20%)	소통능력	
발전가능성(50%)	창의적 문제해결력	

충남대

평가요소(비율)	평가항목	특징
의사소통능력(30%)	종합적사고력	면접 평가 기준이 다양한 요소로 세분
	논리적사고력	
전공적합성(30%)	전공에 대한 관심과 활동 경험	
발전가능성(20%)	자기주도성	
	경험의 다양성	
인성(20%)	협업능력	
	나눔과 배려	

출처: 2022학년도 각 대학교 수시 모집 요강

3) 면접 방법

(1) 제시문 기반 면접

서울대 일반전형(지역균형선발 제외), 연세대, 고려대 등은 계열별로 제시문을 주고 이를 바탕으로 문제를 풀어 답변하는 등 사실상 구술시험 형태이기 때문에 이 책에서는 제외한다.

(2) 서류 기반 면접

이 책에서 주로 다룰 내용으로 면접을 시행하는 대부분 대학에서 활용하는 면접 방식이다. 앞에서 언급한 각 대학별 평가 요소를 면밀히 분석하여 자신이 지원하는 학교와 계열에 맞는 면접 준비가 필요하다. 대부분은 면접 문항을 공개하지 않고 면접 당일 즉석에서 문답을 통하여 면접이 진행된다.

(3) 면접 문항 제시형

일부 대학에서는 미리 면접 문항을 제시하는 경우도 있다. 복수의 면접 문항을 미리 제시하고 당일 그중 한두 개 문항을 물어보는 경우와 처음부터 하나의 문항만을 주어 면접 당일 물어보는 경우가 있다. 어떤 경우든 미리 문항을 분석하고 자신에게 맞는 적절한 답변을 준비하고 연습하여 면접에 임하도록 한다.

(4) 동영상 촬영 후 업로드하는 경우

코로나19의 영향으로 일부 대학에서는 대면 면접을 하지 않고 미리 문항을 제시하여 이를 각자 동영상으로 촬영하고 업로드하는 방식의 면접을 진행하는 경우도 있다. 이 경우는 면접 문항 제시형과 유사하고 미리 준비하고 촬영하기 때문에 준비하기 수월하다. 대학교에서 제시한 주의사항만 잘 지키면 큰 문제 없이 면접을 진행할 수 있다.

4) 면접 준비 방법

학교별 면접 평가 요소와 기준이 다름을 앞에서 보았다. 이에 따라 자신의 학교
생활기록부와 자기소개서를 바탕으로 면접을 준비한다.

(1) 지원 대학 면접 요소 및 기준 파악

지원 대학 입학처 홈페이지에서 수시 요강 및 학생부종합전형 안내문을 반드시
확인하여 면접 요소와 평가 기준을 확인하여야 한다.

(2) 예상 문항 작성

학생이 하고 싶은 얘기도 중요하지만 면접관 입장에서 학생에 대해 더 알고 싶
은 내용을 생각하면서 예상 문항을 작성한다. 특히 학교생활기록부에서 그 활동
을 왜 했는지(취지), 어떤 내용으로 했는지(활동), 그 활동을 통해 배운 점, 느낀 점
은 무엇인지(생각), 활동에 어떤 자료를 사용하였는지(참고자료), 추후 더 하고 싶
은 활동(향후 계획), 활동에서 어려웠던 점과 극복 과정 및 노력은 무엇인지(고난
극복) 등을 확인하면서 예상 문항을 작성한다. 특히 학교생활기록부에 기록은 되
어 있으나 기억이 나지 않는 내용이 있는지 파악하고 있다면 미리 관련 자료를 확
인하여 실제 면접에서 답변이 가능하도록 준비해야 한다.

(3) 예상 문항 답변 준비

각 문항에 맞는 답변 내용을 준비한다. 가급적 '두괄식'으로 결론을 먼저 답변
하고 이어서 이유, 근거 등을 구체적으로 답변한다. 답변 문항을 미리 작성하는

것은 좋지만 이를 단순히 암기하여 답변하는 것은 곤란하다. 실제 면접 현장에서 암기했던 내용이 기억나지 않는 경우 다음 답변으로 이어지지 않는 '침묵 상태'가 발생할 수 있기 때문에 답변은 키워드를 중심으로 자연스럽게 이야기가 전개되도록 준비한다. 다시 강조하지만 면접에서의 답변은 '구체성'이 가장 중요하다. 구체적으로 답변했을 때 '사실성'이 인정되기 때문이다.

(4) 면접 연습

가족, 친구, 선생님 등 도움을 받을 수 있는 분과 함께 면접 연습을 하면 좋다. 특히 답변에 대한 피드백을 들을 수 있으면 좋고 아니어도 스스로 피드백 하여야 한다. 답변 과정을 동영상으로 촬영하여 자신의 답변 모습을 스스로 보고 문제점을 파악하여야 하고 이를 바탕으로 여러 번 연습하여 면접 당일 잘 답변할 수 있게 노력한다.

(5) 면접 당일

각 대학교 입학처 홈페이지에 제시된 주의사항을 다시 확인하여 면접 시간, 장소를 꼼꼼히 확인한다. 전날 미리 확인해 보는 것도 좋다. 여기서 가장 중요한 것은 시간이다. 면접 시간에 늦지 않도록 충분히 준비해야 한다. 면접에서 지각은 용서되지 않는다. 실제 면접에서는 긴장하지 않도록 노력해야 하고 질문을 잘 듣지 못했을 때 다시 물어보고, 답변이 바로 생각나지 않을 때 잠깐 생각할 시간을 요청할 수도 있지만 자주 사용하지 않도록 미리 준비하는 것이 좋다. 마지막으로 면접실에 들어갈 때와 나올 때 면접관에게 공손하게 인사하는 것은 기본이다.

(6) 면접을 위한 당부 사항

면접의 내용은 지원하는 학생이 결정한다고 생각한다. 면접관은 학교생활기록부에 기록된 내용을 바탕으로 질문하기 때문에 평소 학생부 관리가 매우 중요하다. 당연히 의미 있는 교내 활동을 하여야 하고 이를 항상 기록해 두어야 한다. 면접은 고교 생활의 마지막 시기에 진행되기 때문에 과거의 내용이 다 기억나지 않아 제대로 준비하지 못하는 경우가 생긴다. 이를 막고 더 좋은 답변을 위해서는 고등학교에서 이루어진 여러 학습 및 활동에 대한 자신만의 기록을 남겨야 한다. "기록은 기억을 지배한다."는 말이 있다. 활동 당시 느꼈던 생각 등을 활동 내용과 함께 기록하고 이를 잘 보관해두면 면접 준비 과정에서 요긴하게 활용된다. 다시 한번 기록의 중요성을 강조한다.

(7) 계열과 상관없이 자주 묻는 문항

> ① 우리 대학교에 지원한 이유를 말해 보세요.

출제 이유

여기서 주의할 점은 '우리 대학교'의 지원이유다. 보통 '전공'을 지원한 이유와 혼합해서 답변하는 경우가 많은데 구분해서 답변해야 한다. 지원 대학의 인재상 또는 창학 이념 등을 잘 인지하고 있는지를 물어 정말로 지원 대학에 입학하고 싶은지를 확인하고자 한다. 학교 홈페이지와 학생부종합 안내서 등을 참고하여 지원하고자 하는 이유를 정리하여야 한다.

> ② 전공을 지원한 동기를 말해 보세요.

출제 이유 및 답변 준비

지원 동기를 통해 진로역량을 확인하고자 한다. 학생부의 진로활동과 연계시키면 좋고 장래 희망, 자신만의 경험 및 학과 수업 내용 등을 연계해서 답변하면 좋지만 학생 또는 학부모, 고등학교 등을 특정할 만한 내용은 답변하지 않아야 한다. 자기소개서가 없거나, 자기소개서 3번 문항(전공 지원 동기)이 없는 경우 자주 출제되는 문항이다.

> ③ 전공을 지원하기 위해 가장 의미 있게 준비한 내용을 말해 보세요.

출제 이유 및 답변 준비

진로역량과 학업역량을 확인하기 위한 질문이다. 지원 전공을 제대로 이해하고 있는지, 전공을 공부하기 위해 필요한 능력은 무엇이며 그에 따른 어떤 노력을 하였는지 확인하고자 한다. 자율활동, 진로활동, 동아리활동, 세특 등에 기록되어 있는 내용 중 가장 중요하다고 생각하는 내용으로 답변한다. 노력 과정에서 어려웠던 점과 극복 과정을 함께 답변하면 좋다. 이 문항도 자기소개서가 없거나, 자기소개서 3번 문항(전공 지원을 위한 준비 과정)이 없는 경우 자주 출제되는 문항이다.

④ 대학 입학 후 학업 계획을 말해 보세요.

출제 이유 및 답변 준비

지원 대학 전공에 대해 충분히 이해하고 있고 이를 바탕으로 어떤 분야를 집중적으로 공부하고 싶은지 확인하고자 한다. 평소 진로와 전공에 대한 이해가 있어야 하며 지원 대학 학과 홈페이지 등을 참고하여 수업 내용 등을 확인하고 특히 대학 졸업 후 자신의 진로와 연계하여 중점적으로 학습하고 싶은 내용으로 답변한다. 홈페이지에 있는 학과 커리큘럼을 단순히 나열하는 답변은 지양해야 한다. 더불어 학과 홈페이지에 나와 있는 교수님들의 연구 성과와 연구실 등을 확인하여 관심 있는 분야를 미리 확인하고 관련 자료를 준비하는 것도 필요하다. 이 문항도 자기소개서가 없거나, 자기소개서 3번 문항(대학 입학 후 학업 계획)이 없는 경우 자주 출제되는 문항이다.

⑤ 대학 졸업 후 진로 계획을 말해 보세요.

출제 이유

이 문항은 지원자의 장래 희망과 관련된 질문이다. 기본적으로 대학원에 진학하여 연구를 더 수행할지 전공 관련으로 취업할지로 답하면 되고 대학 입학 후 학업 계획과 연계시켜 답변하면 좋다. 이 문항도 자기소개서가 없거나, 자기소개서 3번 문항(대학 졸업 후 진로)이 없는 경우 자주 출제되는 문항이다.

⑥ 가장 의미 있게 읽은 책과 그 책을 읽고 자신에게 바뀐 부분이 있으면 말해 보세요.

출제 이유

깊이 있는 독서를 통하여 학업역량, 진로역량, 공동체역량 등을 향상시킨 경험이 있는지 확인하는 질문이다. 자신의 삶에서 가장 중요한 책, 자신의 진로를 결정하는데 가장 중요한 책 등으로 나눌 수 있고 각각 구체적으로 나누어서 질문할 수도 있다. 학생부에 기록된 독서 목록을 세세히 확인하는 '시험'은 아니기 때문에 그동안 읽었던 모든 책을 다시 확인할 필요는 없지만, 자신의 인생과 전공을 정하는데 가장 중요한 책은 다시 확인할 필요가 있다.

⑦ 자신의 장점과 단점을 말해 보세요.

출제 이유

공동체역량을 확인하고자 한다. 장점이 있다면 구체적으로 어떤 내용인지 답변하고 그 장점을 앞으로도 어떻게 계속 유지할지를 답변하면 좋다. 단점은 지나치게 문제 될 내용은 답변하지 않도록 한다. 보통은 단점이면서도 장점이 될 수 있는 내용 등으로 가볍게 답변하고 단점을 극복하기 위해 노력했던 점을 강조하면 좋다.

⑧ 마지막으로 더 하고 싶은 얘기가 있으면 말해 보세요.

출제 이유

면접 마지막에 이 질문을 하는 이유는 여러 가지가 있다. 학생 입장에서는 앞 질문에 답변을 제대로 하지 못한 경우 추가로 더 답변해도 좋고, 자신이 준비했던 내용을 물어보지 않는 경우 준비한 내용을 얘기해도 좋고, 이 대학에 꼭 입학해야 하는 이유 등 어떤 답변이어도 좋다. 이 질문도 문항이기 때문에 '없다'고 하지 말고 성실히 답변해야 한다.

(8) 마지막 당부 사항

① 면접도 시험이다

잠깐 준비해서 될 시험이 아니다. 각 대학 및 학과에 맞게 철저히 준비해야 하고 면접 결과에 따라 당락이 바뀔 수 있다는 사실을 명심해야 한다.

② 인사와 예절은 기본이다

"안녕하십니까?", "자리에 앉아도 되겠습니까", "다시 한번 더 말씀해 주시겠습니까?", "안녕히 계십시오" 등 예절을 갖추고 정중하게 인사해서 손해 볼 일은 없다.

③ 밝은 표정과 또렷한 목소리

표정은 가급적 밝게 하면 좋고, 목소리는 또렷하고 면접관이 잘 들을 수 있는 성량으로 하고 너무 빠르거나 느리지 않게 답변한다. 특히 문장의 마지막까지 정확히 답변해야 한다. 본인이 면접관이면 어떤 학생을 뽑고 싶은지 생각하면 된다. 동영상 촬영 등을 통하여 자신의 모습을 객관적으로 들여다보면서 연습하기 바란다.

인간은 건강하게 오래 사는 것(무병장수)을 누구나 바란다. 인류 역사 이후로 질병의 예방과 치료는 인류의 오랜 관심사였다. 과학기술의 발달로 이러한 인류의 꿈은 점차 현실이 되어가고 있긴 하지만 여전히 인간은 질병과 죽음의 공포를 가지고 있다. 코로나19라는 최근 겪어보지 못한 전 지구적 전염병으로 질병에 대한 공포는 다시 사람들에게 가장 큰 두려움이 되었다. 이러한 현재 상황에 맞게 의생명계열로 진로와 전공을 정하려는 학생들이 많아지고 있고 각 대학에서 관련 전공에 대한 인기는 급상승 중이다. 의생명계열을 공부하기 위해서는 수학, 과학 등 관련 과목도 중요하지만 그 외 모든 과목이 다 중요하다. 과학기술을 기반으로 전공이 구성되어 있지만 사회, 경제적 문제 및 윤리적 쟁점은 의생명분야를 공부하는데 반드시 필요하기 때문에 고등학교에서 배우는 대부분 과목이 밀접하게 연계되어 있다. 이 점에서 의생명계열 면접은 전공 관련 기초 과목에서 그 외 과목까지의 깊이 있는 학업역량 및 관련 탐구 경험에 대한 구체적 사실을 확인하고자 한다. 여러 질문을 통하여 지원자의 학업역량, 진로역량, 공동체역량을 확인하는 면접이 주를 이루고 있다. 다음은 각 능력에 따른 면접 대비 방법이다.

1
학업역량

대학에서 의생명계열 전공을 이수할 수 있는지 판단한다. 수학, 과학, 국어, 영어 과목 등을 중심으로 그 외 과목을 포함하여 각 과목에서의 학업 능력뿐만 아니라 이를 바탕으로 탐구, 토론, 독서, 수행 평가 등 모든 활동에서 의생명계열을 이해하기 위해 기초가 되는 기본 학습 능력 및 심화 학습 능력을 평가하고자 한다. 깊이 있는 학습과 활동 경험을 바탕으로 면접 준비가 필요하다. 특히 의예과, 치의예과, 한의예과, 약학과, 수의예과는 가장 우수한 학업역량과 다양하고 깊이 있는 탐구 활동 경험을 확인하고자 한다.

2
진로역량

진로 활동, 동아리 활동, 자율 활동 및 각 과목별 학생부 세특을 확인하고 이를 통하여 지원 전공과의 적합성을 확인하고자 한다. 특히 의생명과 관련된 여러 주제들을 통하여 문제 인식, 가설 설정, 탐구 방법, 결론 및 일반화에 이르는 탐구 활동의 경우 진로역량을 드러내기 좋은 활동이기 때문에 이에 관한 질문이 자주 출제되고 있다.

3
공동체역량

의료윤리 및 생명윤리 등 윤리적 문제에 대한 지원자의 여러 경험 및 활동을 통하여 고귀한 생명을 다루는 직업으로써 높은 윤리성을 확인하고자 다양한 방법의 면접이 이루어지고 있다. 특히 리더십, 공동체 의식, 배려 등 인성을 확인하는 면접이 자주 출제되며 일부 의학계열 전공 면접에서 시행되는 딜레마 상황을 가정한 다중미니면접(MMI)은 그 내용이 방대하여 이 책에서는 다루지 않는다.

이상에서 의생명계열 전공 및 면접 특징을 통하여 면접 준비 방법을 살펴보았다. 학생부종합전형이 추구하는 다양하고 깊이 있는 활동을 통하여 평소 면접에 대비할 수 있고 이를 위해서 활동 즉시 기록을 남겨 두어야 한다. 특히 활동에서 자신의 역할과 생각을 구체적으로 기록하면 면접 대비는 저절로 이루어진다.

다. 수의예과 면접 문항

1) 수의예과 면접 특징 및 준비

"수의과대학은 동물의 건강과 질병에 대한 교육, 연구, 봉사를 통하여 인간과 동물 삶의 질을 향상 시키고자 노력하고 있습니다. 우리 대학 졸업생은 반려동물의 건강관리 및 치료뿐만 아니라 농장동물의 국가 재난형 질병 감시와 예방, 생명과학의 지속적 발전, 종 다양성 보존을 포함한 환경보호 등 등 우리사회의 광범위한 분야에서 중추적인 역할을 하는 수의사로서 활동하고 있습니다." (출처 서울대학교 수의과대학 홈페이지) 이러한 학과의 특성상 실력과 인성을 갖춘 우수한 학생을 선발하고 교육함으로써 수의학과가 지향하는 목표에 도달할 수 있다. 면접을 통해 깊이 있는 학습경험과 다양한 심화 탐구활동 및 인성까지 평가하고자 한다.

이 책에서는 수의예과 면접 특징에 맞게 생활기록부와 자기소개서를 이용하여 추출한 면접 문항과 출제 의도를 제시하고자 한다. 이를 통하여 학생 스스로가 생활기록부와 자기소개서를 분석하여 수의예과에 맞는 면접 문항을 만들 수 있고 입시에 바로 적용할 수 있다. 많은 도움이 되길 바란다.

수의예과 면접 문항

(1) 수상실적

> **1학년** : 도서발표대회(우수상) / 표창장(모범상)
> **2학년** : 과학실험대회(최우수상) / 주제발표대회(최우수상)
> **3학년** : 표창장(모범상)

예상 문항   학업역량

고등학교 수상 실적 중 지원자에게 가장 의미 있다고 생각하는 상을 말해 보세요.

출제 이유

지원자가 생각하는 가장 의미 있는 수상과 상을 받기 위해 노력했던 과정, 배우고 느낀 점 등을 지원 전공과 관련하여 구체적으로 답변하는지 확인하여 학업역량을 평가하고자 한다.

(2) 자율활동

> 의료계열 분야 탐구를 목적으로 하는 스터디그룹 '의쌰의쌰'를 자발적으로 조직 하여 항상성 조절 기작, 아프리카 돼지 열병, 미래의 수명 연장 전략, 각종 뇌질환, 동물 안락사 등에 대해 조사하고 찬반을 나누어 토론함.

예상 문항   진로역량

아프리카 돼지 열병에 대해 말해 보세요.

출제 이유

전공과 관련하여 이슈가 되고 있는 문제에 대해 지원자는 얼마나 이해하고 있는지를 확인 하여 진로역량을 평가하고자 한다. 수의학과 관련된 다양한 사회문제에 대하여 관심을 가져야 하고 특히 수업 내용과 연계되는 부분은 더 깊게 공부할 필요가 있다.

(3) 동아리활동

> 용액의 농도 변화에 의한 삼투압 변화로 발생하는 동식물 세포의 변화를 관찰하는 실험과 ABO식 혈액형 판정에 사용되는 항원항체 반응이 식물의 당단백과 반응함을 이용한 식물의 혈액형 판정 실험을 계획, 준비하여 실험을 주도함.

예상 문항 　학업역량

식물의 혈액형은 어떻게 확인하고 어디에 쓰이는지 말해 보세요.

출제 이유

식물의 혈액형 판정이라는 새로운 개념과 실험을 하게 된 동기, 내용 및 활용 등을 구체적으로 답변하는지 확인하여 학업역량을 평가하고자 한다. 의미 있게 탐구한 내용에 대한 기록을 통하여 면접에 대비할 수 있다.

(4) 진로활동

> 진로수업시간에 '진로계획 선정하기' 활동을 통해 수의사가 되고 싶은 자신의 꿈에 대해 발표함. 수의사가 진출하는 직업분야, 수의사가 되기 위해 거쳐야 하는 과정 등에 대해 자세하게 설명함.

예상 문항 　진로역량

지원자는 어떤 수의사가 되고 싶은지 말해 보세요.

출제 이유

지원자의 전공에 대한 이해, 포부를 확인하여 진로역량을 평가하고자 한다. 지원자는 수의학의 여러 분야와 수의사가 하는 다양한 일 중 어느 분야에 관심이 있는지, 그 이유는 무엇인지 답변하고 이를 통해 궁극적으로 이루려는 목표는 무엇인지 함께 답변하면 좋다.

(5) 세부 능력 및 특기 사항

① 국어

진로독서신문 '생명과학 연구원, 퇴계에게 공부법을 배우다'를 제작하여 '퇴계에게 공부법을 배우다(설흔)'를 진로멘토책으로 소개하고, 독서 후 달라진 자신의 목표와 미래계획을 제시하였으며 생명공학분야로의 진로를 탐색하는 시간을 가짐.

예상 문항 학업역량

국어시간에 작성한 진로독서신문 '생명과학 연구원, 퇴계에게 공부법을 배우다'에 대해 말해 보세요.

출제 이유

진로와 관련된 글쓰기 역량을 확인하여 학업역량을 평가하고자 한다. 평소 꾸준한 독서와 글쓰기 연습을 통하여 면접 준비는 물론 대학에서 전공을 이수하고 연구할 수 있는 능력을 배양해야 한다.

② 수학

매우 성실한 자세로 수업에 임했으며 문제를 해결하는 과정에서 어려움이 생기면 끈기를 가지고 여러 가지 방법을 생각하여 결국 풀어내는 과제집착력을 보여줌.

예상 문항 학업역량

수학 문제를 풀 때 어려움이 생기면 끈기를 가지고 여러 가지 방법을 생각하여 결국은 풀었다고 했는데 그 사례를 말해 보세요.

출제 이유

깊이 있고 끈기 있게 공부한 경험을 구체적으로 확인하여 학업역량을 판단하고자 한다. 지원자는 의미 있게 공부했던 경험을 기록해 두었다가 면접에 활용할 수 있고 그 자체로도 깊이 있는 공부 방법이 될 수 있다.

파스퇴르의 생물속생설 실험 결과를 교실에 준비해 놓고 관찰하고 일지를 작성하여 아이들과 공유함.

예상 문항 학업역량

파스퇴르의 생물속생설 실험에 대해 말해 보세요.

출제 이유

생명과학 실험을 한 동기, 내용, 배우고 느낀 점 등을 구체적으로 확인하여 학업역량을 판단하고자 한다. 실험 했던 내용을 전체적으로 정리하여 면접에 대비하고 특히 실험에서 어려웠던 점이 있다면 소개하고 극복 과정도 기록하면 면접 준비에 도움이 된다.

④
과학
과제
연구

부유성 수생식물의 생활하수 정화 능력을 과제연구 주제로 선정하여 조원과 함께 협동하여 적극적인 태도로 실험을 설계함. 과학적 지식과 아이디어가 풍부하여 수업에 대한 흥미도가 높고, 항상 적극적인 태도로 실험에 임함. 실험에 사용되는 물을 하천의 상류, 중류, 하류에서 직접 채수해오는 열정을 보여주었고, 수질검사 키트도 직접 구매하여 연구의 질을 높이는데 기여함.

예상 문항 학업역량

부유성 수생식물의 생활하수 정화 능력으로 과제연구를 진행하면서 어려웠던 일은 무엇이고 어떻게 극복하였는지 말해 보세요.

출제 이유

과제연구를 하다 보면 여러 가지 어려운 상황이 생긴다. 이 상황을 어떻게 극복했는지 구체적으로 확인하여 학업역량을 평가하고자 한다. 지원자는 연구 과정에서 생긴 모든 내용을 기록해 두면 다른 연구에도 도움이 되고 면접 준비도 된다.

⑤
독서

존 스튜어트 밀의 '여성의 종속'을 발췌하여 읽고 '이미 차별로 격차가 생긴 일이라도 자유 경쟁에 맡겨야 한다'라는 논제의 찬성 측 최종발언자로 토론에 참여함. 개인의 노력이 지니는 사회적 가치를 언급하며, 차별로 생긴 격차와 노력의 차이로 생긴 격차는 구별해야 함을 강조함.

예상 문항 공동체역량

'이미 차별로 격차가 생긴 일이라도 자유 경쟁에 맡겨야 한다'는 논제에 대한 지원자의 의견을 말해 보세요.

출제 이유

쟁점이 되는 토론 내용을 구체적으로 확인하여 지원자의 가치관과 논리력 등을 평가하고자 한다. 토론 당시 자신의 주장과 여러 논거, 상대방의 주장과 논거를 모두 기록해 두고 시간이 지난 뒤 의견의 변화 여부를 확인하는 것도 큰 의미가 있다. 이를 통해 면접 준비도 가능하다.

⑥
수학Ⅱ

'의학 속 미적분'을 주제로 적분이 이용되는 CT와 심박출량 측정, 미분방정식을 이용한 전염병 모형과 미분방정식을 이용한 수학적 모델을 기반으로 동물실험과 임상실험 간 차이가 발생하는 원인을 밝히고 그 해결책을 제시했다는 기사를 찾아 소개함.

예상 문항 학업역량

의학에서 미적분은 어떻게 활용되는지 원리를 중심으로 말해 보세요.

출제 이유

수학은 의학 분야에서도 많이 활용되는 중요한 도구 과목이다. 의학과 관련된 수학적 원리를 이해하고 있고 구체적으로 설명하는지를 보고 학업역량을 평가하고자 한다. 수업 시간에 배우는 내용을 자신의 전공과 연계시켜 더 깊이 공부하는 경험이 필요하고 이 과정에서 알게 된 점 및 느낀 점 등을 자세히 기록해 두어 면접에 대비하자.

⑦
영어II

의생명계열 수의예과 지망

[영어II 세특]

자신의 관심 분야인 주비퀴리(수의학과 인간의학의 관계와 경계를 재정립하는 접근법)와 관련한 운동을 전개하고 싶다는 생각을 발표함.

예상 문항 진로역량

주비퀴티에 대한 지원자의 의견을 말해 보세요.

출제 이유

인간의 질병과 동물의 질병에 대한 지원자의 이해와 생각을 확인하여 진로역량을 평가하고자 한다. 수의사는 단순히 동물의 건강관리와 질병 치료를 넘어서 인수공통 감염병 및 인간과 동물이 관계된 여러 질병에 대한 해법을 제시하여야 한다. 수의사를 꿈구는 학생들은 이러한 관점에서 수의학에 대해 새롭게 바라보고 관련 내용을 공부할 필요가 있다.

⑧
화학I

수의사를 꿈꾸는 학생으로 동물에게 필수적이거나 동물의 치료에 사용되는 혹은 질병을 유발하는 물질을 탐구하고자 자료를 조사하던 중 인간과 동물 모두 칼륨이 생명 유지에 필수적이고 과다하거나 부족할 때 질병을 유발할 수 있다는 것을 알게 되어 '칼륨'을 화학 탐구 주제로 선정함. 특히 체내에 칼륨이 과다할 때와 부족할 때 일어나는 현상에 대하여 친구들에게 설명함.

예상 문항 학업역량

체내에 칼륨이 과다할 때와 부족할 때 일어나는 현상에 대하여 말해 보세요.

출제 이유

수업에서 배운 내용을 전공과 연계시켜 탐구한 경험을 구체적으로 확인하여 학업역량을 평가하고자 한다. 탐구 내용이 수업과 어떤 연계성이 있고 그 내용은 무엇이며, 탐구에서 배우고 느낀 점을 자세히 기록하여 면접에 대비하자.

요양원 봉사를 다니면서 여러 환자를 보고 유전성 신경 질환에 대한 관심이 생겨 이를 조사하여 증상, 원인, 치료 방법 등을 PPT를 제작하여 발표하고 활동지를 작성하여 제출함.

예상 문항 학업역량

유전성 신경 질환에 대해 말해 보세요.

출제 이유

수업 및 다른 활동과 연계된 내용으로 더 깊이 공부한 사례를 구체적으로 확인하여 학업역량 및 진로역량을 평가하고자 한다. 특히 전공과 관련하여 질병에 대한 유전적 의미를 살피고 이를 해결하기 위한 방법은 무엇인지 수업에서 배운 내용을 바탕으로 이해하고 정리하여 면접에 대비한다.

의생명계열 수의예과 지망
[세특]
평소 관심 있는 분야의 글을 읽고 생각발표하기 활동에서 '어휘선택'에 관한 자료를 읽고, 어휘 지식은 문장이나 문단 단위의 의미를 넘어 전반적인 글에 대한 통찰력을 제공하며, 글의 분위기와 어조를 결정함을 강조함.

예상 문항 학업역량

영어에서 적절한 어휘선택이 문장이나 문단 단위의 의미를 넘어 전반적인 글에 대한 통찰력을 제공하며, 글의 분위기와 어조를 결정한다고 했는데 그 사례를 말해 보세요.

출제 이유

생활기록부 세특에서 핵심이 되는 기록의 의미와 구체적 내용을 확인하여 학업역량을 평가하고자 한다. 기록된 내용에 맞는 사례를 정확히 제시하여 답변한다. 이를 위해서는 수업 및 학습 과정에서 알게 된 사실을 기록하여야 한다.

> ⑪
> 생명
> 과학 II
>
> DNA 복제에 관한 수행평가에서 세 가지 복제 모델(보존적, 반보존적, 분산적 복제)을 따를 때 2세대 대장균의 DNA 원심 분리 결과 나타나는 DNA 띠의 위치를 정확하게 표시함.

예상 문항 학업역량

DNA 복제에 관한 수행평가에서 세 가지 복제 모델을 따를 때 2세대 대장균의 DNA 원심 분리 결과 나타나는 DNA 띠의 위치를 정확하게 표시했다고 했는데 그 내용을 말해 보세요.

출제 이유

생활기록부에 기록된 내용의 구체적 사실을 확인하여 학업역량을 평가하고자 한다. 지원자는 수행평가 과정에서 알게된 사실을 별도로 기록해 두어 면접에 대비하여야 한다.

(6) 독서활동

예상 문항 진로역량

고등학교에서 읽은 책 중에 자신의 진로를 결정하는데 도움이 되었던 책과 그 내용을 말해 보세요.

출제 이유

독서는 지원자의 진로를 결정하는데 큰 영향을 끼치기도 한다. 이를 구체적으로 확인하여 진로역량을 평가하고자 한다. 읽었던 책 중 자신의 진로, 학습, 인생관 등에 영향을 주는 책들이 있는데 이를 잘 기록해 두어 면접에 대비한다.

(7) 행동 특성 및 종합 의견

예상 문항 학업역량

고등학교에서 공부하면서 부족했던 교과목이 있었다면 어떻게 실력을 높이려고 노력했는지 말해 보세요.

출제 이유

수의예과를 지원하는 학생들은 전체적으로 성적이 높지만, 일부 과목의 경우 성적이 낮을 수도 있다. 특정 과목 성적이 낮은 이유 및 노력 과정을 구체적으로 확인하여 학업역량을 평가하고자 한다. 특정 과목 성적이 낮았지만 노력해서 성적을 올린 경우가 있다면 그 과정에 대한 기록을 남겨 면접에 대비하고 다른 과목 공부에도 참고하기 바란다.

(8) 자기소개서

> 이 실험에서 가장 어려웠던 일은 48시간 35도씨를 유지해야 하는 항온조가 없어 인터넷을 찾아 '아두이노 항온기' 세트를 구입하여 실험했지만 몇 번 실험 했더니 회로가 타버려서 실패했습니다. 결국 온도조절기가 있는 전기방석과 헌 옷을 이용하여 온도를 유지할 수 있었습니다. 여건이 어려워도 극복하고자 하는 아이디어가 있다면 실험을 완수할 수 있다는 경험을 쌓았습니다.

예상 문항 학업역량

탐구를 하다보면 여러 여건상 원하는 실험을 하기 어려운 경우가 많습니다. 지원자는 그런 사례가 있는지 있다면 어떻게 극복 하려고 노력했는지 말해 보세요.

출제 이유

어려운 여건에서 실험하는 경우 어떤 여건인지, 그것을 극복하기 위해 어떤 노력과 아이디어를 생각했는지, 실험의 결과는 어땠는지 등을 구체적으로 확인하여 학업역량을 평가하고자 한다. 학종에서는 적극성과 노력 과정이 매우 중요하다. 실험이 아닌 다른 활동에서도 어려운 점은 반드시 있다. 이를 어떻게 극복할지 그 노력 과정이 중요하고 이 때 배우고 느낀 점 등을 포함하여 전체적 내용을 기록해 두어 면접에 대비하도록 한다.

라. 약학과 면접 문항

1) 약학과 면접 특징 및 준비

"약학대학은 인류 질병의 예방 및 치료를 위하여 의약품에 관한 학술적 이론과 기술을 연마하게 함으로써 지도자로서 인격과 역량을 갖춘 약학자와 약사를 양성함을 교육목적으로 한다." (출처 서울대학교 약학대학 홈페이지) 서울대학교에서 밝힌 약학대학의 교육목적이다. 약학대학의 이런 교육목적에 맞게 학업역량이 매우 우수하고 인성까지 겸비한 인재를 판단하기 위해 면접에서 깊이 있는 학습 경험, 깊이있는 탐구활동을 구체적으로 확인하고자 한다. 이런 약학과 면접을 대비하기 위해 학습하고 활동하는 동안 관련 내용을 항상 기록해 두어야 한다.

이 책에서는 약학과 면접 특징에 맞게 생활기록부와 자기소개서를 이용하여 추출한 면접 문항과 출제 의도를 제시하고자 한다. 이를 통하여 학생 스스로가 생활기록부와 자기소개서를 분석하여 약학과에 맞는 면접 문항을 만들 수 있고 입시에 바로 적용할 수 있다. 많은 도움이 되길 바란다.

(1) 수상실적

> **1학년** : 표창장(봉사상) / 진로포트폴리오대회(최우수상)
> **2학년** : 과학경시대회(우수상) / 과학실험대회(최우수상)
> **3학년** : 표창장(봉사상)

예상 문항 학업역량

2학년 때 과학실험대회에서 수상했는데 그 내용을 말해 보세요.

출제 이유

학교생활기록부에는 수상명만 기록되어 있고 실제 어떤 내용으로 수상하였는지 구체적으로 알 수 없다. 자기소개서에 잘 기록되어 있으면 문제가 없지만 그렇지 않은 경우 대학교에서는 동기, 내용, 배우고 느낀 점에 대해 더 알고 싶어 한다. 상을 받기 위해 노력한 내용을 구체적으로 답변하고 특히 수상을 통하여 더 배우고 느낀 점을 답변하면 좋다.

(2) 자율활동

> 꿈구두초청강연 '줄기세포, 미래 의학의 새로운 패러다임'에 참여하여 줄기세포의 종류와 특징, 응용 분야에 대해 알게 됨. 실제 연구 결과를 보며 줄기세포가 재생의학 및 조직공학에서 핵심적인 역할을 수행함을 이해하였고, 생명윤리적 문제점을 인식하고 미래 의학 기술의 발전 방향에 대해 생각해 봄.

예상 문항 진로역량

줄기세포가 재생의학 및 조직공학에서 핵심적인 역할을 수행하는 이유와 생명윤리적 문제점에 대해 말해 보세요.

출제 이유

전공과 관련하여 중요한 문제인 줄기세포에 대한 이해와 문제점 및 해결 방안을 잘 이해하고 있는지 판단하고자 출제하였다. 관련 내용에 대해 정확히 알고 있어야 하며 특히 윤리적 문제점에 대한 자신의 의견과 근거를 명확히 답변할 수 있도록 준비해야 한다.

(3) 동아리활동

동물권과 생명윤리의식에 대한 관심이 높아져 체외수정 키메라 배양을 주제로 한 신문 기사를 스크랩함. 이를 통해 생명과학기술의 발전과 생명윤리적 문제는 불가피한 대립 관계에 있다는 사실을 알게 되었고, 이번 연구가 생명의학기술의 진보라는 긍정적 측면도 있지만, 인간의 생명연장 욕구로 동물들이 희생되는 생명윤리적 문제도 발생시킬 것이라는 의견을 밝힘.

예상 문항 공동체역량

생명과학기술의 발전과 생명윤리적 문제는 불가피한 대립 관계가 있다고 했는데 이를 해결할 방안에 대한 지원자의 의견을 말해 보세요.

출제 이유

의생명계열에서 많이 출제되는 문제이다. 생명과학기술의 발전과 생명윤리의 대립관계를 어떻게 풀 수 있을지 지원자의 의견을 확인하여 공동체역량 및 진로역량을 판단하고자 한다. 평소 대립적 문제에 대한 자신의 의견을 논리적 근거를 가지고 접근하는 연습을 해야하고 특히 토론 등을 통해 자신의 생각을 가다듬어야 한다.

(4)-1 진로활동

나의 꿈 프로젝트에서 '친절함이 가득한 단골이 많은 동네 약국의 미녀 약사'로 자신을 자신감 있게 소개하고 미래의 약사가 된 자신이 모습을 스토리텔링 형식으로 묘사하고 그림을 그려 시각적으로 나타내어 설명한 점이 인상적임.

예상 문항 진로역량

지원자가 생각하는 환자들을 위한 약사의 역할에 대해 말해 보세요.

출제 이유

장래 희망으로 약사를 꿈꾸고 있는데 어떤 약사가 되어 환자들을 대할지에 대한 지원자의 의견을 확인하여 진로역량을 평가하고자 한다. 평소 자신이 생각하는 미래의 직업에 대한 명확한 생각을 갖고 있어야 하고 직업적 사명감도 함께 생각해보아야 한다.

(4)-2 진로활동

> 코로나 치료제에 관심을 갖고 효소의 기질 특이성을 응용해서 체내의 코로나 바이러스를 분해하여 파괴하는 방법을 심층적으로 조사하여 프로테아제라는 단백질 분해 효소의 기능을 억제하여 바이러스 증식을 억제할 수 있다는 것을 알게 됨.

예상 문항 학업역량

진로활동에서 조사한 코로나 치료제가 코로나 바이러스를 분해하여 파괴하는 메커니즘을 말해 보세요.

출제 이유

수업 시간에 공부한 내용과 최근 이슈인 코로나와 관련하여 깊이 있게 내용을 이해하고 있는지 확인하여 학업역량을 평가하고자 한다. 코로나와 관련된 내용은 의생명계열에서 중요하게 다루고 있는 주제이다. 학업 내용과 연계하여 깊이 있는 학습을 통하여 관련 내용을 정확히 이해할 수 있도록 준비를 해야 한다.

(5) 세부 능력 및 특기 사항

> 동의보감은 동아시아에서 축적해온 의학이론뿐 아니라, '예방의학'과 '국가에 의한 공공의료'라는 개념을 도입함으로써 동아시아의 의학기술과 지식의 발달을 대변하며, 나아가 세계의 의학과 문화에 남긴 발자취라고 평가함. 교과서에서 수록되고 전 세계적으로 유명한 동의보감에 관해 탐구하면서 동의보감의 우수성과 현대의학에 미친 영향을 알게 되었고, 자신의 진로에 대해 확신을 가지게 되었다고 발표함.

예상 문항 진로역량

동의보감이 의학사에서 어떤 역할을 하는지 말해 보세요.

출제 이유

의학사 관점에서 동의보감의 중요성을 이해하고 있는지 확인하여 진로역량을 평가하고자 한다. 한약은 한의학에서도 중요하지만 약학에서도 함께 공부하는 분야이기 때문에 이에 관한 관심을 가질 필요가 있고 특히 생약에서 유래하는 약품이 많기 때문에 이에 대한 정리가 필요하다.

> ②
> 통합
> 과학
>
> 효소를 활용한 의약품에는 어떤 것이 있는지 관련 자료를 탐색하여 이를 수업 시간에 친구들과 공유함.

예상 문항 학업역량

효소를 활용한 의약품에 대해 말해 보세요.

출제 이유

수업 시간에 배운 내용을 진로와 연계하여 더 확장한 내용을 구체적으로 확인하여 학업 역량을 평가하고자 한다. 조사한 내용을 구체적으로 답변하고 특히 앞으로 활용 가능성에 대해 추가적으로 더 조사하여 면접에 대비한다.

> ③
> 과학탐구
> 실험 세특
>
> 생물해부실험에 대한 자신의 찬반 입장을 근거와 함께 상세히 서술함.

예상 문항 진로역량

생물해부실험에 대한 자신의 입장을 말해 보세요.

출제 이유

의생명 분야의 발전을 위해 생물해부실험의 필요성과 대체 가능성을 이해하고 있는지 판단하여 진로역량을 확인하고자 한다. 특히 해부실험을 꼭 해야 하는지에 대한 명확한 입장을 밝혀야 하고 그 반대의 경우 문제점에 대해서도 함께 답변하면 좋다.

④
기술·
가정
세특

주제별 발표 과제에서 신약 개발 기사를 접하면서 바이오 의약품 분야에 관심이 생겨 주제로 선정함. 바이오 의약품은 사람이나 다른 생명체에서 유래된 원료로 하는 의약품으로 특정 환자군을 대상으로 효과적이고 부작용이 적은 신약들이 개발되고 있는 상황을 발표함.

예상 문항 진로역량

바이오 의약품의 중요성과 이를 경제적으로 생산하기 위한 방안을 말해 보세요.

출제 이유

바이오 의약품에 대해 정확히 이해하고 있는지를 확인하여 진로역량을 평가하고자 한다. 특히 의약품 생산의 경제성 문제까지 인식하고 있는지 확인하고자 출제하였다.

⑤
언어와
매체

'약물 오남용 예방'을 주제로 한 광고 스토리보드 제작 활동을 성실히 수행함.

예상 문항 진로역량

약물 오남용 예방을 주제로 한 광고 스토리보드 제작 활동에서 효과적인 메시지 전달을 위해 노력한 내용을 말해 보세요.

출제 이유

약사는 약을 조제하기도 하지만 환자에게 복약 지도 및 건강 상담까지 한다. 이에 자신의 전달하고자 하는 내용을 효과적으로 전달할 수 있는지를 확인하여 의사 소통 능력을 평가하고자 한다. 활동했던 내용을 구체적으로 기록해 두었다가 면접에 대비하도록 하자.

미생물의 성장을 수학을 이용하여 분석하고 설명함. 미생물이 최고 속도로 성장하는 지수적 성장에서 성장곡선을 로그와 유사하게 표현되는 것을 설명하고 이를 로그 단계라 불리는 이유를 분석함.

예상 문항　학업역량

생명과학의 원리를 이해하기 위해 수학이 도구로서 어떤 역할을 할 수 있는지 구체적 사례를 들어 말해 보세요.

출제 이유

수학은 생명과학을 연구하고 원리를 설명하기 위해서도 반드시 필요한 도구이다. 수업시간에 활동한 내용을 구체적으로 답변할 수 있는지 확인하여 학업역량을 평가하고자 한다. 진로역량을 위해서도 자연과학 특히 생명과학에서 활용되는 수학적 내용을 깊이 있게 공부할 필요가 있다.

⑦
수학 ll　'혈류의 속도와 미적분'을 주제로 수학과 다른 분야를 융합하여 친구들이 쉽고 재미있게 이해할 수 있도록 발표를 함.

예상 문항　학업역량

'혈류의 속도와 미적분'을 주제로 수학과 다른 분야를 융합하여 친구들이 쉽고 재미있게 이해할 수 있도록 발표했다고 했는데 그 구체적 내용을 말해 보세요.

출제 이유

수학을 이용하여 생명현상과 그 원리를 해석하는 능력은 매우 중요하다. 면접을 통하여 그 구체적 내용을 확인하고자 한다. 자연과학을 이해하는데 수학은 가장 중요한 도구 과목이라는 사실을 항상 염두해 두어야 하고 다른 분야와 융합한 내용을 구체적으로 기록하여 면접에 대비하자.

⑧ 화학 I

동아리 개인 탐구 실험 이후 항산화제에 대해 심화 조사하고 교과 시간에 이를 발표함. 항산화제의 정의와 작용원리, 종류, 부작용 및 활용법 등을 자세히 설명함으로써 친구들이 항산화제에 대한 지식을 형성하는 데 도움을 줌.

예상 문항 학업역량

인체 내에서 항산화제의 작용 메커니즘을 말해 보세요.

출제 이유

수업 및 동아리활동에서 깊이 있게 탐구한 항산화제의 작용 메커니즘을 정확히 이해하고 있는지 확인하여 학업역량을 평가하고자 한다. 아울러 이를 이용한 약품과 효과 등을 구체적으로 알고 있는지 확인하여 진로역량도 평가하고자 한다.

⑨ 생명 과학 I

대사성 증후군에 관심이 있어 생명과학 자유주제 탐구 수행평가에서 대사성 증후군의 증상과 합병증에 대한 자료를 조사함. 그중 비만, 당뇨의 원인과 이를 치료하기 위한 전략의 원리에 대하여 자신이 학습했던 물질대사와 에너지 생산과 소비의 균형 개념을 적용하여 이해함.

예상 문항 학업역량

대사성 증후군의 원인과 치료 방법에 대해 말해 보세요.

출제 이유

사람의 질병 원인에 대해 명확히 이해하고 있는지 확인하여 학업역량을 평가하고자 한다. 대사성 증후군의 원인은 생활 습관의 문제로만 생각하는 경우가 많은데 유전적 요인도 있음을 알고 있어야 한다. 원인에 따른 치료 방법도 달라지며 이에 대해 깊이 있는 공부가 필요하다.

⑩
미적분

수열의 극한과 관련된 수학적 표현의 의미를 이해하고 적합한 공학적 도구와 수학적 모델링을 이용하여 수열의 극한에 관한 다양한 문제를 해결하는 과정을 보여줌. 수열의 극한에 대한 수학적 아이디어와 개념을 탐구하고, 문제 상황을 수학적으로 분석하고 해석하여 최적의 해결 방안을 발표함.

예상 문항 학업역량

수열의 극한과 관련된 다양한 문제를 해결하는 과정에서 공학적 도구와 수학적 모델링을 이용했다고 했는데 그 내용을 말해 보세요.

출제 이유

수학 문제를 해결하기 위한 다양한 방법을 구체적으로 이해하고 정확히 활용하고 있는지를 확인하여 학업역량을 평가하고자 한다. 생활기록부에 구체적 내용이 언급되지 않는 경우 이를 확인하기 위한 문제가 자주 출제되고 있다. 생활기록부를 꼼꼼히 확인하여 구체적 내용이 없는 경우 그 내용을 확인하여 면접에 대비해야 한다.

⑪
여행
지리

인도의 지정학적 위치와 직접 그린 인도 지도, 진로 여행 경로를 포함한 인포그래픽 형태의 발표 자료를 직접 제작하여 학급 친구들의 호응을 얻음. 열악한 의료 시스템을 가진 인도에서 기본적인 위생관리법을 포함한 다양한 감염병 예방에 필요한 보건 교육을 현지인들에게 하고, 채식 위주의 식단을 많이 하는 인도 주민들을 위해 철분 섭취를 도와주고 싶다는 구체적인 진로계획을 밝힌 점이 인상적임.

예상 문항 진로역량

만약에 지원자가 UN에서 저개발 국가에 파견된 약사라면 그 곳 주민들의 보건 및 건강 증진을 위해 어떤 노력을 할 것인지에 대해 말해 보세요.

약사는 보건 정책을 결정하는 행정가도 될 수 있고 자문을 할 수도 있다. 특히 저개발 국가의 보건 증진을 위한 역할도 할 수 있는데 현지 사정에 맞는 보건 정책에 대한 생각을 가지고 있는지를 확인하여 진로역량을 평가하고자 한다. 보건 정책에 대한 이해도 필요하므로 이에 대해 관심을 가질 필요가 있다.

⑫
생명
과학Ⅱ

심화 탐구활동에서 교과시간에 배운 DNA 복제과정을 기반하여 'RT-PCR'을 주제로 강의함. 중합효소연쇄반응(PCR)의 정의, 필요한 요소(물질), 과정을 제시하여 배운 내용을 복습하고, RNA를 주형으로 한 역전사 중합효소연쇄반응(RT-PCR) 기술을 소개함. 특히 RT-PCR 기술의 활용 사례인 코로나19 진단 과정과 진단에 소요되는 시간을 감소시킨 신속 PCR기술 등을 설명함으로써 생명공학 연구의 중요성과 필요성을 설득력 있게 제시함.

예상 문항 학업역량

중합효소연쇄반응(PCR) 검사의 원리를 말해 보세요.

생명과학의 원리가 질병 진단에 사용되는 예인 PCR 검사를 교과 내용과 연계하여 정확히 이해하고 있는지 확인하여 학업역량을 평가하고자 한다. 의생명계열에서 출제될 가능성이 크므로 이에 대해 깊이 공부하여 정확히 알고 있어야 한다.

(6) 독서활동

예상 문항 학업역량

고등학교에서 수업한 내용에서 궁금하거나 더 깊이 알고 싶은 점을 독서로 해결한 사례가 있으면 말해 보세요.

출제이유

고등학교에서 읽었던 여러 책 중에 수업 내용과 연계되어 호기심을 채우거나, 더 깊이 공부한 사례를 확인하여 학업역량 및 진로역량을 평가하고자 한다. 깊이 있는 학습을 위해 독서도 훌륭한 방법이며 책을 통해 알게된 사실을 기록하여 면접에 대비하자.

(7) 행동 특성 및 종합 의견

예상 문항 공동체역량

학급자치회장으로서 학급에서 소수의 의견을 놓치지 않으며 다양한 의견을 조율하여 하나의 의견으로 모았던 사례를 말해 보세요.

출제이유

생활기록부에 기록된 내용의 구체적 사실을 확인하여 공동체역량을 판단하고자 한다. 평소 학교 활동에 대해 의미 있다고 생각한 내용들은 구체적 기록을 남겨 면접에 대비하면 좋다.

(8) 자기소개서

① 1번 문항 관련

예상 문항 진로역량

약사로 진로를 정함에 있어 가장 의미 있었던 학습경험이나 탐구활동이 있었다면 말해 보세요.

출제 이유

지원자가 진로를 정하게 된 동기를 확인하여 진로역량을 판단하고자 한다. 진로를 정하는 데 의미 있는 활동이 많겠지만 그중 가장 의미 있었던 활동에 대해 구체적으로 답변하여 전공 적합성을 높여야 한다. 3년 동안 했던 많은 활동에서 꼭 이야기할 내용을 정리하고 그 활동이 왜 의미가 있는지에 대한 구체적인 근거를 제시해야 한다.

> **① 2번 문항** 지체 장애를 가진 친구의 학교생활을 도와주는 또래 도우미 봉사활동을 통해서 이를 배울 수 있었습니다. 처음에는 학교생활의 모든 부분에서 장애인 친구에게 도움을 주어야 한다는 생각에 부담을 느끼기도 했습니다. 하지만 2년 동안 도우미로서 이 친구와 생활하면서 친구가 스스로 할 수 있는 것을 찾을 수 있도록 이끌어주는 것이 진정한 도움임을 깨달았습니다.

예상 문항 공동체역량

지체 장애를 가진 학생이 학교생활을 할 때 가장 크게 느끼는 어려움은 무엇이라고 생각하는지와 그 어려움을 줄여주기 위해 학교 구성원이 노력할 점은 무엇인지 말해 보세요.

출제 이유

지원자가 지체 장애인 친구를 도와준 경험을 바탕으로 장애인에 대해 얼마나 이해하고 있는지 확인하고자 출제하였다. 자기소개서에서 자신의 생각한 내용으로 답변하고 그 근거로 경험했던 구체적 사례를 제시한다.

# 맺음말

대입 선발 방법은 다양하다. 하지만 결국 학생부 위주(교과, 학생부종합전형)와 수능 위주로 크게 나눌 수 있다. 학생부 위주의 학생부종합전형은 단순 내신 성적만이 아닌 고교 3년간 이루어진 모든 학습 및 활동 경험을 '종합적'으로 평가한다. 여기서 '종합적'으로 평가한다는 말이 사실 와닿지 않는다. 도대체 무엇을 어떻게 평가한다는 말인지 막연하고, 실제 '가보지 않은 길'에 대한 두려움이 있어 막상 무엇을 할 것인지 막막한 것이 현실이다.

중학생 및 고등학교 1학년의 경우 경험이 없어서 학생부종합전형 대비가 어렵다. 이 점은 이해가 가는 부분이다. 하지만 고등학교 2, 3학년의 경우에도 막상 자신이 제대로 준비하였는지, 앞으로 무엇을 어떻게 할지 어려운 것은 똑같다. 이때 '학생부종합전형은 무엇이며, 이렇게 준비해야 한다.'는 코치를 누군가 해준다면 준비하는 학생에게는 좋은 일이지만, 현실적으로 개별적 지도받기가 쉽지 않다.

사람은 어떤 문제를 해결하기 어려울 때, '선례', '사례', '판례', '경험담' 등으로 표현되는 구체적 경험을 참고(벤치 마킹)한다. 그래서 '모방은 창조의 어머니'라는 말도 있다.

머리말에서 말하였듯이, 이 책은 학생부종합전형을 준비하는 학생들에게 다양하고 구체적인 정보를 제공하기 위해 기획되었다. 계열 선택, 학생부 로드맵, 교과 선택, 과제 탐구, 세특 대비 및 자소서, 면접 준비까지 학생부종합전형에서 필요한 모든 요소를 계열에 맞게 한꺼번에 기록하였다. 특히 구체적인 사례를 통하여 독자에게 단계별 필요한 내용을 속 시원하게 알려주고자 하였다.

학생부종합전형 준비에 정답은 없다. 책에서 제시한 방법과 사례도 정답이라고 할 수 없다. 원래 정답이 존재하지 않기 때문이다. 하지만 '막연함'을 넘는 실마리를 얻을 수 있다. 이를 바탕으로 계획을 세우고 실천할 수 있는 계기를 만들 수 있다. 또한, 학생부종합전형 준비에 자신감을 가진 학생도 이 책을 통하여 자신의 준비 과정을 점검할 수 있다.

맺음말까지 읽은 독자는 학생부종합전형을 위해 무엇을 준비해야 하고, 실천할지 구체적으로 생각해야 한다. 그동안 자신의 준비 과정과 비교해 보면서 더 관심 있는 부분 및 미흡했던 부분이 있다면, 다시 보기를 추천한다. 그곳에서 더 얻을 수 있고 더 발전시킬 수 있는 내용은 무엇인지 생각하고, 실천하며, 기록하기를 바란다. 그러한 활동 모두가 '학생부종합전형 준비' 과정이다.

마지막으로 책을 읽으며 자신의 목표를 향해 걸어가고 있을 독자 여러분에게 큰 도움 되길 바라며, 응원한다.

저자 일동

선생님을 돕는 에듀테크 '꿈구두 교육'
진로, 진학, 미래, 학습 분야 베스트셀러 추천도서

합격한 학생들의 학생부 엿보기

합격생들이 가장 많이한 활동
합격생들의 창체기록과 교과
세특 합격생들의 교과선택과
기록 워크북

선생님, 컨설턴트분들의 비밀 지도서

진로(직업), 진학(입시) 기반
활동 매뉴얼
공부실력 높이는 지도 전략
진학의 기초와 합격하는 입시
지도전략

고등학교 1, 2, 3학년 공부의 모든것

공부가안된 이유 10가지학년별
공부 끝내기
과목별, 점수대별 성적 올리기
내신, 모의고사 공부의 모든
전략

학생부와 성장의 꽃! 과제탐구

과제 탐구는 누구나, 어디서든
가능한 방법 제시
나만의 과제탐구 주제잡기
수행평가, 발표활동에서 뽐내기
전략과 차별화 세특작성

이제는 합격 수기다! 자소서 끝판왕

종합 전형의 합격 수기!
자소서로 종합전형 로드맵을
구성하라 따라하면 나만의
자소서 완성! 모든계열의 활동
연결과 기록비법

면접끝 기본

면접 준비의 정석을 알려주는
기본편 이것 하나면 면접준비
혼자서도 할 수 있다!

면접끝 심화

특수대, 교대, 의대 MMI, 제시
문기반면접 제대로 준비할 수
있는 심화면접 준비서.
계열별 전문가의 예시답변 수록

중학 생활의 모든것!

중1 자유학기제 진로성장 전략
중2 평가가 시작! 성적올림 전략
중3 고입, 대입의 시작! 나의
입시 전략을 세우는 시간
고교 학점제 완벽 대비

영어 내신과 최저 전략서

영어에서 자주 틀리는 원인과
해법 헷갈리는 구문, 어휘,
어법 깨기
수행 평가, 수능 듣기, 독해의
약점 극복과 1등급 준비서

국어 내신과 최저 전략서

오답 빈도가 높은 국어 문제
분석과 솔루션으로 오답이 강
점으로 탈바꿈!
수행평가, 수능 국어의 핵심
개념 학습

수학 내신과 최저 전략서

수포자눈물닦아주기프로젝트
왜 수학을 포기 하는 지 알고,
극복! 수포자 유형별, 극복
전략, 점수 업로드!

교육학 수업의 바이블

교육학 교양과목을 즐겁게!
교육학과 실제교육의 연결스
토리 논술, 면접문항으로 활동
극대화 학생과 함께 토론하고
참여하는 수업 교재

소프트웨어 수업의 종합지침서

초, 중, 고를 잇는 SW, IT, AI
수업과 활동이 이 한 권으로
완성! 자기 주도로 준비 하는
솔루션 전략으로 특기자 전
형, 종합 전형 합격

인문, 사회, 자연, 공학, 의생명, 교육 편

A~Z 각 계열의 최고 바이블
계열 선택에서 과제연구, 세특
자소서, 최종 면접까지
학교생활의 끝판왕
계열합격 끝판왕

20대를 시작하는 너에게

새내기대학생 상황별 생활가
이드 20대는 처음이지? 21세
기 사회 생활트렌드 분석한 나
만의 자기계발서

교육너머 교육을 기획하는 사람들!

어떻게 살 것인가 : 성장 하지
않는 다면 결코 만족할 수 없을
것이다!
역량 성장과 도전을 위한 실전
가이드

AI 기반의 온라인 학생 컨설팅상담 프로그램
My Best 진로, 진학, 미래, 학습

**고등 My Best 1.
계열성향검사** 〔실력〕

계열성향 검사로 나에게
맞는 계열 파악 나의 계열에
따른 직업, 학과 나의 계열에
따른 활동 전략

**고등 My Best 2.
학생부 로드맵** 〔실력〕

나의 학생부 준비 점수 분석
점수별 학생부 보완 활동
전략 나의 계열별 학교 활동
솔루션

**고등 My Best 3.
합격 공부** 〔실력〕

학년별, 점수대별 나만을
위한 공부코치 국영수, 사과
내신준비의 모든것 국영수,
사과 수능준비의 모든것

**고등 My Best 4.
3색줄 독서 솔루션** 〔실력〕

나의 독서 능력분석과 향상
전략 진로 독서와 노벨상
수상자의 딥다이브 독서법
3색줄 독서전략으로 심층독서

**고등 My Best 5.
합격 과제탐구** 〔실력〕

과제탐구 준비도를 파악하라!
마베대로 따라하면, 과제탐
구 끝 워크시트를 채우며 작
성하는 코칭

**고등 My Best 6.
합격 대학&전형** 〔입시〕

현재 내신&모의고사 기반 입시
컨설팅 고 1, 2학년의 대학과
전형 다지기 컨설팅 고3의
마지막 전략 완성 컨설팅

**고등 My Best 7.
합격 교과선택** 〔입시〕

고교학점제 기반의 학과별
필수 선택 학과3개의 교과
선택과 교과정보 우리학교
교육과정에 없는 교과 해결법

**고등 My Best 8.
합격 학생부** 〔입시〕

합격생들이 가장 많이한 활동
합격생들의 창체기록과 교과
세특 합격생들의 교과선택과
기록 워크북

**고등 My Best 9.
합격 자소서** 〔입시〕

종합전형의 합격 수기!
자소서로 종합전형 로드맵을
구성하라 챕터별로 따라 하면
나만의 자소서 완성

**고등 My Best 10.
합격 교과선택** 〔입시〕

꼭 준비해야하는 빈출20개
질문 학과별 기출 빅데이터
자료 답변 예시와 개인화하는
방법

**중학 My Best 11, 12
중학계열성향검사
공부 끝판왕** 〔중학〕

고교학점제 준비는 계열파악이
먼저! 계열별 학교활동 로드맵
과목별 공부접근법, 방법 알기
플래너로 시간을 내가 관리

**중학 My Best 13.
고입 & 대입가이드** 〔중학〕

고교 선택전략! 일반고 vs
특목고 나의 자존감, 회복
탄력성을 읽어라 각 학교의
특징과 준비 방법 익히기

**역량 My Best 14, 15
미래역량 창의성 솔루션
미래역량 리더십 솔루션** 〔역량〕

나의 리더십과 창의성 역량
지수를 파악 실행할수 있는
리더십 역량 계발 창체활동
역량을 키우는 방법

**역량 My Best 16, 17
미래역량 문제해결 솔루션
미래역량 소통 솔루션** 〔역량〕

나의 문제 해결과 소통 역량
지수를 파악한다 세특의 핵심
문제해결력 키우는 방법 소통역량
을 높이는 방법을 계발

**역량 My Best 18, 19
미래역량 프로젝트 솔루션
미래역량 전략적사고 솔루션** 〔역량〕

나의 프로젝트와 전략적사고
역량지수를 파악한다
프로젝트 역량을 올리는 방법
전략적사고 역량을 키우는 방법

AI 기반의 온라인 학생 컨설팅상담 프로그램
고등학교 3개년 성장 플랜(연간 커리큘럼)

1학년

1학기

3월	4월	5월
1주 학기별 지도계획 안내 3주 계열검사 (마베1)	1주 계열검사 직업·학과구성(마베1) 3주 학생부가이드 (마베2)	1주 학교알리미 학교운영 계획서 기반·학생부 로드맵(마베2) 3주 합격공부법 (마베3)
6월	7월	8월
1주 학교교육과정 기반교과선택(마베7) 3주 학습플래너 (입시네비)	1주 독서 (마베4) 3주 독서발표 (마베4)	1주 과제탐구 (마베5) 3주 과제탐구 주제 잡기·레퍼런스 정하기(마베5)

2학기

9월	10월	11월
1주 대학 및 전형 (1학년 1학기 기준) (마베6) 3주 모의고사 약점 분석 (입시네비)	1주 합격 학생부 (마베8) 3주 교과선택 (마베7)	1주 합격 공부법 (마베3) 3주 학습플래너 (입시네비)
12월	1월	2월
1주 자소서(합격수기) (마베9) 3주 자소서 써보기 (마베9)	1주 과제탐구 2학년 준비(마베5) 3주 진로 독서 (마베4)	1주 대학 및 전형 (1학년 2학기 기준) (마베6) 3주 모의고사 약점 분석(입시네비)

2학년

1학기

3월	4월	5월
1주 역량검사 (전략적사고)(마베19) 3주 역량검사 (프로젝트)(마베18)	1주 대학 및 전형 - 1학년 2학기 기준 (마베6) 3주 공부법 (마베3)	1주 학생부가이드 (마베2) 3주 학습플래너 (입시네비)
6월	7월	8월
1주 교과선택 (마베7) 3주 독서 (마베4)	1주 과제탐구 <키워드탐구하기> (마베5) 3주 학습플래너 (입시네비)	1주 역량검사 (소통) (마베17) 3주 역량검사 (문제해결)(마베16)

2학기

9월	10월	11월
1주 대학 및 전형 - 2학년 1학기 기준 (마베6) 3주 모의고사 약점 분석(입시네비)	1주 교과선택 (마베7) 3주 수시판단 (입시네비)	1주 공부법 (마베3) 3주 합격 학생부 (마베8)
12월	1월	2월
1주 자소서(합격수기) (마베9) 3주 자소서써보기, 학생부연계 (마베9)	1주 면접 경험 (마베10) 3주 학습플래너 (입시네비)	1주 수시판단 (입시네비) 3주 모의고사 약점 분석(입시네비)

3학년

1학기

3월	4월	5월
1주 역량검사 (창의성)(마베15) 3주 역량검사 (리더십)(마베14)	1주 대학 및 전형 - 2학년 (2학기 기준) (마베6) 3주 수시판단 (입시네비)	1주 학생부가이드 (마베2) 3주 합격 학생부 (마베8)
6월	7월	8월
1주 과제탐구 <키워드추가, 탐구추가> (마베5) 3주 과제탐구 마무리 (마베5)	1주 자소서마무리 (마베9) 3주 면접 이해 (마베10)	1주 자소서 (마베9) 3주 수시판단 (입시네비)

2학기

9월	10월	11월
1주 모의고사 약점 분석(입시네비) 3주 면접실습 (마베10)	1주 공부법 (마베3) 3주 정시판단 (입시네비)	1주 면접 최종 (마베10) 3주 정시판단 (입시네비)
12월		
1주 정시판단 (입시네비) 3주 정시판단 (입시네비)		

* 학교와 학생의 요구에 따라, 제공되는 프로그램은 조정이 가능합니다.

계열 합격 끝판왕
의생명계열

초 판 1쇄 발행 2022년 8월 15일
초 판 2쇄 발행 2023년 5월 20일

기 획	정동완
지은이	박상철 백광일 김형준 이범석 최희원 김홍겸 김재형 장희재
펴낸이	꿈구두
펴낸곳	꿈구두
디자인	안혜숙 Moi N-Design

출판등록	2019년 5월 16일, 제 2019-000010호
블로그	https://blog.naver.com/edu-atoz
이메일	edu-atoz@naver.com
ISBN	979-11-91607-26-0
	979-11-91607-29-1(세트)